Life Under the Jolly Roger
Reflections on Golden Age Piracy

Gabriel Kuhn

海賊旗を掲げて

黄金期海賊の歴史と遺産

ガブリエル・クーン
菰田真介 訳

夜光社

目次

凡例

・原注は出典に最も近い奇数頁の欄外に示し、訳注はすべて〔 〕を用いて本文中に組み込んだ。

・引用文献に関して、邦訳があるものはその該当箇所を参照し、頁数を示すように努めたが、必ずしもすべてがその限りではない。なおその際、訳文に加筆・修正を加えた場合もあるが、煩雑さを避けるためにあえて明記しなかった。

・本文中の（ ）は原著者による補填、〔 〕は訳者による補填である。ただし、本書の引用文の中で、原著者による〔 〕で記された補填も複数個所存在するが、乱雑さを避けるために特別な分類はしていない。また、（ ）内の括弧にも〔 〕を使用している。

・引用箇所のみを示す原注は、原書ではすべて本文末尾に配されているが、煩瑣なものであるため、これらはすべて（ ）を用いて本文中に組み込んだ。短すぎる原注も、（ ）で本文中に組み込んだものがある。

・原書にある索引は省略した。

日本語版への序文

二〇一〇年四月、ソマリア近海でドイツ船籍の貨物船「タイパン」に乗り込んだ十人のソマリア海賊は、ドイツ軍兵士によって逮捕された。その身柄はドイツ政府に引き渡され、かくしてドイツでは四〇〇年ぶりとなる海賊裁判の幕がきって落とされた。法廷はハンブルク州立裁判所。国内でハンブルクの港のことを知らない者はいない。ここは、かの伝説的海賊たるクラウス・ストルテベッカーとその一味七十二人が、一四〇一年に処刑されたところでもある。

ソマリア海賊は、処刑という運命からは逃れた。二〇一二年十月、海賊は二年から七年の懲役刑を言い渡された。裁判のさなか、海賊サポートキャンペーンが展開され、公開討論会が催されたり、裁判所の外でデモ行進が展開されたり、法的助言が行われたり、連帯基金が集まったりなどした。こうしたキャンペーンを中心となって引っ張ったのは、政治的にラディカルな活動家である。海賊とラディカルなものが結びついたのは偶然ではない。

近年ソマリア沿岸で目にしている海賊行為は、本書のテーマたる、「黄金期」と呼ばれた時代に行われた海賊行為とは、多くの点で差異がある。現代の海賊は、高速船とマシンガンと衛星ナビシステムを駆使する。帆船や四つ爪錨や磁気コンパスなど過去の話だ。同じく、商船が積載する積荷自体にも大して関心を持っていない。海賊の関心の的は、もっぱら船や船員の拿捕それ自体であり、それをもって身代金［モノに対する身代金も含む］を要求するのである。それに今日の海賊は、根無し草の無頼船乗り社会を築いているわけではないし、自分たち独自の法や規則を持っているわけでもない。むしろ海賊は、何の変哲もない住民として港町に暮らし、違法行為としての海賊業にいそしむのである。しかし彼らの生き様のなかにも、ラディカルな活動家を魅せるものがある。法や、インターナショナルな権力に戦いを挑む海賊、資本の流れに竿をさす海賊、不当な低賃金労働に満足せず、富を求めて命を賭す海賊、［ホブズボームがいうところの］高潔盗賊(noble robber)を髣髴とさせる海賊。海賊は富める者から掠め取り、貧しき者へと分け与える。そして先祖代々の海を乱獲と毒性廃棄物から防衛する。要するに、法の外へと抜け出た海賊が政治的逆徒にもなりうるという神話は息づいているのだ。

こうした神話こそ、本書が探求するものである。そのために神話形成の時代へとさかのぼる。十七世紀後半、元傭兵、逃亡奴隷、冒険者、謀反人などの種々雑多の者たちが一団を形成し、意を決してカリブ海の入植地から船出すると、「全世界に対する戦争」を始めた。その戦争は、まず何よりも自分たちを裏切った相手、自分たちを虐げる相手、つまり当時の政治権力に対する戦いであった。この異種混交旅団は、約三十五年間、カリブ海、南北アメリカ、インド洋、アフリカ西海岸を手中に収める連中の頭のなかを確かに恐怖で満たした。ただし最後にはひっとらえられ、根絶されてしまった。海賊の偉業は伝説となり、そのような成果により海賊的な生き方は世界的に有名なものとなった。植民地の支配者や商人は、海賊を最凶の敵とみなした。マダガスカルの自治共和国で野生を生きる海賊を描いた演劇を見るという楽しみが、ヨーロッパの一般人のなかに生まれた。またムガル帝国の権力者は、高価な金銀財宝の一部を失う羽目になる。それは海賊がはるばる紅海にまで足を延ばしていた時代の出来事だ。この時代、つまり海賊「黄金期」こそ、誰もが知る海賊イメージのすべての源泉である。ばさらな袈裟、イヤリング、義足、カトラス［舶刀。刀身が短く湾曲した刃を持つ］で身を固めた海賊というイメージしかり、頬には傷跡があるのに肩にはオウムを乗せた海賊というイメージしかり。

またこの時代は、究極的な海賊シンボルが生まれた時代でもある。泣く子も黙る海賊旗、ジョリー・ロジャーは、一般的には黒地に髑髏と骨をあしらったシンプルなデザインのものであり、それが伝えるメッセージは簡潔なものだ。旗は、俺たちゃ、あんたらお上の言うことなんか聞かねーよ、自分たちの立場は曲げねーよ、なんてったって楽しいし、プライドがそうさせるんだという宣言の代わりだ。妥協なき自由と独立の追求。このような衝動とここまで深く結びついたシンボルは、ほかにそうはない。そしてこうした結びつきは、今日にも息づいているものである。

ジョリー・ロジャーは、政治的にラディカルな人たちだけを魅了しているわけではない。それは多くの人々を魅了している。そしてその多くは、政治活動ではなくフィクションやファンタジーといった安全な世界のほうに魅せられているのかもしれない。多くの人は自由と独立を夢見る。たとえ——さまざまな理由で——日常生活の場ではその獲得のための戦いにふんぎる用意がなかったとしても。海賊談は、都合のいい代用品として機能する。だからこそ、こんなに多くの海賊をテーマとした作品がヒットするのだ。特に「ワンピース」というマンガは大ヒットした。しかし政治活動家は、こうした夢を現実のものにしようと試みている。

政治活動家界隈でジョリー・ロジャーが好評を博しているということは、あえて確認するまでもない。さまざまなプロジェクトや組織が、ジョリー・ロジャーを参考にロゴやデザインを作成して使用している。そのなかにはシーシェパード環境保護団体やアース・ファースト!、クライムシンク・前労働者コレクティブなどがある。旗は、大きな抗議運動の場では必ず視界に入る。ファイル共有合法化と傍受されないオンライン通信を求める集会の場しかり、緊縮政策に反対するデモ行進しかり、そして〔ウォールストリートの〕オキュパイ運動の宿営地しかり。ときにはジョリー・ロジャーが船を飾ることもある。すると、主張に格別の説得力が加わる。たとえば二〇一〇年十月、フランス労働総同盟の組合員が、ジョリー・ロジャー片手にマルセイユ旧港のシャトルフェリーに乗り込み、フランス政府の年金制度改革に抗議したということがある。あるいは二〇一一年十月、ロシアのアクティビストは、十月革命の重要なシンボルたる巡洋艦「オーロラ」号でジョリー・ロジャーを掲げ、国際貧困撲滅デーを前にしてロシアでの貧困に目を向けさせようとしたということもある。

結局、本書で探求した問いは単純なものである。それは、活動家界隈でジョリー・ロジャーがもてはやされているというこうした現状には、単なる幻想以上の何かがあるのかという問いであり、ジョリー・ロジャーは、抗議と反対を示す単なるサインなのか、それとも黄金期海賊には実際に学ぶべきところがあるのかという問いであり、海賊はよりよい生き方の例を示したのかという問いであり、今日の闘争においても指針となるようなモラルを形成したのかという問いである。こうした仮説を全面的に否定する歴史家もいる。熱く肯定する立場もある。私の考えは、本書にこめられている。

『*Life Under the Jolly Roger*』の日本語版がここに出版されるのは光栄に思います。出版社、訳者、そしてすべての日本の友人に感謝します。そして読者一人一人にも感謝いたします。読者がいなければ、書き手は何にもなりません。皆さん、ともにこのことは忘れないようにしましょう。海賊の遺産についての結論が何であれ、最も重要なのはともになってよりよい世界を作ることだということを。

ガブリエル・クーン　ストックホルム、二〇一三年八月

はじめに

クリス・ランドは二〇〇七年の「黒旗の掲揚：『黄金期』における反乱、革命、海賊行為の社会組織構造（Flying the black flag: Revolt, revolution and the social organization of piracy in the 'golden age'）」という論考のなかで、「海賊は二一世紀初頭の時代精神に完璧に共鳴する形象」（Land 2007: 170）であると述べている。もっとも海賊という形象は、おそらく過去三〇〇年にわたって、多くの時代と深く共鳴してきたはずである。その結果、「半ば伝説的な地位」（Lucie-Smith 1978: 7）を獲得し、また「自らの神話」（『図説　海賊大全』、六十七頁）を形成して、「西欧世界の精神のなかに消えない痕跡」（Botting 1979: 177）を残してきた。しかしながら、昨今の海賊ブームには格別の力強さがある。たとえ、「パイレーツ・オブ・カリビアン」シリーズとそのカリスマ海賊ジャック・スパロウ（超イケメンのジョニー・デップ）がその代表例であったとしても、けっして映画館の巨大スクリーンやデパートのおもちゃ売り場だけが海賊に目をつけてきたわけではない。重要な学問的業績も積み重ねられているのだから。むろんだからといって、新たに海賊本を執筆するのが楽になったわけではない。結局誰だって人のオウム返しなんかしたくないわけで、何かに資するようなことを言いたいのだ。本書もそうした何かの一助となって欲しいと願っている。そのための方法として、本書では、カリブ海に起源を持ち、およそ一六九〇年から一七二五年まで及んでいた海賊の「黄金期」に関する歴史資料と、多くの理論的概念を結び付けて分析していきたい。そうすることで、新しい観点から黄金期海賊の文化的、政治的意義を考察することができるようになるだろう。

こうしたことを試みる際に、乗り越えていかなければならないある対立関係がある。それは、おそらくこの十年のあいだ、黄金期海賊の政治的解釈をめぐって展開されてきた対立関係のことである。つまり、「海賊の実世界なんて粗暴で過酷で残忍なもの」（Cordingly 1995: 282）で、奴らに「漂っているロマンは、絶対ふさわしいものではない」（ibid., 3）とする研究者がいる一方で、「この悪党連中は勇敢に不服従生活を営んだ者たちである以上、抵抗すべき権力者と抑圧的環境がある限り、彼らは記憶されてしかるべきだ」（Rediker 2004: 176）とする研究者もいるのである。これら二つの観点は思想《イデオロギー》的背景が異なっている。そうした異なる思想的立場から推察していく以上、結論が違ったものになるのも当然である。前者の説を支持する者の考えは、たとえばこのようなものである。「海賊は実際よりも美化されて伝えられるきらいがある。ともすればそのたるんだ生活がもてはやされ、革命家の先駆として、あるいは民主主義の体現者として称揚されている。本当は彼らの多くが殺人犯で泥棒だったと糾弾してやるべきなのに」[*1]（Earle 1998: 181）。一方後者の説を支持する者は、とりわけマーカス・レディカーの見解を持ち上げる。それによれば、海賊とは、「階級、人種、ジェンダー、ネーションという旧弊に勝負を挑み、高い理念を掲げ、賃金という考え方を捨て去り、新たな規律を打ち立て、自分たち独自の民主主義、平等性を作り出し、外洋航海のための別のモデルを提示し

＊1　同じくフィリップ・ゴスも、こんなことを言う。「腰帯にピストルをぶち込み、ののしりの言葉を撒き散らす華々しい悪党は、物語のすばらしい主人公になるだろうが、本物の海賊はおおむね臆病で、凶悪な人間であった」（『海賊の世界史　下』、一八九頁）。

た反逆者」(Rediker 2004: 176) だったとされる。

結局どちらも、事実の代わりにフィクションを捏造していると非難しあっているのである。ロマンチックな海賊語りを懐疑的に見る側は、「そういう奴らに対してフィクションと現実のあいだの線引きをしてやる」(Konstam 1999: 189) 必要があると考えているのに対して、ラディカルな側は、懐疑派は反動的法と体制寄りの思想を支持していると非難している。要するに、理性をもって自認する側には保守的だというレッテルが貼られ、ラディカルであることをもって自認する側には過剰なロマンを抱きすぎだという批判が加えられているのである。

本書はラディカルな視点から書かれたものであるとはいえ、複数の理由からこうした論争を避けようと思っている。

その理由一、それは決定できない。黄金期海賊の日常生活と連中が成し遂げた成果に関して、信頼できる資料が不足しているということは、世人《よひと》の知るところである。フィリップ・ゴスは結論的に、「バカニーアや黄金期海賊の船の上での生活に関しては、ぼんやりとして不完全なイメージしか浮かばない」(Gosse 1924: 21) と認めているが、資料の不足を的確に表現した言葉である。バカニーアの船上生活に関する貴重な——そしておそらく本物の——記録は多少あるが (有名なのはエクスケメリンやダンピア、リングローズ、ド・リュサン、レイニングなどのものである)[*2]、海賊の船上生活に関する我々のイメージは、いまだにその大部分を、ジョンソン船長が著した『最凶の札付き海賊が犯した強盗事件、殺人事件に関する概説史（*A General History of the Robberies and Murders of the Most Notorious Pirates*）』〔日本語訳は朝比奈一郎訳、中公文庫から『海賊列伝』というタイトルで出版されている。以後すべて、『海賊列伝』で統一する〕に立脚している。*3

---

*2　ジョン・エクスケメリンの『カリブの海賊（*The Buccaneers of America*）』は、最初オランダで一六七八年に出版され、決定的な影響を与えてきた。エクスケメリンは、数年間バカニーアとともに暮らしていた。ラヴノー・ド・リュサンは、フランス人バカニーアとともに過ごした二年間を『思い出（*Memoirs*）』のなかで言葉にしている。外科医の友達が文字に起こしたヤン・エラスムス・レイニングの自伝は、一六六八年から一六七一年にかけてのものである。アムステルダムで一六九一年に出版されたのだが、英語に翻訳されたのはごく最近のことで、スティーヴン・スネルダーズの功績である（『悪魔のアナーキー（*The Devil's Anaechy*）』）。ウィリアム・ダンピアは、私掠者とともに数年間旅をし、カンペチェ湾でログウッドのきこりと同じ時間を過ごした。その記録は『最新世界周航記（*The Dampier's Voyage*）』（岩波文庫）として、一六九七年から一六九九年にかけて出版された。バジル・リングローズの『危険な航海（*The Dangerous Voyage*）』は一六八五年に初出版された。バカニーア船長、バーソロミュー・シャープの航海を記録している。

*3　ジョンソン船長が誰なのかということについては、いろいろと議論がある。一九三〇年代、文学史家のジョン・ロバート・ムーアは、チャールズ・ジョンソン船長とは、かの有名な小説家、ダニエル・デフォーの筆名であると明言した。彼は、『さらし者にされたデフォーとその他の研究（*Defoe in the Pillory and Other Studies*）』（１９３９）のなかで非常に説得力のある論拠を提示したので、『海賊列伝』のいくつかの版には、著者名をデフォーにするのも出てきた。しかし一九八八年、ファーバンク＝オーウェンズは『ダニエル・デフォーの祭り上げ（*The Canonisation of Daniel Defoe*）』のなかで、「その説を支持する外的な証拠は何一つないどころか」、デフォー著者説を「否定する証拠のほうが（どうやら）ごまんとある」（102）と、ムーアの推測を鋭く批判した。この論争に詳しく興味がある方におかれては、Rediker 2004: 179-180 が、出発点として優れている。近年、ドイツ人学者のアルネ・ビアルシェフスキーは、新聞記者・編集者だったナサニエル・ミストが『海賊列伝』の著者だったのではないかと考えている（Woodard 2007: 325）。

一七二四年にロンドンで出版されたこの『海賊列伝』の第一巻には、ヘンリー・エヴリ、黒髭、バーソロミュー・ロバーツ、エドワード・ロウなどの約二十人の海賊船長に関するエピソードが掲載された。聞いた話を文字に起こす段階で、編集の自由が加えられたのは間違いない。たとえばそこにはしばしば船上の会話が挿入されているが、それにはさすがに「それをいったい誰が記録したのか想像もつかない」(Pennell 2001: 9) とでも言いたくなる。しかし後々の研究によって、そこに書かれていることの多くの裏づけが取られており、したがって第一巻は信頼に足る歴史資料であると広く受け入れられている。〔続いて〕一七二六年、ジョンソンは第二巻を上梓した。それによってストーリーの総和は三十を越えた。だが第二巻はほとんどその裏づけが取られていない。最も有名なミソン船長と彼のユートピア社会、リバタリアに関する話は、ほぼ間違いなく創作である。一部の研究者はこのことを挙げて、「海賊史」の第二巻をまったく参照の必要がないとする理由としている (Earle 2003: 129)。本書も大多数の研究者と同じように、後世の歴史研究が信頼に足ると判断した資料に立脚するものである。ミソン船長の話に関しては、歴史的出来事というよりも、ラディカル海賊学にとって重要な創作物語として議論することになる。

海賊文献として、ジョンソン船長の古典的資料がいまだに重要なままであり続けている大きな理由は、単純なことで、他にいい資料がないからである。黄金期の海賊船や海賊村での生活に関する、信頼に足る一次資料は見当たらない。それにデヴィッド・コーディングリやピーター・アール、マーカス・レディカーらの歴史学者も、ここ数十年すばらしい研究成果を挙げ、貴重な二次資料を多数発掘してきたが、思いもよらない一次資料を発見したというわけではない。したがって黄金期海賊ライフや海賊ポリティクスを価値判断する際には、勘と憶測に頼らざるを得ない。

その理由二、歴史資料が不足している以上、空想化という危険が差し迫ったものとなる。空想をばら撒くことは諸刃の剣である。一定の状況下では、それはインスピレーションを呼び起こし、人を行動に駆り立てるので、戦略的に有用な武器である。一九九〇年代半ば、「冒涜存在（Profane Existence）」というミネアポリスのアナルコ・パンク団の一味が以下のような解釈を提示した。

> 客観的事実っていう概念なんてクソだ。歴史を起こったままに記述して解釈できるなんて考えるのは欺瞞だ。権力者とは、「正しい」ことを決定できる奴らのことだ。出来事に空想を折りたたむのは、「真実」の別解釈を提示するためだけではない。当然のごとく真実を独占している支配階級とマスメディアに対する挑戦状という意味合いもある。私たちの政治解釈、歴史解釈は、奴らのと同じぐらいよくできていると思うし、もしあなたが嘘の盛り合わせを信じようとするなら、同じ嘘でもこっちの嘘を信じてもいいんじゃないのかなといいたい（Profane Existence 1995: 29）。

政治面においては、こうした主張は説得力がある。しかし、時に戦略的武器となるものが、良識ある議論の場では必ずしもうまく機能しないということがある。そうした議論も、空想にふけるのと同じぐらい、想像力を刺激する（そして行動を惹起する）ことはある。実は客観的議論のほうがその点で上回っているかもしれない。結局のところ、空想は、ブルジョワの流儀にも潜んでいるのだ。このことは海賊に関しても当てはまる。

海賊物語はブルジョワの想像力の所産である。その最も重要な役目のひとつは、ブルジョワ倫理の課す圧力に対する安全バルブを用意することである。そのなかで重要な位置を占めるファンタジーとは、無制限の自由と力というものである。ブルジョワ倹約家にとってこうしたファンタジーは、経済的成功などでは到達できない頂きの代償となったのである（Lucie-Smith 1978: 9）。

なぜ海賊的「時代精神」が、必ずしもラディカルな集団だけのものにとどまらなかったのかという問いに対する答えは、このような点に求められるのかもしれない。たとえばモーリス・ベソンは次のように主張する。バカニーアとは、「古典復興がもたらした形式主義によって、冒険的要素が一掃されつつあった」十七世紀という時代に、「おとぎ話、たまげるほどの金銀財宝、英雄的振る舞い、水夫宿営地の饗宴などのモチーフを用いて練り上げられた、夢の世界をヨーロッパにプレゼントした」（Besson 1929: xf）先駆けだったのだと。それに非ラディカルな歴史学者も、「海賊は、たいていの順法近代市民の手には届かないような行動の自由の象徴として考えられてきたし、またそういう点が海賊の魅力ともなったんだ」（Konstam 1999: 188）ということは認めている。

こうした見解によれば、ブルジョワは、日常生活のなかにあるリビドーの抑圧を甘受するために、想像の世界で別の自我を作っているということになる。この意味で、海賊が享受したとされる自由、海賊が持っていたとされる力は、ハリウッドのアクション・ヒーローやマルボロ・マンが狙いとするところと同じ目的にかなうものである。こうしたキャラクターがラディカルなお手本としてお世辞にもふさわしいとはいえない。結局、黄金期海賊業を空想（理想）化すると、ラディカルな活動家のためになるどころか、経済的搾取に加担してしまうということがしばしばである。

その理由三、黄金期海賊を政治的に価値判断することが、果たして現代のラディカルな政治と関係があるのか疑わしい。現代のラディカルな政治は、はるか昔の海賊に関するものではなく、今ここに生きている人々に関するものである。したがって問題は、黄金期海賊の所業には、今ここに生きている我々の思いを熱く煮えたぎらせるものがあるのかということになる。もちろん海賊には過ちや欠点がいくらでもあった。ハンス・ターリーは「海賊の現実や日々の社会生活が読者が知りたいことなのかどうか、私には分からない」（Turley 1999: 7）と漏らしているが、彼が正しいとするとなおさらそういったことが問題になる。政治的に重要なのは、論争必至の真実についての議論などではなく、現代の活動家が黄金期海賊たちとどのような関係を持てるかということである。言い換えれば、重要なのは黄金期海賊業の政治的解釈ではなく、それを現代の政治に活用することである。

こうした観点から本書の目的は以下のように要約される。

一、今ある黄金期海賊生活に関する勘と憶測に追加を行う。そうすることによって、このテーマを扱うほかの研究者の説との比較をする。

二、真実かどうかを明らかにするのではなく、海賊神話の探求を試みる。その際には、「伝承と現実は、互いの糸を絡ませすぎた結果、解きほぐせない一枚の布になっているが、この布のそれぞれの糸の絡まり具合は観察できる」(ibid.)という言葉を肝に銘じながら。

三、ラディカルな海賊熱に、現代的な文脈において政治的意義を与える。そしてジョリー・ロジャー(海賊旗)を、単なる象徴的儀式に堕することなくバルコニーや集会ではためかせるための方法を提示する。

この意味で、本書の主要な目的のひとつは、「海賊は、身分不相応のイメージを除いて何も遺産を残さなかった」(Konstam 1999: 189)とする考え方を論駁することである。

私はこの本で多くの読者の興味をかきたてられたらいいと率直に思っている。狭い政治的自己規定の境界にはとどまらないような読者層をひきつけられたらと思っている。とはいえ、本書がいわゆるラディカルな観点から書かれたということを否定してしまったら意味がないだろう。ここで言うラディカル(根本的)な観点とは、根底から沸き起こる社会変動を予見する観点のことである。

そうしたものは、現行の社会的、文化的、経済的、政治的秩序の内部での数々の表面的改善策に惑わされていては、とらえることができない。だがもしそうした社会変動が起これば、根本にある構造は揺り動かされ、やがて非権威主義的で平等主義的なコミュニティが到来することになるだろう。

当然といえば当然のことなのだが、本書は、多くのラディカルな海賊学者の類まれな成果に支えられている。たとえばクリストファー・ヒル、マーカス・レディカー[*4]、ピーター・ランボーン・ウィルソン、スティーヴン・スネルダーズ、クリス・ランドなどの海賊学者である。彼らの下す結論に関して何らかの批判があるとすれば、それは黄金期海賊の政治的議論を深めようとする連帯精神を批判することになる。彼らの研究がなかったら、そしてそこから着想を得なかったら、本書が書かれることはなかっただろう。もちろん同じことは、非ラディカルの研究者の成果についてもいえる。こちらも同じぐらいすばらしい研究であり、たとえばロバート・C・リッチー、デヴィッド・コーディングリー、アンガス・コンスタム、ピーター・アール[*5]らが挙げられる。

＊4　レディカーを参照する際の注記。レディカーは、一度出版された作品を加筆・修正して別の本に再度掲載するということを何度か行っている。私はできる限り最新版のみを引用・参照するよう努めたが、すべてがそうなっているとは必ずしも保証できない。

＊5　アール（2003: 12）は、「私は海軍を敬うように育てられたので、私の本能は法と秩序の側に味方している。したがって、海賊ではなく海軍のほうが私の支援を受けることができる」という。

本書は以下の順で展開される。

第一章は、黄金期海賊とそれに先行するバカニーアの時代の歴史的展開を簡単にまとめる。後の章で議論されることを十分確かめられるような参照枠を作ることを主要な目的としたい。黄金期海賊に関するより詳細な歴史は、私よりはるかに適格な人が書いている。詳しく知りたい人は、巻末の「海賊文献に関する注記」を参照して欲しい。

第二章と第三章は二つのアングルから黄金期海賊の文化を分析する。第二章は、黄金期海賊の世界は「異なる規範が支配する別世界」（Rediker 1997: 81）だったのではないかという仮説をもとに検証する。第二章では黄金期海賊のエスノグラフィーを描きたい。第三章は、黄金期海賊業は欧米文化史の「裏」側、すなわち「反体制的」側面を体現していたのではないかという観点から考察する。

第四章は、黄金期海賊業に示されていた具体的な政治性、可能性を分析する。つまり、その歴史・政治的意義、社会構造、経済、倫理を分析する。研究者による海賊政治の読解を考察するだけでなく、さまざまな政治学理論や政治運動との比較をすることが重要となる。

結論部の「黄金期海賊の政治的遺産」では、本書で述べてきた主要な論点を要約し、それを現代の政治と結びつけ、ラディカルな界隈で輝かせたい。

参考文献の欄には、膨大になりつづける英語の海賊文献の真っ只なかで、読者にとって道しるべとなるように、初心者にも分かりやすく注解を付してある。

本文との整合性を保って分かりやすくなるようにと、誤解の余地がない限り、文字を大文字にしたり小文字にしたり、またピリオドやカンマを取ったりつけたりといった作業を行った。ごくまれだが、引用文のスペルを変えたこともある。こうした判断の責任はすべて私にある。

最後にひとつ。本書で展開したテーマのうちのいくつかは、一九九三年に私がドイツ語で書いた小論に基づいている。それはずいぶん奇妙な出版経歴を経て英語に翻訳された。「しゃれこうべのもとでの生（Life under the Death's Head）」というタイトルでブラック・ローズ・ブック社の『海賊女子とジョリー・ロジャーのポリティクス（*Women Pirates and the Politics of the Jolly Roger*）』という本に収録された。ある批評家はこれを、「二人のドイツ人アナキストの手になるプロパガンダのようなものであり、明らかにシチュアシオニスト的な異議申し立てとなるように企図したものである」（Pennell 2001: 9）と表現した。私はドイツ人ではないということは大したことじゃないし、その本の大部分を書いたウルリケ・クラウスマンとマリオン・マインツェリンの二人がアナキストだと自認しないだろうということは大したことじゃないとしても（大したことかもしれないが）、この物言い、ちと買いかぶりではないかと思う次第である。

第一章　歴史背景

一章一節　私掠者《プライヴァティア》、バカニーア、海賊《パイレート》という用語の問題

「私が直面している最大の問題は、どういう人物が海賊《パイレート》という呼称に値するのかという問題である」（Gosse 1924: 14）。一九二四年、フィリップ・ゴスは『海賊紳士録（*The Pirates' Who's Who*）』のイントロダクションのなかで、このように悩みを打ち明けた。今日でも、海賊研究者はおなじ問題に直面している。一般的に、海賊行為の定義については、広義の定義と狭義のそれとが競いあっている。広義の定義の基盤となっているのは、たとえば、海賊《パイレート》はたんに「海で略奪をはたらき、襲撃をしかける者たちのことだ」（Cordingly 1995: 6）とするデヴィッド・コーディングリーのような考え方である。ドイツ人研究者のハイナー・トライネンも、似たような考え方をしている。「一般的に私たちは、海上略奪や海賊行為を、陸上の略奪集団の活動とおなじようなものとして考えている」（Treinen 1981: 11）。いうまでもなく、この定義の問題は「略奪」の理解のしかたに左右されることにある。略奪という概念は、歴史的に議論されつづけてきた。それはえてして、政治的立場がどちらにあるかによって、「略奪」だと考えられることもあれば、合法な行為だと考えられることもあった。たとえばスペイン人からすれば、カリブ海でスペイン商船に襲撃をしかけた船は、すべて「海の略奪者」であり、それゆえに「海賊《パイレート》」であったが、一方でイギリス人やフランス人、オランダ人からす

れば、そのおおくは公認の襲撃者（「私掠者《プライヴァティア》」）として行動する「バカニーア」であった。ハンス・ターリーは、「バカニーアは、無法者だったにもかかわらず国民的英雄になったという点で、海賊《パイレート》とは異なる」（Turley 1999: 29）と考えている。したがって、バカニーアの活動を位置づけるために、「愛国的海賊行為」（Thomson 1994:107 を参照）という造語を持ち出してくる研究者がいるのも、突飛なことではない。

こうした難問からまぬがれるために、海賊行為の狭義の定義が考え出された。それによれば、海賊《パイレート》とは、いかなる法的許可もうけず、掲げられている国旗などお構いなしに、あらゆる船に襲いかかり、「カネや官職で公認されたり、買収されたりするのを拒んだ」（Klausmann et al. 1997: 166-167）海の略奪者のことである。すなわち海賊《パイレート》は、「万人の敵[*1]（*hostis humani generis*）」、「諸国家の敵（*Villains of all Nations*）」[*2]となる。このような意味での海賊の活動は、ある方面からは、「自律的海賊行為」（Klausmann et al. 1997: 166-167）とも呼ばれている。むろん権力側からすれば、それは「我々の文明社会をけがす海賊行為」（Thomson 1994: 107 を参照）でしかなかった。このような意味での海賊《パイレート》は、公認の海の略奪者と区別するために、「本職海賊」（Earle 2003: 108）、「純粋海賊」（ibid.,

＊1　この言葉は、ローマ人［キケロのこと］によって海上略奪者の法的定義として用いられ、黄金期の海賊裁判の際に、長い眠りから覚めてふたたび用いられるようになった言葉である。
＊2　マーカス・レディカーの同名の著作を参照。

101)、「十全海賊」(leeson 2007: 1052)、あるいは「真の意味での海賊」(Konstam 1999: 10)と呼ばれることもある。ところで十八世紀初頭のイギリスでは、海賊は法的につぎのように定義されていた。「海賊《パイレート》とは、全人類、全キリスト教国家、全異教国家と永続的戦争状態にある者のことである。海賊は本来的に国をもたない。海賊とは、その罪の特質ゆえに母国に戻れない者のことであり、そのために、あらゆる法治国家の利益を享受できないのである」(Turley 1999: 44)。海賊をこのように定義すればこそ、「海賊行為は決して単なる略奪などではなかった」(Ritchie 1986: v)と言い切ることができるのである。海賊神話の多くも、こうした見解をよりどころとしている。

本書は、おもに海賊行為の狭義の定義にしたがっている。実のところ、本書が対象とする海賊《パイレート》集団には政府公認の略奪者が含まれていないばかりか、安全なシマをベースにした略奪者も対象外である。なぜなら、黄金期海賊業のノマド性を強調したいからである。こうした点を分析するには、独特な手法が必要である。もっとも本書が対象とする海賊《パイレート》社会は、稼業を等しくしている以上、イギリス海峡やバーバリー海岸〔北アフリカ〕、シナ海で過去に生まれた海賊村と、構造的類似点があった。だがにもかかわらず、根本的に異質な社会現象であったのである。というのも後者は、土地や地域社会、政治機関と明らかに強固な関係を持っていたからである。確かにそれぞれの組織形態や活動様式には多様性があったが、これはそれほど重要な問題ではない。[*3] このことは、現在、北東アフリカ海岸でブイブイいわせている海賊コミュニティにもあてはまる。海賊《パイレート》を、その活動方法に応じて二つに分類するロバート・C・リッチーの考え方は、使い勝手がいい。

一方は、組織だった略奪であり、もう一方は、アナキズム原理の略奪だと考えよう。多くの連中は、そのどちらにも手をつけたが、違いは厳然として存在するはずだ。組織だった海賊は、活動拠点としての港から離れることができなかった。これに対して、アナキズムに立脚して略奪するということは、前線基地を捨てることを意味した。つまり一回の航海で、数ヶ月、ときには数年間も海をあてどなくさまようのである（Ritchie 1986: 19）。

海賊史において一般的に用いられる用語を以下ではっきりさせておこう。

まずバカニーア（*buccaneer*）。彼らは元来はイスパニオラ島（今日ドミニカ共和国とハイチによって構成される島）の猟師であった。もっともそれはあくまで十七世紀前半の話である。バカニーアはしだいに海の略奪行為に手を出し始めた。それは、公認されているときもあれば、そうでないときもあった。それにつれて、バカニーアという言葉の意味もカリブの海賊と同義語になっていった。すくなくとも一六九〇年頃までは、そのようなものとして用いられていた。だがそのころを境にバ

＊3　こうした海賊社会の概略を知るには、「海賊文献についての注記」にオススメとして掲げた一般的海賊史のどれかにあたっていただきたい。

カニーア文化は終わりを告げて、「真」の海賊、すなわち黄金期海賊という後進に道をゆずった。しかし、黄金期海賊と強い文化的連関性があるので、本書でもバカニーアは準主役級の扱いである。

私掠者（*privateer*）とは、政府のお墨付きをえて行動する海の掠奪者のことである。十七世紀のカリブ海では、そうした認可状は、一般的に敵国船拿捕状（*letter of marque*）と呼ばれた。ある意味では、私掠者は「国家の庇護を受けて海賊行為」（Anonymous 1999）にたずさわる海の傭兵であった。ジョンソン船長は、私掠行為（privateering）とは「海賊行為のようなもの」（Johnson 1926: 560）とするが、煮え切らない物言いである。私掠行為は権力者にとって有用な手段だった。つまり、「広い意味での私掠行為は、敵国に対して有効な戦力となったのである。私掠行為は、その許可を発行した政府に収入をもたらしたばかりでなく、戦時には、当局がなんの命令を下していなくても、敵船の襲撃という貢献をしてくれた」（Konstam 1999: 11）。ほとんどのバカニーアは、私掠者として活動を展開していた。ジェニファー・G・マークスによれば、バカニーアの行動は、「往々にして、海賊行為とも私掠行為とも色分けがつかないものであった」（『図説　海賊大全』六十九頁）。確かにそうなのだが、これら行為のそれぞれに着目してみると、その意味するところは、完全に正反対のものであった。ジャニス・E・トムスンいわく、「私掠行為は、国家権力を増強しようという為政者の努力の現われであった。一方海賊行為は、そんなもくろみに反旗を翻した人々の営為を映し出す鏡であった」（Thomson 1994: 54）。

フリビュスティエは、私掠者（＝バカニーア）を意味したフランス語である。英語では、このフリビュスティエという積年の悪党にならってフィリバスターという言葉が生まれた。それは十八世紀〔後半〕、アメリカ軍がラテンアメリカに非合法に侵攻したことをきっかけとした。今日でも、法的手続きを示す用語として用いられている〔英語の filibuster は「議事妨害」「不法侵入者」という意味を持つ〕。

コーセア（コルセール）は、しばしば海賊《パイレート》の同義語としてもちいられるフランス語である。だが、この用語は一般的に、地中海の〔バーバリー〕海賊を指すものである。

シードッグは、十六世紀イギリスの私掠者を意味することが多かった。最大の有名人はフランシス・ドレークである。

本書では用いていないが、他にも海賊《パイレート》の同義語としては、シーロヴァー（海上放浪者）、フリーブーター（自由略奪者）、マルーナー（置いてきぼり）、鮮烈なピカルーン（賊）、そしてスワッシュバックラー（冒険家）などがある。最後のスワッシュバックラーは、もともと十六世紀に山賊を示す言葉として用いられていたが、十九世紀の小説家や二〇世紀の脚本家によって、海賊を指すものとして使われるようになった (Konstam 1999: 11)。

一章二節 「黄金期」の概略的歴史

以下の頁では、「黄金期」につながるカリブの海賊の発展について、短く概観してみよう。黄金期になると、元来カリブ海を拠点としていた海賊の活動は、南北アメリカの沿岸部にまで拡大していき、インド洋にも達すると、最終的にはアフリカの西海岸にまで展開された。

歴史研究者による黄金期の時期区分は、ふさわしいと考える海賊行為の定義や、力点をおきたい歴史的出来事、歴史的発展が異なるために、ばらばらである。黄金期海賊業の終了時期という点に関しては、ほとんどの研究者が、一七二二年（ロバーツ船長の死、およびロバーツ海賊団員の大量逮捕の年）から、一七三〇年（オリビエ・ラ・ビューズの処刑の年）までのあいだで一致しているのだが、そのはじまりについては、それぞれに独自の見解がある。バカニーアの時代である一六五〇年ころを、黄金期のはじまりとする向きもある一方で、終結時期に限りなく近い一七一六年をはじまりとする向きもある。一七一六年とは、カリブ海で無許可の海賊行為が大勃発した最後の年である。

私は、一六九〇年代初頭を黄金期のはじまりとする研究者にしたがうのがもっとも有益であると思う。というのもこの時期になると、英米系私掠者や逆徒たちは、インド洋にまで船を出し、イギリスであろうがその同盟国であろうが関係なく、あらゆる国の船を餌食にしはじめたからである。一六九二年、ニューイングランドの私掠船長であったトマス・テューは、子分に海賊になったほうがいいと伝えようと、こんな話をしたそうである。「政府のために生命を賭すよりは、略奪のために生命を賭したほうがよっぽどましだ」(Konstam 1999: 126)。この話が真実であるとすれば、それは、本書が探求する海賊的現象にとって決定的節目だとおもわれる。

以下のタイムライン(時系列)は、黄金期の生成と発展の過程の理解の一助にしようとした試みである。

一四九二年:クリストファー・コロンブス一行、イスパニオラ島に到着。

一四九二年—一六二〇年:スペインが、カリブ海域のほぼ独占的な支配権を確立し、「侵入者」を無差別に処罰の対象とした。そのなかでもっとも有名なのは、一五六五年、フランスのユグノー派のフロリダ入植地が、残忍なスペイン軍によって、短期間のうちに壊滅させられた出来事である。この時代、境界をまたげば平和は存在しなかった。つまり、たとえヨーロッパで平和条約が調印されたとしても、一四九四年のトルデシリャス条約で定められた教皇子午線の西側には、それは適用されなかった。この条約で、スペイン人は、新たに「発見した」アメリカという領土の境界線を定めたのである。

一五二〇年—一五五〇年：フランスの私掠者がスペインの大西洋貿易を食い物にしはじめた。もっとも当初は、ほとんどの場合、スペイン船はヨーロッパへの帰路の際に襲撃されるのみであった。しかしながら、一五三〇年代になると、フランス船はカリブ海自体に侵入するようになった。そうして、この時期にカリブ海は、「幸福な猟場」(Williams 1961: x)、もしくは「冒険好き略奪者の楽園」(Earle 2003: 93-94) に変貌を遂げたのであった。

一五五〇年—一六〇〇年：次第にイギリスの私掠者《シードッグ》がカリブ海域に侵入して、スペインの貿易船を襲撃するようになった。そのなかでも、エリザベス女王が「わが海賊」という名で寵愛したフランシス・ドレークは、伝説的な名声を博した。シードッグの時代は、一五九八年、スペイン国王フェリペ二世の死によって終わった。

一六〇〇年—一六三五年：オランダの私掠者がカリブ海のスペイン貿易に大打撃を与え、この地域におけるスペインの支配力を弱体化させた結果、非スペイン系の入植地もできるようになった。

ある歴史家いわく、それは「前世紀の海賊行為の上がりを元手に発展した」（Rogoziński 1999: 77）ものであった。オランダの私掠者は、数十年間にわたってオランダ商人がカリブ海貿易の支配権を握ることを可能にした（ibid., 63）。

十七世紀初頭、「よりどりみどりの流れ者たちの群れ」（Galvin 1999: 110）とか、「色とりどりのやからの徒党」（Fuller and Leslie-Melville 1935: 69）という表現をされることもある連中が、イスパニオラ島西部（今日のハイチ）に「男くさい海洋移民文化」（Pérotin-Dumon 1999: 2, 149）を築きはじめた。連中は、イノシシやウシを狩って常食とし、「半ば未開の、自律的な生活様式」（Haring 1910: 59）を営んでいた。これらの動物は、一六〇三年にスペイン当局が撤去した入植地に残されたおみやげであった。入植者がスペインと敵対するヨーロッパの国々と貿易しているのではないかという嫌疑をかけられたために、入植地は引き払われたのである。[*4] これがバカニーアの起源だった。そうしたバカニーアの表現として、「変人」（Masefield 1906: 120）、「神も人間も死もおそれない、凶悪で命知らずの連中」（gosse 1924: 12）、「法の埒外で生活をいとなむ不屈の開拓者」（Konstam 1999: 74）、「無法狩猟団」（Snelders 2005: 67）、「狩った獲物を上回る野蛮人」（『図説　海賊大全』、六十九頁）といった言葉がある。「連中はけっして秩序ある社会に生きることはなく、その場限りの生き方をしていた。大

＊4　イスパニオラ島には、ブタやウシに加えて野犬や馬もいた。だがエクスケメリンにとってはあまり好ましいものではなかった。「動物は発育がよくなかった。体は小さいのに頭はでかく、首も長くて足はもっこりしている。要するに見目麗しいなりをしていなかった」（Exquemelin 1893: 37）。

手を振って歩き、栄光を愛した。きゃつらは残忍になることもあれば、寛容になることもあったが、けっして臆病になることはなかった」(Besson 1929: 6-7)。

バカニーアは、原住民のカリブ族の言葉でブカンと呼ばれていたらしい、肉の燻製器具にちなんで名づけられた。ある保守的な歴史家は、バカニーアの生活について、やけにドラマチックに描いている。

> 衣服も慣習もきゃつらの野蛮さを物語っている。どんなに体を洗っても、連中にしみついた獣のはらわたや脂のにおいは消えることがない。連中の手織りの粗い衣服には、屠殺された獣の血がへばりついていた。なめされていない獣皮を材料として、丸い縁なし帽や、ブーツや、ベルトを作った。虫を払うために獣脂を顔にぬりたぐっていた。そして、海岸沿いのシュロの葉でおおわれた小屋に住み、蚊よけのための焚き火をいぶした脇に、寝袋をおいて寝ていたのである(『図説海賊大全』、七十一頁)。

こうした醜態を根拠として、辛辣な結論を下す者もあらわれた。「『浜辺の兄弟』とともに生きるのは、敏感な鼻を持つ者にしてみれば、愉快なものだったはずがない」(Fuller and Leslie-Melville 1935: 74)と。しかしながら、「たらふく食べることができ、主人から自立していて、自由だったという点で、それは、多くの者たちにとって、ヨーロッパでは真似できないような豊かな生活であった」（Ritchie 1986: 22）と考える者も現われた。

C・H・ヘアリングは、「私たちはこうした者たちの起源を知らない」（Haring 1910: 58）とするものの、それはフランス、イギリス、オランダの「三ヵ国のはぐれ者」の混成集団だったのではないだろうか。連中を構成していたのは、「座礁船の乗組員、孤島に置き去りにされた乗組員、難破船の乗組員、脱船者、逃亡した年季奉公人、逃亡奴隷、あるいはあらゆる種類の冒険家」（Galvin 1999: 110）であった。おそらく、そのなかには「組織だった社会を嫌うあらゆる人々」（Parry and Sherlock 1957: 82）が含まれていたはずである。「生まれも出自も異にする彼らは、そのだれもが上機嫌で楽しげであり、文明世界の面倒な法秩序を捨てて、半ば野蛮の生活を愛していたのである」（Fuller and Leslie-Melville 1935: 169）。

一六二〇―一六四〇年：スペインの激しい抵抗にもかかわらず、イギリス、フランス、オランダは、カリブ海、とりわけ小アンティル諸島に拠点を築くことになった。カリブ海の植民地の構図は、まさにひっくり返ろうとしていた。ある歴史家いわく、「連中が敵と手を組んだ結果、スペインの玉座から、一世紀にもわたって苦悩の声がこだまし続けていくこととなった」（Wood 1980: 104）そうだ。

一六三〇―一六五〇年：イスパニオラ島のバカニーアは、故郷を追われた開拓民や逃亡奴隷、逃亡した年季奉公人、追放された年季奉公人が加わったことによって、その数を増やした。スティーヴン・スネルダーズいわく、「浜辺の兄弟〔バカニーアのこと〕には、カオスを愛する者にとって、なんともいえない魅力があった。イスパニオラ島は、冒険好きで、謀反の心を宿していて、法をなんとも思わない悪党が集結してくる地点となっていた」（Snelders 2005: 94）。それにカール・ブライデンボー＝ロベルタ・ブライデンボーも、「バカニーア稼業には、人口過密のイギリスの島々では土地ももてない、冒険好きでケンカ早い貪欲な野郎どもを惹きつけるような魅力があった」（Bridenbaugh and Bridenbaugh 1972: 176）のではないかと考えている。

その帝国の中心で多国籍のバカニーア共同体が拡大することを恐れたスペインは、一六三〇年代、イノシシとウシを殺戮することによって、バカニーアを追い出そうとした。しかし、その間抜けなこころみは裏目に出てしまった。なぜならバカニーアはそんなことお構いなしにとどまったからである。しかしあたらしい生活手段も必要だった。そのひとつは、海の略奪行為だ。一六三〇年代、丸木船や快速低底船に乗ったバカニーアの一味が、スペインのガレオン船に夜襲をしかけるようになり、一六五〇年代になると、バカニーアという用語は、「もっぱら海の略奪者だけを示す言葉となった」（Konstam 2000: 10）。

この時期、トルトゥーガ島（イスパニオラ島の北西端にある小さな海峡を渡ったところの島）がバカニーアの中心地となり、数十年間、激しい抗争の場となった。安全港としてうまく守られたこの島で、バカニーアはゆっくりとひとつにまとまっていった。そうしてできた共同体は、「西インド諸島での生活にとてつもない衝撃」（Lucie-Smith 1978: 158）を与えることになった。はるか彼方のイスパニオラ島の「野蛮な狩人」ならば、たかが知れていた。だがこのたび生まれたバカニーア社会は、スペイン人に対して壊滅的打撃を与えることとなった。

一六五五―一六九七年：一六五五年、オリヴァー・クロムウェルが派遣したカリブ海遠征隊が、ジャマイカを占領した。その結果、イギリス人バカニーアの多くは、イスパニオラ島やトルトゥーガ島からその島へと移り住んだ。一六六〇年代になると、バカニーアの私掠活動が「その島の主要な財源」(Konstam 2000: 52) になっていたほどであった。これは国という境界線に沿って、バカニーア共同体が分断されたということでもある。つまり、イギリスのバカニーアがジャマイカを拠点とした一方で、フランスの「兄弟たち」は、トルトゥーガ島とイスパニオラ島にとどまったのであった。

その間、「バカニーアの活動は、西インド諸島での小規模な活動から、大規模な陸上襲撃へと発展した」(『図説　海賊大全』、六十九頁)。「バカニーアは、最初のうちは、数人の徒党を組んでカヌーに乗り込み、不用心な近海貨物船を待ち伏せては捕獲していた。だがしだいに一〇〇人以上の乗組員をかかえた巨大船で活動するようになり、最終的には大艦隊も率いるようになった」(Ritchie 1986: 22)。バカニーアは軍隊へと変貌を遂げ、ヘンリー・モーガン（一六七一年のパナマ略奪を指揮したことでモーガンの名は今も健在である）のような伝説的指導者のもとで、地上と海上の二方向からの野心的略奪作戦に参加した。フランクリン・W・ナイトによれば、バカニーアは「国際的に名を轟かせた」(Knight 1990: 97-98) ようである。こうしたことにより、植民地国家としてのイギリス当局者、フランス当局者の顔はほころぶばかりであった。ピーター・アールは、つぎのように述べている。

ジャマイカとトルトゥーガの総督は、私掠業は一石二鳥どころか三鳥も四鳥もあると考えていた。荒くれ者の雇用対策になるし、私掠船に補給することで利益があがる。なおかつ、どんどん運ばれてくる略奪品を安く〔買い叩いて〕市場で売りさばくことができるうえ、反撃してくるスペイン人に対しては、有効でしかもコストのかからない海上防御を担ってもらえた。ロンドンやパリの本国政府も、一般的に私掠許可状を黙認するのにやぶさかではなかったし、むしろ積極的に西インド諸島で許可状を出すように発破をかけていた。イギリス、フランス両政府の目論見としては、自分たちが西インド諸島にうち立てた事実上の植民地を、スペインに認めさせることにあった。そのためには、こうした私掠行為によって断続的に圧力をかけるのが最良の手段だと考えた。そしてもしこれが最高にうまくいけば、スペイン人が独占してきた濡れ手に粟の植民地市場に、わが商人を送り込めるだろうと。両政府は、スペイン船を捕獲することが競争相手であるスペインを排除する有効な手段であり、したがってイギリスやフランスの商船がこの地域の貿易に参入するのに、絶好のきっかけとなるということに気付いていたのである（Earle 2003: 92-93）。

バカニーア港は、トルトゥーガ、イスパニオラ島やジャマイカにくわえて、ニュー・プロヴィデンスやバハマ諸島、サン・クロワ、キュラソー、デンマーク領セントトマスにもできるようになった。また、カンペチェ湾やホンジュラス湾〔の沿岸地域〕を一時的なベースキャンプとするバカニーアも多くいた。バカニーアは、一六七〇年ころから、そこでログウッドの木こりとして働くようになった。

しかし最終的には、カリブ海植民地競争でのバカニーアの重要性は、下降線を下ることになる。クリストファー・ヒルは、十七世紀後半の状況を簡潔にまとめている。「短期的観点から見ると、バカニーアの活動は有力な入植者にとって都合のよい投資先であった。しかし長い目でみれば、カリブ海の治安が維持されるようになった段階で、バカニーアは迷惑かつ邪魔者になった」（ヒル『十七世紀イギリスの民衆と思想』小野巧生ほか訳、二四一頁）。

その結果、まず最初にオランダ人が、一六七三年のハーグ条約をもって、公式に私掠行為から足を洗うようになった。イギリスも、一六八〇年のウィンザー条約をもって、歩調をあわせた。さらに、バカニーア軍を利用した一六九七年のカルタヘナ攻撃も不幸な結果に終わったため、ついにフランスもリズウィック条約をむすび、公式に私掠行為から撤退した。十八世紀になると、バカニーアは姿を消した。しかしながら、その遺産は痕跡をとどめた。J・H・パリー＝P・M・シャーロックいわく、「西洋史の他のどの時代にも、二、三千人ものならず者が広大な領域を恐怖に陥れたり、文明国家の政策に対して強大かつ継続的な影響力を与えたことはなかった」（Parry and Sherlock 1957: 93）のである。

一六九〇年―一七〇〇年：バカニーアは姿を消したが、そのかわり「本職海賊」が舞台に登場する。元バカニーアの多くは、定住生活なんてまっぴらごめんだった。連中はそのさきも略奪で生計をたてていくつもりだった。だが公式の許可状を得るのはますます困難になっていくばかりだったので、非合法な略奪に手を出し始めた。掲げられている旗などお構いなしに、あらゆる船を襲うようになったのである。スティーヴン・スネルダーズは、こうした転回を以下のように解き明かす。「十七世紀の覇権闘争においては、兄弟〔バカニーア〕は公認の私掠行為と純粋な海賊行為とのあいだのグレーゾーンでキャストを演じていた。だが黄金期に入ると、バカニーアの後継者たちはブラックゾーンに追放され、あらゆる国家の取締りの対象になった」（Snelders 2005: 168）のである。

一六九〇年代中頃、ヘンリ・エヴリやトマス・テューは、インド洋への航海を、海賊《パイレート》としてははじめて成功させた。そして二人とも、一攫千金を果たしたどころか、敵の魔の手をまんまと切り抜けた（すくなくとも最初はそうであった。実はテューは二度目の航海で帰らぬ人となってしまった）。そうして「海の傭兵を営む同業者たちに別の模範」（Marley 1997: 119）が示されることとなり、長期にわたる海賊ブームが沸き起こった。マダガスカルの名にし負う海賊居留地も、それに触発されたものである。奴らは、まったく異質の「多国籍」海賊文化も生みだした。その結果、「一六九七年に平和が回復されるやいなや、前例のない規模で海賊行為が激増した」（Earle 2003: 155）のである。

一七〇〇年、イギリスの軍艦は、エマニュエル・ウィン船長指揮下の海賊船を追跡していた。そのとき、ジョリー・ロジャーを掲げる海賊の存在がはじめて報告されている。ジョリー・ロジャーとは、(髑髏と二本の交差した骨(クロス・ボーン)、砂時計、血の滴る心臓などの)死の象徴が散りばめられた、泣く子も黙るかの黒旗のことである。まもなくこの旗は、海賊《パイレート》であることを高らかに誇る象徴となった。「十八世紀初頭の海賊《フリーブーター》は、私掠者を自称していた前世代の海賊とは異なっていた。海賊という名がいざなう死刑に恐怖を覚えた私掠者は、海賊という呼び名に値しなかった。真の海賊は、海賊であることを肯定した。そうだ、我々は犯罪者だ、我々は海賊だ、我々の名は海賊だ。文句あるかと」(Rediker 2004: 168)。

そのため、対海賊戦争が権力によってしかけられることになった。「〔海賊〕問題に関して、あらゆる対策が講じられた。法を導入したり、その犯罪そのものの生き方から足を洗ってくれないかと海賊に恩赦を出したり、最悪の影響をうけている地域で海軍の巡視を強化したり、海賊をとらえた者に報酬を与えたり、捕縛した海賊を裁判にかけて処刑したりと、万策が講じられた」(Cordingly 1995: 236)。法的革新としてもっとも重要であったのは、一七〇〇年の、より効果的な海賊制圧のための法の制定である。この法律によって、七人の官吏、または海軍将校がいればどこでも法廷を開くことができるようになり、いつでも海賊を裁判にかけることができるようになった。捕縛した海賊たちをイギリス本国まで移送する必要がなくなったのである。

一七〇一年—一七一三年:スペイン継承戦争の勃発によって再び私掠者が必要とされるように

なったために、無許可の海賊行為はいったん沈静化した。大きなバカニーア村は解体され、「先例に則って」多くの海賊が国家を旗印に略奪を行うことになった。ピーター・アールいわく、「海賊がふたたび愛国者になった」（Earle 2003: 155）のである。

一七一三年―一七二二年：スペイン継承戦争の終結とともに、海賊行為が再び前景化してくる。数百名の除隊兵士が海賊団に加わった。海軍の兵籍の数は、一七〇三年には五三〇〇〇人以上だったが、一七一五年になると、一三四三〇人にまで落ち込んだ（Ritchie 1986: 234）。一七一六年、カリブの海賊業の猛威は、バハマ諸島のニュー・プロヴィデンスを本拠地として、前例のない高みにまで達した。しかし一七一八年、イギリスからウッズ・ロジャーズ総督が赴任してきたことにより、ニュー・プロヴィデンスはその華々しい役目を終えることになる。自分自身もかつて私掠船の船長であったウッズ・ロジャーズがやってきたのは、イギリス政府による海賊制圧計画の一環であった。その計画には、恩赦状の発行と軍艦三隻の派遣も含まれていた。そうして、「賢い海賊たちに、「享楽的な」生の様式を謳歌した日々が終わりに近づいているということをさとらせようとした」（Earle 2003: 192）のである。

恩赦を受諾した一部のニュー・プロヴィデンス海賊は、ここを安定的で「法的に整備された」植民地に生まれ変わらせようとしていたロジャーズの試みに手を貸した。だがそうした奴らに別れを告げる連中もいた。いかなる統治機関にも頭を下げるものかと誓いを立てた連中は、全世界に戦争をけしかけることとなった。匿名著者の連名の「海賊ユートピア」という論文によれば、「このとき以降、海賊とは、国家とその法を断固として拒否し、国家と対決することになんら躊躇しない者のみを指すこととなった」(Anonymous 1999) とされる。この論文は、イギリスのアナキスト系雑誌「行動か死か (*Do or Die*)」に掲載されたものである。

ポール・ガルヴィンは、こうした状況について次のような言葉でまとめている。

海賊は、狭くなりつつある海洋フロンティアの末端に生きた、真のアウトローだった。誰にも忠誠を誓う必要はない。忠誠を誓うのはおのれにのみである。海賊は先輩にあたるバカニーアとは違い、スペインでも、イギリスでも、フランスでも、オランダでも、どの国の船でも餌食にした。したがって連中は、いかなる政府からも法的庇護を受けることはなかった(もっとも、多くの植民地総督は海賊たちの略奪品を違法に売りさばくことに加担していたのだが)。つまり海賊には、速やかな根絶という宿命が待ち受けていたのである (Galvin 1999: 66-67)。

海賊は再びインド洋に向けて舵を切った。さらにこの時期になると、アフリカ西海岸でも略奪を行うようになった。ここは、新しい奴隷交易所がどんどんできるようになっていた場所だった。西アフリカやマダガスカルを経由して、カリブ海とインド洋を往来する航路は、すぐに海賊航路として名を轟かせるようになった。この時期は、黄金期海賊業が最凶の猛威を振るった時期である。「十年やそこらのあいだ、海洋チンピラ主義には手がつけられなくり、ジョリー・ロジャーも、人を食ったような笑みをたたえてはためいていた」(ibid., 67)。それは、広く名を馳せた海賊船長である黒髭〔本名エドワード・ティーチ〕やジョン「キャリコ・ジャック」ラカム、バーソロミュー・ロバーツ、そしてみんな大好きアン・ボニーやメアリ・リードたちの時代でもあった。デヴィッド・コーディングリーによれば、海賊行為がピークに達した一七二〇年には、推計一五〇〇人から二〇〇〇人の海賊が、カリブ海や北アメリカで略奪稼業にいそしんでいたようである(Cordingly 1995: 234-235)。

しかしながら、黄金期海賊の最盛期は長くはつづかなかった。非ラディカルの海賊史家の一人であるアンガス・コンスタムは、ずいぶん得意げにまとめている。「海賊が目も当てられないほどの乱暴狼藉に及んだ期間は、一七一四年から一七二二年までの八年間でしかなかった。したがって真の黄金期は、『黄金の十年』とすら呼ぶこともできないのだ」(Konstam 1999: 96)。

一七二二年、この時期に天下を取った海賊船長であるバーソロミューが殺害され、その乗組員のほとんどがつづけざまに捕縛された。マーカス・レディカーいわく、黄金期は「紅く血の色に染まった」(Rediker 2004: 170)のである。こうした出来事を、自分の都合のいいように解釈する者もいる。「海でもっとも強力な海賊徒党を組んでいたバーソロミュー・ロバーツ海賊団が殲滅されたことは、海賊コミュニティ全体にとって痛恨の一撃となった。たくさんの大砲を備えつけ、たくさんの人間を乗せた二隻の海賊船が、臆病風に吹かれて降伏したという事件は、海賊にとって屈辱的な出来事だったはずだ。どちらの降伏の際にも、ただ一人の海兵も殺されなかったのである」[*5](Earle 2003: 198)。

一七二二年―一七二六年：黄金期海賊も最後の世代になると、ヤケクソ気分も極まり、「対海賊戦争の勝敗はほぼ決して」(ibid., 203-204) いたにもかかわらず、ジョリー・ロジャーを手放そうとはしなかった。もちろんすでに形勢は敵のほうに傾いており、「一七二二年から二六年にかけては、海賊たちは略奪品のために闘っていたのではなく、みずからの生存のために闘っていた」(Rediker 2004: 37) のであった。ピーター・アールは、こうした状況を以下のように描いている。

船の上、あるいは陸地に逃れようとした際に、殺されたり、捕縛された海賊は、一〇〇〇人に上った。一方、恩赦を受けた者は数百人いたし、ヴァージン諸島、ホンジュラスのバイーア諸島、モスキート海岸、マダガスカルや西アフリカのようなかつてのアジトにいそいそと戻っていった者も数百人いた。こうした地域では、元海賊の多くが原住民とともに生活していたと言われる。西アフリカ海域や、西インド諸島に蔓延していた感染症が元で命を絶たれた者は、数百名に上ったはずだ。

＊5　次にアールは、ロバーツの殺害と乗組員の逮捕を指揮した「スワロー」号の船医のジョン・アトキンスを引用する。「規律こそ勝利への最高の近道だ。商いで成功するのと同じく、勇気を手に入れるにもまず見習いだ。規律を守り、訓練に励むべし。海賊はただ勇気がある連中に過ぎないが、いまやそうした秩序を維持することができるような指導者を求めている。かつては見下げ果てた敵だったのだが。連中はこの拿捕の際でも一人も殺すことはなく、また一人も傷つけることもなかった。海賊なんていうあんなクズどもは、拿捕されて当然なんだ」(198)。

人口過密気味で、限りなく不衛生な海賊船という環境では、死亡率は非常に高かったと思われる。確かにイギリス海軍も、この軍事行動で一千名が病死したが、海賊の死者数はそれ以上であった。このように海賊が撲滅されたり、あるいは散りじりになった結果、海には海賊の数が減少した。二〇〇名以下になったという推算もある。そうして残ったやからのほとんどを海賊団としてまとめ上げていたのは、エドワード・ロウや、スプリッグス、クーパー、ライン、シプトンなどの、ロウの元仲間や元子分たちであった。この最後まで残った海賊団も、最後には海軍によって容赦なく狩られてしまうのだが、驚くほど逃げ足の速い連中でもあったのだ（Earle 2003: 204）。

海賊一味の構成も変化した。かつてのバカニーアや私掠者の多くがシャバに戻るか殺されてしまったので、海賊一味の大多数が拿捕した商船から補充されることになったのである。かなりの人数の水夫が強制参加させられた[*6]（Earle 2003: 166-167）。このことは「海賊的連帯」の解体を意味したが、同時に、はるかに暴力的な新しい戦術も産声を上げた。

ウィリアム・フライは、アメリカの絞首台の上でこと切れた、最後の有名な海賊船長である。彼は、一七二六年のボストンで縛り首となった。フランス人のオリヴィエ・ラビューズも、一七三〇年、インド洋にあるフランス領ブルボン島（今日のレユニオン）で同じ運命に屈した。彼の死によって、海賊黄金期は実質的幕引きとなった。もはや主人公たちは「ひっとらえられてしまった。皆殺しといってもいいかもしれない」（Lucie-Smith 1978: 176 のなかのジェームズ・バーニー）。大量の絞首刑は、その滅亡をまざまざと物語っていた。一七一六年、スティード・ボネット海賊団の三十一人が、サウス・カリフォルニアのチャールストンで絞首刑にされた。一七二二年五月には、マシュー・ルーク海賊団の四十一人がジャマイカで絞首刑にされた。同年、バーソロミュー・ロバーツ海賊団の五十二人が西アフリカで絞首刑にされた。一七二三年七月、チャールズ・ハリス海賊団の二十六人がニューポートハーバーで絞首刑にされた。総じて、「一七一六年から一七二六年にかけて、すくなくとも四〇〇人以上、おそらくは五〇〇人から六〇〇人の英米系海賊が処刑された」(Rediker 1987: 283)。

全体的に見ると、処刑は海賊数の減少の最大の要因であった。「一七二〇年のピーク時二〇〇〇人から、一七二三年にはおよそ一〇〇〇人にまで減少し、一七二六年になるころには二〇〇人以下になった。海賊による襲撃の件数は、一七一八年には四、五十件ほどであったが、一七二六年には五、六件にまで激減した」(Cordingly 1995: 236)。ピーター・アールは、こうした状況を以下のように淡々とまとめている。

こうして、とうとう海賊黄金期も終焉を告げた。自由と酒を愛する海賊たちは、一時期、名声を轟かせることもあったが、結局のところ、海軍や法とは敵対することになるし、みずからも自己

＊6　ロバート・C・リッチー（1986: 234）は、「一般水夫が海賊団への入団を断ったら、虐待、拷問され、殺されることすらあった」とまで考えている。

破壊的な性格を備えていた以上、海賊業は、長い人生のライフスパンで考えると決してふさわしい稼業ではなかった。この時期、破滅が運命付けられていた五十五人の海賊船長——この人数は全体の三分の二にあたる——のうちで、十二人は降伏した。快適に過ごす者もあれば、貧しさにあえぐ者もあった。また、そのうちの一人は引退し、マダガスカルで貧困にあえぐことになった。六人は戦闘中に殺され、四人は難破しておぼれ死んだ。四人は子分によって射殺され、一人は銃で自殺し、一人は子分によって小舟で流され、その後、消息を絶った。残りの二十六人は、イギリス人ばかりでなく、フランス人やオランダ人、ポルトガル人、スペイン人の手にかかって、絞首刑にされた。その上には黒旗がたなびいていたこともあった。場所は、アフリカやアンティグアということもあれば、ボストン、バハマ諸島、ブラジル、カロライナ、キュラソーやキューバ、ロンドン、マルティニク、ロードアイランド、インド洋のブルボン島ということもあった。ちなみに、一七三〇年七月、ブルボン島の浜辺で、黄金期海賊で最後に捕えられたオリヴィエ・ラビューズは、「歓声をあげる人だかりの面前で」絞首刑にされた（Earle 2003: 206）。

確かに、ラビューズは歓声をあげる人だかりの面前で吊るされたかもしれない。しかし彼の墓石には、夜ごと、隠れ崇拝者たちからの供え物が、今日に至るまで届けられている。ピーター・アールは、このことを無駄な空想くらいにしかとらえていないが、捧げ物という行為は、海賊的遺産には政治的複雑さがあるということをはっきりと物語っている。本書では、この海賊の遺産について、さらに掘りさげていくつもりである。

＊

最後に、黄金期の海賊船長たちについて、簡単な概観をしておきたい。彼らはこれからの章で、たびたび言及されることになる。以下の一覧は、純粋な道しるべとして整理したものであり、手っとりばやい参照ページとして使って欲しいと思っている。この一覧は網羅的なものではないし、世紀の大海賊船長の名前すら欠けている。見てもらえば分かるのだが、ウィリアム・キッドを含めた何人かの名前はない。当局側の視点では、キッドは私掠者から海賊になった者であった。だがキッド自身は、自分は王室に忠実で、法の範囲内で行動していると思っていた。そしてキッドは、一七〇一年に絞首刑にされた。キッドのむくろは鎖で縛られ、テムズ川の土手で数年間見せしめにされた。キッドの物語は、私掠行為と海賊行為を隔てる法的境界線の任意性を分析するのに重要である。だが私は、それがとくに本書でとりあげるほどの問題だとはおもわない。キッドの生涯に関心を抱く諸氏におかれては、ロバート・C・リッチーの『キッド船長と対海賊戦争（*Captain Kidd and the War against the Pirates*）』を断然薦めたい。また、海賊狂がしばしば名前をあげる海賊のなかで、本書に欠けているのは、アン・ボニーの恋人と言ったほうがむしろ通りがいい、ジョン「キャリコ・ジャック」ラカムや、型にはまらない「紳士海賊」のスティード・ボネットである。彼らの伝記が抜群に面白いのは確かだが、本書ではその偉業もそれほど重要な役割を果たしていない。
以下では海賊船長、すなわち海賊コミュニティではなく、個人としての「ビッグな野郎」に着目していくことになるが、それは、黄金期海賊社会の平等主義的、民主的性格こそ大事だと言い張るラディカルな文脈からすると、食い違っていると思われるかもしれない。だが歴史資料が海賊船長のことをひたすら書き綴ってきた以上、そうした資料を有効な参照軸として用いないほうが難しい。もっとも、これによって主だった主人公たちについて、誤った印象をもってはいけない。たとえ船長であろうが、ありふれた一味の一員でありつづけたのだから。

トマス・テュー：一六九二年、テューはフランスに私掠行為を仕掛けるという任務を受け、ロードアイランドから船出した。だがすぐさま乗組員を説得し、自分たち自身のためにインド洋へと向かった。一六九三年、そこでかなりの価値に匹敵するインドの船を拿捕し、一旗挙げた水夫たちは、アメリカに帰った。数年後、テューはまた船旅に出た。しかし今回は、ムガル帝国所有の船を襲撃した後に、恐ろしい運命に直面した。ジョンソン船長は、それを生々しく描く。「テューの腹のなかに弾丸が打ちこまれた。テューは気絶するまでのしばらくのあいだ、自分の手ではらわたをおさえていた」（『海賊列伝　下』、一八五頁）。

ヘンリ・エヴリ：一六九四年、給料が支払われなかったことに腹を立てたエヴリは、イギリスの対スペイン私掠艦隊で謀反を起こし〔てうまくいったので〕、インド洋へと向かった。一年後、エヴリは紅海で高価な商品を積載した船を拿捕した。それは、ムガル帝国が所有する商船、「ガンジ・イ・サワイ」号であった。この当時ムガル帝国とイギリスとのあいだに良好な関係があり、またイギリスはインド貿易に投資していたため、エヴリの襲撃はイギリスの利益を損なう結果となった。だからこそ黄金期海賊史上、枢要な事件だった。エヴリは逮捕と罰を逃れ、伝説的人物に上りつめた。マダガスカルで豪奢に暮らしているのだろうと、人々はうわさした。多くの小説や戯曲がエヴリに捧げられた。しかし実のところ、エヴリはブリストルの商人にカネをだましとられ、イギリスで乞食同然の状態で死んでいる。フィリップ・ゴスいわく、このことによってエヴリは、「海だけでなく、陸にも海賊がいる」(Gosse 1924: 43) と悟ったようだ。

エマニュエル・ウィン：フランス人海賊船長であるエマニュエル・ウィンは、記録上はじめてジョリー・ロジャー、すなわち賊の黒旗を掲げたとされる。一七〇〇年、イギリス海軍による追跡を受けていた際の出来事だった。

ミソン船長：おそらくはフィクションのフランス人船長。ミソンはマダガスカルにリバタリアという名前のユートピア村を創設した。しかしすぐに原住民によって破壊されてしまった。

サミュエル・ベラミー：ゴスによれば、ベラミーは「海賊であり、社会主義者であり、雄弁家であった」（ibid., 47）とされる。ジョンソン船長は、『海賊列伝』第二巻のなかで、黄金期の海賊船長が発したとされる、政治性の高い言葉を引用しているが、そのうちのいくつかはベラミーの言葉である。

黒髭ことエドワード・ティーチ：おそらくは、黄金期海賊船長のなかでも屈指の伝説的人物である。エドワード・ルーシー・スミスによれば、黒髭は「奇行の目立つ人物」（Lucie-Smith 1978: 197）でもあった。ジョンソン船長が輪郭を与えた黒髭の姿は、こと有名である。

きゃつのあご髭は黒かった。きゃつの髭はむちゃくちゃな長さにまで生えのびていた。髭の上の端は目の高さにまで達していた。きゃつは髭をリボンで結び、ちょっとしたおさげ髪のようにしていくつかたらして、それらを耳のまわりに巻きつけていた。戦闘のとき、きゃつは弾薬帯のように肩から吊り革をたらし、三組のピストルを皮ケースに掛けていた。火のついた火縄を帽子で押さえ、その両端を顔の両側にたらしていた。この姿がきゃつの激しく獰猛な目つきとあいまって、まるで鬼神のごとし。これ以上恐ろしいものは想像できない。地獄の閻魔大王だって、ここまでではないだろう（『海賊列伝　上』、一〇五頁）。

一七一八年、黒髭はノースカロライナ沿岸で海軍との戦闘の末、殺害された。

チャールズ・ヴェイン：ニュー・プロヴィデンス最盛期に名を馳せた海賊船長。ヴェインは新総督ウッズ・ロジャーズが赴任すると、ある朝、敵意を示して島を辞した。ロジャーズの船を燃やし、港からずらかったのである。だが一七二一年、ジャマイカで絞首台の露と消えた。

バーソロミュー・ロバーツ：黒髭ほどセンセーショナルではなかったが、黄金期海賊のなかでは明らかに頂点に上りつめた海賊船長。ロバーツは、乗っていた奴隷船が拿捕された際に海賊一味として徴集されたのだが、そのたった二、三週間後に船長に選ばれた。それから四年間、海賊団を指揮した（四年間というのは、黄金期海賊にしては例外的に長い）。四〇〇隻を越える船を拿捕したとも言われる。ロバーツは一七二二年に死んだ。つづけざまに海賊団のほとんどが打ち負かされ、投獄された（そのうち五十二人は処刑された）。それは、黄金期海賊が終結する決定的な契機だったといえる。

エドワード・ロウ：黄金期最終局面の船長としてはもっとも有名である。また、その異常なほどの残忍さでも有名。ロウは一七二二年から二三年にかけて、カリブ海や、北アメリカ沿岸地帯、アゾーレス諸島周辺で稼業にいそしんだが、その後、突如として姿を消した。その残りの人生は、今日でもようとして知れない。ジョンソン船長にとっては、「ロウ海賊団が全員海の藻屑となったという知らせがあれば、それに越したことはない」(『海賊列伝　上』、四九二頁)そうである。

ナサニエル・ノース：バミューダ島生まれ。教育水準が高く、型破りな海賊。一七二〇年頃、マダガスカルへと出航した。ノースは人生の最後の数年間を、地方政治と深く関係を持ったヨーロッパ人コミュニティのなかで過ごした。彼の最期は、寝ているあいだにマダガスカルの原住民によって殺害されるというものだった。

クリストファー・コンデント：イギリス人の海賊船長。コンデント海賊団は、一七二〇年、インド洋でお宝満載の船を拿捕した。ブルボン島(レユニオン島)沖でフランスの植民地総督府の恩赦を得たコンデントは、のちにサン・マロで裕福な商人になった。

ジョン・テイラー：海賊史上、もっとも価値ある船のうちのひとつを拿捕した船長。それは、一七二一年、嵐でダメージを受けたお宝満載のポルトガル商船、「ノストラ・セニョーラ・デ・カーボ」号をブルボン島沖で拿捕したことである。その後、海賊業から足を洗って、スペイン艦隊にはいった。

オリヴィエ・ラビューズ：ブルボン蜂起の際のテイラーの相棒だった。インド洋で権力の手をかいくぐっていたが、一七三〇年、〔捕まって〕絞首刑にされた。

第二章　「みずからの文明の敵」——黄金期海賊業のエスノグラフィー

黄金期海賊という集団は、特別な――そしておそらく特異な――文化現象であったとする見解が、研究者のあいだで広く共有されている。スティーヴン・スネルダーズは、「海賊の習慣」（Snelders 2005: 187）、「共通の海賊文化」（ibid., 205）、「異なるルールが支配するまったく別の社会」（ibid., 3）などの表現を用いているし、また彼によれば、海賊は、「明確な組織形態を持ち、一定の行動様式に従い、倫理のコードを発展させた、ゆるぎない社会的しきたりとしての海賊業」（ibid., 173）を展開したことになる。彼いわく、「海賊がそうしたしきたりを十分に自覚していたということは、彼らが共通のシンボルを採用したところから見ても、また年配の同業者を敬ったところから見ても明らかである」（ibid., 205）。「海賊ユートピア」の連名著者は、「極めて『海賊的な意識』、『海賊イデオロギー』、彼らが手ずから作った世界、多くの船の習慣が共通なコミュニティ」（Anonymous 1999）などを取り出して分析する。ドイツ人学者のハイナー・トライネンは、海賊「自身の世界」（Treinen 1981: 18）について取り上げる。同じくドイツ人のリューディガー・ハウデは、「共通の海賊文化」（Haude 2008: 607）について触れる。フランク・シェリーは、「最初に営んでいた気色の悪い生活スタイル」（Sherry 1986: 20）や「世界から分離したコミュニティ」（ibid., 95）という観点から分析する。

黄金期海賊は、お互いに遠く離れ離れになり、また母国の文化からも遠く隔たったのだと主張する論者もいる。ピーター・ランボーン・ウィルソンは、「海賊はまずなによりもみずからの文明の敵対者」（『海賊ユートピア』以文社、三十七頁）だったのだとまでいうに及ぶ。同じくマーカス・レディカーも、「海賊がヨーロッパ社会の中心部分から徹底的に疎外されていたという事実と、彼らの所業は、表裏一体の関係にあった」(Rediker 2004: 168) と考える。結果として、「海賊は、捨て去った世界の流儀などにはお構いなく独自の社会秩序を形成し」(ibid., 85)、「共通のシンボルと行為の規範」(Rediker 1987: 285) を育みながら「世界を転倒」(ibid., 16) ――これはクリストファー・ヒルの著書のタイトルから借りてきた言葉である――させると、「商業帝国の上層部の指示に背くことになった」(Linebaugh and Rediker 2000: 156) のである。バカニーア社会に分け入って、バカニーアとなった暁には、キリスト教的名前とおさらばしたらしいという話も、こうしたことを裏付けているかもしれない (Earle 2003: 101 も参照)。

もし実際にバカニーアや海賊の暮らした世界および文化が、まったく異次元のものだったとしたら、黄金期海賊のエスノグラフィーを描いてみるとよいかもしれない。つまり、海賊集団の社会生活、政治生活、経済生活のパターンを探し当てていきたい。確かに信頼できる資料も少なく、その上未開拓の領域なので、このような試みの雲行きは怪しいかもしれない。しかし、我々と黄金期海賊業との政治的関係をめぐる分析には、資するところがあるだろう。仮にこうした試みが、論議を白熱させるといった程度の結果にしかならなかったとしても。

『アナーキスト人類学のための断章』においてデヴィッド・グレーバーが展開した以下の原則は、この章の有意義なガイドラインとなる。

民族学《エスノグラフィー》を実践するとき、人は人びとがすることを観察し、その行動にある隠された象徴的、道徳的、実用的（pragmatic）な論理を誘い出そうと試みる。つまり人びとが自ら完全に意識していないような、彼らの習慣や行動の意味づけ方を理解しようとする。ラディカルな知識人のひとつの明白な役割は、まさにそれである。つまり、実現性のある代案《オルタナティブ》を創出しようとしている人びとを見つめて、彼らが（すでに）やっていることのより大きな含蓄を把握しようと努め、その成果を、処方箋としてではなく、寄与として、可能性として、つまり贈与として、彼らに返すことである。（……）こうした企画《プロジェクト》は、実際に二つの様相、あるいは契機を持たねばならない。ひとつは「民族学的《エスノグラフィック》」なもので、もうひとつは「ユートピア的」なものであり、そしてそれらは恒常的な対話の状態に留め置かねばならない（『アナーキスト人類学のための断章』高祖岩三郎訳、以文社、四八―四九頁）。

二章一節　「海からじゃ」：海洋ノマド

海賊とノマド（遊牧民）に関連性があるのは明らかだ。何より海賊には帰る場所もなく、定住せず、さまよいながら暮らしていたからである。したがって、黄金期海賊業と遍歴主義《ノマディズム》（遊牧生活）との比較研究は、海賊生活をめぐる社会・文化的状況の理解のための一助となるだろう。しかし注意しなければならない。多くの民族学者は、海の略奪者を遊牧《ノマディズム》の定義に含めるのに否定的である。A・M・ハザノフは、画期的な著書である『ノマドと外部世界（*Nomads and The Outside World*）』のなかでこのように記している。

私見では、職能民族集団であるジプシーや、いわゆる東南アジアの「海洋ノマド」、移動園芸職人、現代の産業社会（いわゆる産業流動性）における一定の労働者集団などの流動的グループに対し、「ノマド」という言葉を用いることはできないと思われる。したがって、定住生活を送らない狩猟・採集民のことは、「放浪」という言葉でもっとも正確に表現できる。逆に、粗放牧畜業で暮らす非定住民族こそ、「遊牧的《ノマディック》」と呼ぶべきなのだ（Khazanov 1983: 15-16）。

もっともハザノフは、「特定の経済手段に頼ることなく非定住型の生活を送る者すべてをノマドと定義する研究者もいる」（ibid., 15）ということは認める。この定義に従うとするなら、数十人から最大で二〇〇人ほどの徒党を組んで、確固たる拠り所を持たずに海をさすらう略奪者集団としての黄金期海賊は、間違いなく広い意味でのノマドコミュニティの一員であった。黄金期海賊は、「帰る場所もなく、母国からも引き離されているということを自覚していた」（Snelders 2005: 198）。それに、自分たちのコミュニティをノマド的だと理解していたということを雄弁に物語る言葉がある。なぜなら海賊は、どこから来たのかと問われると、足並みをそろえてこう答えるからだ、「海からじゃ」と（たとえば『海賊列伝　下』、三六五頁）。実際、イスパニオラ島に暮らしていた初期バカニーアの段階ですでに、ノマド的傾向が見られた。「フランス人宣教師であるアベ・デュ・テルトルによれば、『彼らは居所を定めずに、動物がいる地点に集結した』そうだ」（Cordingly and Falconer 1992: 32）。黄金期海賊になると、骨の髄までこうした性向が染みついていた。デヴィッド・コーディングリーは、それをものの見事に表現する。

冬に北アメリカに行くことは断固として避けたし、大西洋を横断するときは神経を尖らせながら貿易風に乗っかった。だがこうした例を除くほとんどの場合、航海を計画し、実行に移す際、一貫した指針を持っていなかった。一味の誰一人として、事前に計画をを立てることはほとんどしなかったのだ。海賊コミュニティは民主主義的だったため、次の航海の目的地の承認には全乗組員による投票が不可欠とされた。したがって多くの場合、あっという間に決断が下された。海賊船の航跡を追っていっても分かるとおり、海賊は、明白な理由もなくあちこちでたらめにさすらっていたのである（Cordingly 1995: 110）。

黄金期海賊の遍歴《ノマディズム》に見られる一つの特徴は、生産性をまったく欠いていたという点である。たとえば牧畜民は、群れに草を食べさせられるような動き方のパターンを描くものであるが、海賊の動き方は、「獲物」がいそうかどうかにかかっていた。したがって海賊とは、経済という観点に即すと、狩猟・採集民のノマド文化と最も類似した点を持つものである。たしかに商船、沿岸集落、交易所の襲撃を狩猟や採集ととらえるのは、奇妙な感じがするかもしれないが、実は構造的には同じことである。黄金期海賊は、「略奪経済のために必要な遍歴《ノマディズム》」（Service 1966, 1979: 4）を渡世の手だてとしていたという点で、狩猟・採集民と比較できるのである。

ヨーロッパ商船の略奪に経済を依存していたという点に着目すると、黄金期海賊とノマドとのもう一つの構造的共通点が明らかとなる。つまり、外部世界に依存していたという点である。ハザノフいわく、「ノマドは、異なる経済システムが支配する外部世界、非ノマド的社会がないと、存続できない。もっといえば、ノマド社会が機能するには、外部世界がただ単に存在するだけでは十分ではなく、そうした非ノマド社会がノマド社会に対して何らかの反応を示すことが必要になる。それこそ、ノマドをしてノマドたらしめるものである」（Khazanov 1984: 3）。カリブ地域を専門とするある歴史家によれば、このことはバカニーアにも当てはまるようである。彼いわくバカニーアとは、「ヨーロッパ入植者の居留地との交易で何不自由なく暮らす、国家から独立した人々だった」（Knight 1978: 90）。

しかし黄金期海賊とノマド社会との構造的類似点は、経済をめぐる問題に限ったものではない。社会・政治的な領域においても、類似点は見て取れる。マーカス・レディカーが指摘するように、「歴史上のノマド的民族においては、社会関係や組織構造は、平等主義的な形式をとっているのが普通だった」(Rediker 1987: 248)。

とりわけ興味深い共通点がある。ノマドは、黄金期海賊と同じ自然環境に暮らしていたのである。海、より明確に言うと、「島々から構成される、多面的で広大な世界」(Sopher 1965: 46)が、彼らの生活の拠点であった。いわゆる東南アジアの海洋ノマドは、収入の糧として海上略奪行為に及ぶこともあるらしい。著書『海洋ノマド(*The Sea Nomads*)』において、デヴィッド・E・ソファーは以下のように展開する。

海賊行為が発生するには、どうも以下の三つの条件が必要とされるらしい。一つ、生産力は高いが防御は手薄な沿岸集落があること、または、定期航路に沿った定期的な海洋貿易があること。二つ、部族間の争いや襲撃というしきたりが許容されるような流動的生活様式を送っていること。これこそ海賊行為の引き金となるものである。その生活は、必ずしも完全にノマド的である必要はない。三つ、海賊軍のほうが攻撃力、スピードの点で勝っており、かつアジトが敵からの攻撃に対して一定程度耐えられること(Sopher 1965: 253)。

仮に「アジト」という言葉が、イスパニオラ島やトルトゥーガのような隠れ家、一時的避難所、安全港を指すと考えるなら、この分析はほぼ一字一句バカニーアや海賊にも当てはまる。

(「『高貴な野蛮人』の神話よりも古いかもしれない」〔Khazanov 1984: 1〕)ノマドの神話が、海賊の神話とびっくりするぐらい似ているのも、むべなるかなである。ハザノフいわく、ノマドにおいては、現実のものであれ想像上のものであれ、自由と政治的独立が至上命題となるという固定観念が醸成されてきた。その上、貧困などのさまざまな問題点があるにもかかわらず、ノマド的生活には、ノマド自身によって、また多くの観察者によって、大きな強みがあると考えられている。A・C・ピグは今世紀初め、それは「生活の質」であると断定した（ibid., 1-2）。

二章二節　「平滑」VS「条理」：空間の問題

「ノマドには歴史などなく、地理しかない」（『千のプラトー』宇野邦一ほか訳、河出書房新社、四五〇頁）のだとしたら、空間という問題は特別な注目に値する。カリブの海賊業においては、この空間は具体的には海を指した。この重要性は、口をすっぱくしていっておきたい。総体としてのカリブ社会は、つねに海と切っても切れない関係にあった。

海は野郎どもを西インド諸島へと運び、またそこから引き離した。カリブ諸島の住民――カリブ族、アラワク族、白人入植者、商人、使用人、黒人奴隷――はすべて、ごく最近になって海を経由してたどり着いた者たちだった。こんなことはほかでは見られない。商人や卸業者は、多民族が暮らすこれらの島々に定期的に訪れた。彼らは西インド諸島に職人と使用人と奴隷をもたらした。小さなスループ船に乗って島から島へと移動する際には、止むことのない貿易風が追い風になる場合もあれば、逆に妨げとなる場合もあった。バルバドスはリーワード〔風下〕諸島のはるか東に位置していたため、外との交流はほとんどなかった。どこにいようと、木でできた船体が命の支えであった。航海に出る際には、食糧などのあらゆる備蓄品、またマデイラ、カナリア諸島産のワインを積載した。母港に帰港する際には、島の特産品や乗客数人を乗せて帰った(Bridenbaugh and Bridenbaugh 1972: 62)。

これは野心的な海賊にとって理想的な条件だ。「ちっぽけな殺人や追いはぎが、家の近くでこともなげに取り押さえられてしまうことからすれば、このような広範囲に及ぶ新しい貿易航路は、まったく異なる略奪者集団の心を駆り立てることとなった。このような冒険者には、地球の反対側にまで足を延ばすほどの機動力と逃走力があり、ゆえに辺境の無法地帯で身代を築けたのである」(Marley 1997: 7)。

海は、一般的な意味でも、長らく自由のシンボルであり、至高の自由空間であった。リューディガー・ハウデいわく、海とは「予測できない無制限の空間であり、『ナショナルな』ものすべてを否定する空間である」(Haude 2008: 598)。それにマーカス・レディカーによれば、「広大な海は所有することができない」。それは多くの人が利用する共有地《コモンズ》であり、「心機一転海賊となった元船乗りたちが利用した場所でもある」(Rediker 2004: 25)。航海が風任せだとすると、それこそコモンズだ。「港からまたある港へと連れて行ってくれる力の源は、つねにどこにでもあるものだった。すなわち、単なる風である」(Lucie-Smith 1978: 177)。

ジル・ドゥルーズ＝フェリックス・ガタリの言葉では、海は平滑空間を構成する。「海は主要な平滑空間であり、優れて水力学的モデルである」(『千のプラトー』、四四三頁)。より詳しく言うと、「平滑空間とは、運河も水路も持たない一つの場、非等質な空間であって、非常に特殊な型の多様体、すなわち非計量的で中心を持たないリゾーム的多様体、空間を『数える』ことなく空間を占める多様体」(『千のプラトー』、四二七頁) のことである。要するに平滑空間とは、創造的で「自由」な生活様式を自己決定するための空間のことである。すると、ノマドは略奪者としての最大の可能性を手にしていることになる。「熟練者たるノマド集団は、茫漠たる荒野のなか、襲撃、強奪すると、敵の魔の手をするりと交わして跡形もなく消えうせるのだ」(Sahlins 1968: 36)。

海というオープンスペースに加えられるのが、海賊の沿岸アジトである。海賊は「小さな入り江、潟、港、孤島」(『海賊列伝　上』、二十八頁) を拠点としていた。もしドゥルーズ＝ガタリの言葉にこだわるならば、これらをリゾームの地形と呼べるかもしれない。なぜならリゾームとは、「あらゆる点で開かれていて、接合可能だからである。リゾームとは、つねに多様な入り口を持つものである」(Deleuze and Guattari 2004: 13-14)。海賊が好んで前線基地とした場所は、以下のような場所である。「カリブの島々には、隠れるポイントや秘密の入り江や河口が無数にあった」(Anonymous 1999)。「ホンジュラス湾やモスキート海岸には、小さな島や、敵の侵入を阻む礁、クリーク、潟、河口が無数にあった」(Haring 1910: 76)。「ボストンからサウスカロライナのチャールストンにかけてのアメリカ沿岸には、河口、湾、入り江、島が網の目のように存在する」(Cordingly 1995: 241)。このような沿岸地帯の迷宮は、海賊にとっての天然のアジトとなった。「十九世紀の東方海賊狩りで名を挙げたヘンリ・ケッペル船長いわく、『クモが物陰や隙間にはびこるように、海賊は、入り江や浅瀬、岬、岩場といった潜伏、待ち伏せ、襲撃、避難に便利な島々に群がる』そうだ」(『海賊の世界史　上』、十五頁)。

海賊は、広大で開かれた海と、礁、入り江、河口などの外敵を寄せ付けない浜辺の迷宮とのあいだを往来することによって、数十年間法の裁きをかわすことができたのだ(Pennell 2001: 62-64 も参照)。しかし最終的には、海の平滑空間、およびその沿岸部の境界地域は、「条理化」、すなわち調整、規制、管理されるようになった。これが大きな引き金となって、黄金期海賊業は終焉を迎えた。

海は、すべての平滑空間のなかで最も早くから人間が条理化しようと努めたものであり、固定した航路、一定の方向、相対的運動、そして水路や運河といった反水力学的企てによって、陸に従属させようと努めたものなのである。西洋が覇権を握った理由のひとつは、西洋の国家装置が北欧と地中海の航海技術を結びつけ、大西洋を併合することによって、海を条理化する力を獲得したことである(『千のプラトー』、四四三頁)。

このような併合——すなわち条理化のプロセス——の事実をまざまざと物語るのは、海軍の存在感が否応なく増していったことである。南北アメリカで常時任務に当たる王国〔海軍〕船の数は、一六七〇年代には二隻だったのが、一七〇〇年までには二十四隻に跳ね上がっている(Earle 2003: 150)。「一七二三年ごろになると、王国海軍が航路の監視を強化していったために、海賊の活動の自由はひどく制限されるようになった」(Snelders 2005: 172)。一七二四年になると、「指名手配中の海賊が安全な隠れ家を見つけるには、あまりにも世界が小さくなりすぎていた」(Cordingly 1995: 258)。これは大きな技術的革新の時代と重なっていた。デヴィッド・F・マーリーによれば、「蒸気の利用、弾道学の発展、電信の発達などの技術的革新は、専門事業者に決定的に有利に働いた」(Marley 1997: 152)。エドワード・ルーシー・スミスは、特に最初のものの重要性に着目する。「有史以来存在し続けてきた古典的犯罪に終止符を打った立役者は、蒸気である。機械の推進力によって、海の旅行者が風に左右されることがなくなっただけでなく、襲撃を受けるという危険からもだいぶ解放されるようになった。風はそのような襲撃者に対して敵となることも味方となることもあったのだが、彼らはそのような対価を払うことによって、型破りで恐ろしいまでの独立を勝ち得ていたのだ」(Lucie-Smith 1978: 245)。

ロバート・C・リッチーは、以下のように締めくくる。

バカニーアが地理的活動範囲を拡大させたことによって、かえって正規の軍隊に火がついてしまった。海賊は、帝国の欲望と真っ向からぶつかることになった。そこで起こった戦いは、ワンサイドゲームだった。勃興期帝国主義国家が用意した物資は、海賊をはるかに上回っていた。そして、世界がまだ若かった時代は終わりを告げた。野郎の徒党が船を捕まえ、世界の果てまで航海し、一獲千金を狙うのは夢のまた夢となった。合意に基づく社会のなかで、故郷での生活を覆う束縛に構うことなく暮らすというのは、もはや望むべくもなかった(Ritchie 1986: 238)。

二章三節　海賊船長と先住民の首長：ピエール・クラストルの追憶

資料や、海賊を扱った大衆作品は、その多くが海賊船長に着目するが、その結果として、船長には絶大な権力と影響力があったとの誤解がしばしば生じてしまう。そんなことは絶対になかったにもかかわらず。

一九七〇年代、ラディカルなフランス人人類学者のピエール・クラストルは、「交換と権力／インディアン首長制の哲学」（『国家に抗する社会』渡辺公三訳、書肆風の薔薇、三十五―六一頁）という論文において、「国家なき」（同、三十六頁）先住民《インディアン》社会における首長の役割を分析した。[*1] クラストルの到達した結論には、賛否両論に意見が分かれた。すなわち、「ほとんどまったく権威を欠いているという点が、インディオの首長のもっとも目立った特徴である」（同頁）という点においてである。クラストルは、とりわけ以下の側面を強調する。一、首長は選ばれるものであって、取替え可能な点。二、その権力が能力のみに支えられている点。三、その権力が共同体によって管理されている点。四、争いの調停者である点。五、所有物を気前よく分配する点。六、弁舌の達者な点。七、戦時には有能なリーダーとなる点。これらは、海賊船長の役割と驚くほどの共通点がある。

一、首長は選ばれるものであって、取替え可能である。

このことは海賊船長についても同様であったと示す証拠は、ごまんとある。非ラディカルな海賊

＊1　クラストルは主に、アマゾンの先住民社会を研究するのだが、しかしその分析は、たいていのアメリカ先住民文化に当てはまるものであると主張する。

史家ですら、「乗組員に船長が適任かどうかを決定する投票権がゆだねられているという点で、海賊船には賞賛すべき民主主義のしきたりがあった」（Cordingly 1999: 6）と認めている。ジョンソン船長の『海賊列伝』には、新しい海賊船長を選挙で選ぶ過程を描くだりがいくつかある。そのなかでもっとも有名なのはバーソロミュー・ロバーツのものだろう（『海賊列伝　上』、二七二―二七三頁）。フィリップ・ゴスいわく、「ある船では、司令官が数ヶ月で十三人も入れ替わったということが知られている」（Gosse 1924: 18）らしい。

船長の選任、あるいは罷免は、すでにバカニーア乗組員のあいだでも行われていたことだった。バジル・リングローズの信頼できる一次資料には、バーソロミュー・シャープ船長が乗組員の多くによって不適格だと判断され、ジョン・ワトリングに船長の座を明け渡すことになった過程が描かれている。

一月六日木曜日。我々のあいだの意見の相違はピークに達した。反乱者は投票で別の人物を船長に祭り上げた。彼らはシャープ船長の退位を宣言し、シャープ船長には従うつもりはないと宣告した。彼らは仲間のうちから、ジョン・ワトリングなる者を司令官に据えた。長年私掠者を務め、荒くれ水夫として敬意を集めていた人物である。選挙がなされると、残りの者は従うように強制された。シャープ船長が権力を明け渡すや否や、彼らはワトリング船長とのおきてを作成し、それに署名をした（Exquemelin 1893: 399 のなかの引用）。

二、その権力は能力のみに支えられている。

フランク・シェリーによれば、「海賊はたいていの場合、能力のある人物を船長に抜擢した。危険の伴う職業であるために、リーダーの選出に能力以外の基準を設けている余裕はなかった」(Sherry 1986: 128)。

三、その権力は共同体によって管理されている。

スティーヴン・スネルダーズによれば、「銃撃防衛能力が高かったり、勇敢だったり、ドスが利いていたり、愛される船長がいたとしても、ヒエラルキーと権威主義は、すべてつねに疑いの対象だった。受け継がれてきたしきたりによって、また彼らの生の流動性と消え入りやすさによって、権力を確立しようという動きは厳しく制限されたし、最終的には無駄に終わることになった」(Snelders 2005: 187)。これは、著書『千のプラトー』のなかで、「ピエール・クラストルに対するオマージュ」を捧げたドゥルーズ＝ガタリがいうところの「拡散した集団的なメカニズム」と極めて類似している。それは、「首長が国家の政治家になるのを妨げる」(『千のプラトー』、四一三頁)メカニズムであった。

四、争いの調停者である。

ジョンソン船長の『海賊列伝』にも、こうした責任の存在を物語るさまざまな場面がある。たとえばジョンソン船長いわく、調停者としてすぐれたノース船長は、マダガスカル原住民すら統率していた。「ノースは、中立な判断と厳しい公正さをもって再三原住民の争いを調停した（彼は誰からも立派な人格を認められていた）。だから仲裁で負けた者でさえ、彼の公正な判断と決定には満足し、納得するのが常であった」（『海賊列伝　下』、三七八―三七九頁）。これとクラストルを比較してみよう。

首長には集団の内部で調和と平和を維持する責任がある。また彼は、自分が保持してもいないし認知されることもないであろう力の行使によってではなく、彼自身の威信、不偏不党さ、言葉によって、係争を解決し、諍いを鎮めなければならない。首長は、裁可を下す判事というよりは、妥協点を探る調停者なのだ（『国家に抗する社会』、三十九頁）。

五、所有物を気前よく分配する。

海賊船長は、しばしば一般乗組員より多くの略奪品の分け前を受け取ることがあった。だからといって、船長は必ずしも富を蓄積できたわけではない。実は船長は、より多くを所有するがゆえに、より多くを分け与えるべきだともみなされたのである。ジョンソン船長は、バーソロミュー・ロバーツのエピソードのなかで、この様子を説明する。ロバーツはおそらく、一味に対して平均値以上の権力を行使した海賊船長の一人であった。「一味は船長に大きな船室を提供し、ときには銀や陶製の食器を船長専用に割り当てることも認めた（ロバーツは茶を常飲していたからである）。だが誰でも気が向けば自由に船長の食糧や飲み物を失敬したし、ロバーツも、それをあえてとがめだてたり、異議を唱えなかった」(『海賊列伝　上』、二九〇頁)。有事に備えて資源を備蓄しておくことは、船長の責任であった。これこそ、いわゆる未開社会の選ばれたリーダーに観察される、ほぼ普遍的な特徴であると考える人類学者がいる。マーシャル・サーリンズは、「有力者や首長は、集団内に食糧不足が発生したときには、それを救済しなければならない」(Sahlins 1968: 78)と主張する。[*2] それにボリス・マリノフスキーは、「あらゆる地域の首長は、部族の銀行家として食糧を集積、貯蔵、保護し、集団全体の利益のためにそれを利用するのだ」(Sahlins 1968: 79)と言い切っている。ピエール・クラストルによれば、「首長に課せられた〈与える義務〉は、周りの人々からすれば、間断なく首長を〈略奪する権利〉に等しくなっている。そして、もし不幸なリーダーが自分の手から贈り物がこぼれ落ちていくことを押しとどめようとでもすれば、一切の威信、一切の権力が直ちに否定されてしまう」(『国家に抗する社会』、四十頁)。

六、弁舌が達者である。

演説の巧みさは、海賊よりも先住民《インディアン》社会のほうがより重要であったと思われるが(クラストルに

＊2　サーリンズは、『石器時代の経済学』(山内昶訳、法政大学出版局、三五一―三七二頁)のなかで、こうした風習の格好の例を何ページにもわたって記録している。

よれば、首長は「日ごとに、明け方か日暮れ時、ためになる語り《ディスクール》よって彼に従う集団を喜ば」（同、四一頁）せていたらしいが、海賊船長がそんなことをしていたなんて想像もつかない）、ジョンソン船長の『海賊列伝』のなかには、演説に長けていた船長もたくさんいる。その筆頭がサミュエル・ベラミーである。

七、戦時には有能なリーダーとなる。

『海賊列伝』のなかでもっとも引用されるくだりの一つに、戦闘、追撃、あるいは追跡されている場合には、海賊船長の権力は「絶大で絶対的なものになる」（『海賊列伝　上』、八十四頁）ということがある。これはクラストルの以下の分析と重なる部分がある。「作戦行動のあいだは、首長は兵士全員に対しかなりの権力、ときには絶対の権力を持つ。しかし権力と強制力の結合は、集団が通常の生活に戻るようになると、直ちに停止される」（『国家に抗する社会』、三十九頁）。

　このような観点でとらえてみると、一九八一年の論文のなかで、ハイナー・トライネンが海賊船長のことを「Piratenhäuptling」と表現したのは、奇妙な言葉遊びであるといえる。というのも、「Häuptling」とは、インディオの首長を意味するドイツ語の古風な表現だからである（Treinen 1981: 31）。クラストルはインディオの首長のことを「部族によって逃げられない空間に押し込められた囚人のようなもの」（『国家に抗する社会』、二五八頁）だと断言するが、ジョンソン船長は、海賊団とその船長との関係を以下の有名な言葉でまとめている。「一味は、いつでも追放できるという条件で、一人の男に船長の座に着くことを許しているに過ぎない」（『海賊列伝　上』、二九〇頁）。クラストルがインディオの首長を「社会にとっての有効な道具」（『国家に抗する社会』、二六一頁）だとするように、レディカーも、海賊船長は「一味の支配下にある」（Rediker 2004: 65）と考える。クラストルの手法にのっとるかのように、海賊史家も「権威なき首長制」（『国家に抗する社会』、三十八頁）のようなものを分析する。そこでの首長は、「自分の威信以外の制度的武器を持たず、説得以外の政治的手段を持たず、集団の欲求を予知すること以外の規則を持たない」。つまり首長とは、「権力者よりもリーダーやスターに似た存在であって、支持者に否認され捨てられるという危険につねに脅かされているのである」（『千のプラトー』、四一三頁）。

国家形成を妨げる社会的メカニズムという点においても、インディオ首長制と共通点がある。[*3] これは黄金期海賊社会の政治的考察にとって、計り知れない重みを持つ。長くはなるが、もう一度ク

＊3　遊牧民《ノマディック》の首長制にも、似たような相関関係があるかもしれない。「絶対的な首長がいたとしたら、その役目は、法的手続き、儀式関係、外的関係という観点から、定住社会の首長と部分的に類似している場合が多かった。しかし、集団内のいさかいの調停や、軍事的主導権という観点でも類似していた。もっともそのためには、こうした役目より重要な役目があってはならない。普通の状況では、決定を強要する合法的強制力の不在は、定住民というより遊牧民の首長制の特徴である。ある意味首長制とは、実は柔軟なものだとみなしてもいいかもしれない。遊牧民の首長制が一般的に極度に不安定なのもこれがゆえんであり、そこに統率力と呼べるほどのまとまりがないのも、その組成が流動的で非永続的なのも、これが理由である」(Khazanov 1984: 166-169)。

ラストルを引用してもいいだろう。

> つまり、部族には王はなく、ただ国家元首《シェフ》ならぬ首長《シェフ》がある。これは何を意味するのか。それは、首長は、一切の権威、一切の強制力、一切の命令を下す方途を欠くということ以外の何ものでもない。首長は、命令を下す者ではなく、部族の者はなんら服従の義務はない。首長制の空間は権力の場ではなく、「首長」（この呼び方も適切とはいえない）の形象は、来るべき専制王の姿を先取りするものではない。国家装置一般は、未開の首長制から演繹しうるものではないということは確かなのだ（『国家に抗する社会』、二五六頁）。

だが戦争能力が首長の権力の源泉になった際に、もっとも大きな問題が生じる。なぜなら首長が、みずからの権力を強化するために戦争を求めるようになるからである。クラストルいわく、「ときには首長がボスを演じたがるということも起こる」（同、二五八頁）。

> 時に首長は、彼個人の利害を集団の利害に置き換えることがある。指導者を社会的に規定された目的のための手段として位置付ける通常の関係を逆転し、彼は社会を純粋に個人的目的を実現する手段とし、もはや部族に奉仕する首長ではなく首長のための部族とするのだ。もしこれが「うまくゆけば」、そこに拘束と暴力としての政治権力の誕生、国家の最低限の形象、最初の受肉となる

権力の出生地を見ることもできよう。ところが、これは決してうまくいくことはない（同、二六〇頁）。

間違いなくボスを演じようとした海賊船長はいた。もっとも有名なのは黒髭のエピソード。黒髭は、これといった理由もなく一味の一人に銃弾を浴びせて不具にしたのだが、こんな風に言い放って開き直った。「たまにゃあ子分の一人も殺さんことにゃあ、おまえたちゃあ俺様が誰かってことを忘れちまうだろうからな」（『海賊列伝　上』、一〇四頁）。スティーヴン・スネルダーズも、「デイヴィス船長とその右腕となった副官たちは、海賊業も後半に差し掛かると、平等主義的なところを幾分喪失していったようだ」と考えている。また、船長に選ばれたときのナサニエル・ノースの態度も、海賊社会の賞賛すべき平等性といったものを思わせるものではない。ジョンソン船長いわく、「ノース船長は〔就任祝いに内輪の〕幾人かを選んで食事をともにした」（『海賊列伝　下』、三七七頁）そうだ。同じことはバーソロミュー・ロバーツについてもいえる。デヴィッド・コーディングリーいわく、「天性のリーダーの才能がある男」（Cordingly 1995: 132）たるロバーツは、「泥水にどっぷり手を浸してしまった以上、もう海賊になるしかない。どうせなるなら、ヒラではなく船長になろうではないか」（『海賊列伝　上』、二七三—二七四頁）といいながら船長職を引き受けたそうだ。デヴィッド船長（ロバーツ船長よりひとつ前の「ロヴァー」号の船長）のケースで分かるように、ロバーツの取り巻きの一味連中は、特権的指導者の地位にも上り詰めたようであり、そのために上院というあまり喜ばしくない名前を頂戴することとなった（『海賊列伝　上』、三六六頁）。

こうした海賊船長とその取り巻きの、「ボスを演じ」ようという試みが成功したかどうかは、論じるのが難しい。なぜなら彼らの命はバッサリと断ち切られてしまったのだから。

二章四節　ポトラッチ、ゼロ生産、寄生主義：海賊経済

黄金期海賊の経済は、未開的なものと犯罪的なものを奇妙に混ぜ合わせたものであったという点が特徴である。最初の点をまず考えてみよう。

一、「未開」経済としての海賊経済

労働

政治的領域の分析をする海賊史家は、労働はバカニーアや海賊の行動計画《アジェンダ》のなかで高い地位を占めていたわけではないと、一様に考えているようだ。フランク・シェリーは、「海賊一味は必要な

労働しかしなかった」（Sherry 1986: 131）という。一方ピーター・アールは、「大人数が乗船しているために労働量が少なくてすむということは、海賊船に乗務する魅力の一つだった」（Earle 2003: 11）と考える。デヴィッド・コーディングリーは、このことについて展開する。

海賊船の日常業務は、商船よりはるかに楽だった。というのも、溢れんばかりの積荷を積載した船の所有者や船長に、できる限り早く着くようせきたてられることはないし、それに海賊たちは大人数で業務に当たったからである。積載一〇〇トンの商船の乗組員数は、普通二十人程度だったが、同サイズの海賊船は、八十人以上であることが多かった（Cordingly 1995: 111）。

当時の資料も、バカニーアや海賊に労働意欲がなかったことを裏付けているようだ。エクスケメリンいわく、「もしバカニーアがカネを持っていたら、彼らを海に駆り立てるのは難しかった」（Bromley 1985: 309）。「南洋で略奪稼業に精を出す海賊《フリビュスティエ》たちとともに、司祭として海を巡ったラバ神父いわく、バーク船やスループ船などの、最小限の操船術さえあれば乗りこなせる簡素な艤装の船を海賊が好んで用いたのは、『なによりも労働が嫌いだった』からだそうだ」（Snelders 2005: 96）。

〔この労働の拒否ということに関しては〕いわゆる未開社会との共通点が明白にある。クラストルは、「インディオは労働と呼ばれるものにごくわずかの時間しか割かない」（『国家に抗する社会』、二四一頁）と率直にもらす。そして次のように展開する。「未開社会は、ヤノマミ〔・インディアン〕

について〔人類学者〕リゾが記すとおり、労働を拒否する社会なのだ。すなわち、『ヤノマミの示す労働の蔑視、技術それ自体への無関心は明らかである』。最初の余暇社会、最初の豊かな社会とは、サーリンズの正当な、しかも闊達な表現である」(同、二四四頁)。サーリンズもこんなことをいう。「部族民は、量という点でも頻度という点でも我々ほど働かない。日中も頻繁に寝て過ごす。労働条件はお世辞にも理想的とはいえないし、おそらく支えあって生きていかなければならないが、時間について不平をもらすことはない」(Sahlins 1968: 79)。

おそらく海賊の労働の目玉は船の略取であった。スティーヴン・スネルダーズが海賊ライフを、「何日ものあいだ何もないかと思いきや、すべてが一斉にやってくる」(Snelders 2005: 108) ものと表現している以上、略奪の光景は俄然注目を集める。これもまた、「活動と無為の極端から極端へという、不可避の循環」(『石器時代の経済学』、五十頁) としての未開経済を彷彿とさせるものである。ダグラス・ボティングによれば、「海賊は暇で暇でやることがなくてしょうがなかった」(Botting 1979: 45) そうだ。いずれにせよ黄金期海賊は、「一人当たり年間エネルギー量という熱力学的段階において、最低の段階にあった」(『石器時代の経済学』、八頁) という点で、狩猟民に匹敵したのは間違いない。

蓄積なし/ポトラッチ

このようなことから、バカニーアや海賊には「その日暮らしの性《さが》」(Snelders 2005: 205) があったといえる。この点も、いわゆる未開社会とじかにつながりがある。「つまり、エネルギーの必要がおおむね充足されさえすれば、未開社会がそれ以上のものを生産すること、別の言い方をすれば、受け取り手なし〔目的なし〕の労働のために時間を譲り渡す〔疎外する〕ことを誘うものは何もないのだ。しかもその時間は、無為に、あるいは遊び、戦さ、祭りに使うことができるものであってみれば、一層のことである」（『国家に抗する社会』、二四五―二四六頁）。それはつまり、「生産活動をやろうとする際には、必ず必要の充足を伴っていなければならないということでもある。生産活動とは、それ以上のものではない」（同、二四三頁）。

バカニーア（とのちの黄金期海賊）のこのような〔労働に対する〕態度は、しばしば植民地カリブ海の経済発展に心血を注ぐ者たちの神経を逆なでした。フランスのサントドミンゴ植民地（設立は一六五九年で、イスパニオラ島の西側、つまり今日のハイチにあたる）の総督だったジャン・バプティスト・デュカスは、関心事である経済の構築について、嘆息を漏らしたそうだ。経済なるものは、「ハナから浜辺の兄弟の眼中になかった」のである（Besson 1929: 197）。

通念とは逆になるが、ほとんどのバカニーアや海賊は、富の蓄積に多大な関心を払うことはなかった。マーシャル・サーリンズは、始原のあふれる社会、およびそこでの欲望を最小限にとどめる生き方を禅のようなものとして分析するが、バカニーアや海賊をその一例として取り上げるのは的を得ていないかもしれない（バカニーアや海賊のなかには、物理的富に終始心を奪われていた者もいる。たとえそれが見果てぬ夢に終わったとしても。結局のところ、彼らも初期資本主義社会のとりこだったのだ）。とはいえ、人類学者が蕩尽と呼ぶ共通の行動癖、つまり「手元の蓄えをたちまち消費してしまう傾向」(『石器時代の経済学』、九頁)があったのは間違いない。[*4]

バカニーアや海賊の浪費癖は伝説にもなった。その目撃者のエクスケメリンいわく、バカニーアは「散々に金を使い果たし、悪行と放蕩の限りを尽くしていた」(Exquemelin 1893: 40)ようだ。エクスケメリンによれば、「有り金全部を数日間のうちに酒場で使い果たすというのが彼らの慣わしだった。一晩でピースオブエイト銀貨二、三〇〇〇枚を使い果たす者もいる。そんな連中は、朝には着ていた上等なシャツすら手放してしまっているかもしれない」(ibid., 72)。それに、「彼らは、一年、もしくは一年半かけて稼いできた有り金すべてを、一ヶ月のうちに使い果たす」(ibid.)。コーディングリー＝フォルコナーによれば、「一味が港に着いて、歓楽にふける」(Cordingly and Falconer 1992: 114)前に、富が尽きてしまうことすらあったようだ。「フランス人バカニーアであるロロネーは、一六二五年にマラカイボを略奪すると、各自にピースオブエイト銀貨一〇〇枚が行き渡るように分配した。彼が子分を引き連れてトルトゥーガに戻ると、『つまらないものやギャンブルにつぎ込み、三週間のうちにすっからかんになってしまった』」(ibid.)。モーリス・ベソンは、バカニーアが蓄財というものをどういう風に考えていたか、説得力のある見解を示している。「戦利品は、数時間のうちにギャンブルと酒と女に消えた。国もなく、帰る場所もなく、配慮すべき未来もないので、かなりの儲けを持ち帰ったにもかかわらず、蓄財は眼中になかったし、栄華を享受する日を望みもしなかった。彼らが求めたのは征服と略奪であり、刹那のうちに賭けられているものを全力で掴み取ることだった」(Besson 1929: 14)。ベソン以外の海賊研究者の分析も、的を得ていそうだ。ウルリケ・

クラウスマン＝マリオン・マインツェリンによれば、「彼ら海賊は、略奪を一山築くための方法だとはみなさなかった。むしろ彼らの目的は、最小限の労働の対価で、可能な限り手早く戦果を得ることであり、そうすると即座に浪費するのである。『明日死ぬかもしれないっていう日に、何を貯め込むんだ？』これこそ彼らのモットーであった」(Klausmann et al. 1997: 165, 169)。クリス・ランドはこのことを裏付ける。「このような意味で『戦果』は、海賊たちが築いていた生活様式に組み込まれたのだ。つまりそれは、人生のほかの何もかもを犠牲にさせるような最終目的ではなかった」(Land 2007: 178)。それにスティーヴン・スネルダーズにいたっては、バカニーアや海賊の浪費癖をマルクス主義的に分析している。「海賊は、労働の剰余価値を仲間たちとともに生の歓びに費やしたのだ」(Snelders 2005: 10)。

やはりここでも、いわゆる未開社会との共通点には驚くべきものがある。

我々は、我々の経済の本質からして、人には「商品を交換するという生来の傾向」があると思い込むように慣らされてきた。それに、個人間、集団間の経済関係の特質は、「効率化」、作業の成果の「最大化」、「売買益の底上げ」にあると思い込んできた。しかし未開民族は、こんなことを一つもやっていない。それどころか、ほとんどの時間、それと真逆のことをやっているように思

＊4　「始原のあふれる社会」という点については、同名の章（八―五十五頁）を参照。

われる。彼らは人に贈り物をするし、気前のよさを大事にしているし、もてなしを期待しているし、倹約する者には、利己心の表れだとして制裁を加えるのである（Service 1966: 16）。

グスタボ・マルティン・フラガチャンによれば、コロンブスの到達時点でイスパニオラ島に暮らしていた、多数派の（もしくは唯一の）先住民であるタイノ族は、「盛大な祭り」を催したそうだ。「それは余剰生産物を使い切っておくためのものでもあり、まるでポトラッチ、つまり人類学者や民族学者のあいだでつとに有名なかの現象を思わせる」（Martin-Fragachan 1999: 2: 274）。タイノ族の文化は一五〇〇年代の半ばには途絶えてしまったようだが、ポトラッチのようなしきたりが同じ地域で暮らしたバカニーアや海賊にも見られることを、これと結び付けて考えるのも、あながちこじ付けではなかろう。

黄金期海賊は、「意識的に非蓄積型の生き方を選び取った」（Anonymous 1999）とするラディカルな書き手も、ままいる。こうした主張にいくらかでも真実があるとすれば、キャシー・アッカーの『海賊王プシー（*Pussy, King of the Pirates*）』に登場する海賊女子の一人であるシルヴァーは、あらゆる先入観に逆らって黄金期海賊の真の精神を体現していたことになる。彼女は宝石箱に入った金の分け前を断ったのだ。「あたし、そんなのよりむしろ、もっと海賊したいな。わが女子どもとあたしだけでこのお宝を全部奪っちゃったら、女子海賊の天下が終わっちゃうよ。そんなのやだよね」（Acker 1996: 276）。

労働分業も労働疎外もない

バカニーアや海賊の一味が果たさなければならない日常業務（主には船の操縦と維持管理）は、生活の空間とかけ離れた様式のものではなかったので、生から自律した単位としての労働は、彼らのうちに存在しなかったといってよい。それゆえ、そのような労働に付随する疎外の過程もまた、存在しなかったはずである。同じように労働の分業も存在しなかった。そもそも存在しないものを、どうやって分けろというのか。ここでも「未開」社会との見事な共通点を観察することができる。

狩猟・採集民の行動のうちで、どれが経済的なもので、政治的なもので、宗教的なもので、芸術的なものか、指摘するのは困難だ。未開社会のこのような専門性のなさは、近代文明と対照的なものであり、極めて重要な点である。なぜならそこでの成人は、文化のあらゆる側面において、複合的な社会の人々よりも十全な役割を果たすからである（Service 1966: 74-75）。

こうしてみると、黄金期海賊の社会実験というのは産業化のプロセスに対する嫌がらせになったことが分かる。マーシャル・サーリンズは、このようなプロセスに従わない社会について、分析する。

労働は生から切り離されていない。したがって「職業」はない。人が自分でいられなくなるような時間に心血を注がなければならない場所も時間もない。労働は、目的のための手段としてのみ、生と関わりがあるのではない（だが我々にとっては、そうなっていることが多い）。〔現代の我々からすれば〕労働は、「生活」のための必要悪として、甘受すべきものとされる。一方「生活」は、余力のある人がアフターファイブの私的な時間に営むべきものとされる。産業革命は労働と生とを分離した。その再結合は、まだ達成されてはいない（Sahlins 1968: 80）。

自己管理

このように黄金期海賊には労働が欠如していたし、せっせと蓄財に精を出そうとはしなかったし、分業化された労働も疎外の過程も存在しなかった。だが海賊経済の大きな特徴が、もう一つある。これも、黄金期海賊の周りで進行していた資本主義経済とは異なる点である。すなわち、海賊はみずから生産手段を管理したのである。これは、私掠者バカニーアのしきたりとは一線を画する、黄金期海賊業の特徴の一つである。フランク・シェリーはこのように指摘する。「私掠者は、略奪品の公平な分け前を手にしたといっても、しょせん雇われ人足に過ぎなかった。だが海賊には、船をみずから所有する独立自営集団としての自意識があったのである」（Sherry 1986: 122）。

搾取もない

生産力と生産手段とのあいだに矛盾はなかったために、黄金期海賊の経済のなかに搾取の余地もなかった〔つまり生産手段を独占する側が生産力（労働者）を搾取して剰余価値を引き出すということがなかった〕。私掠者が船の所有者に対して（そしてしばしば政治権力者に対して）、略奪品の一部を支払い続けていたのに対して、海賊は利益をすべて懐に収めたのである。この利益は仲間どうしで分け合ったのだが、そのやりかたは「原始共産主義」というフリードリヒ・エンゲルスの率直な言葉を彷彿とさせるところもあるし（「生産物も、共同で使用するものも、すべて共有の財産である」〔Engels 1975: 155〕）、また人類学者サーリンズらが言うところの「全面化した互酬性」、つまり「めぐりめぐって最終的にはチャラになるという想定のもとで成り立つ交換形式」（Service 1966: 16-17）と似ている部分もある。[*5] バカニーアや海賊にとってこうした言葉が関係してくるのは、主として略奪品の分け前であり、それは航海が終わるまで共同で使用されなければならないものであった（雑誌「*Do or Die*」に掲載された「海賊ユートピア（Pirate Utopias）」（Anonymous 1999）によれば、「こうした分割システムは、中世の回漕業では一般的だったが、船運が資本主義事業になり、船員が賃金労働者になるにつれてなくなってしまった」）。残りの戦果は、海賊団ごとに設定した特別なおきてに従って分割されたが、たいていの場合非常に平等主義的だった。しかしそんなときでも、みんなのためになるということで例外が生じることもあった。バジル・リングロー

＊5　サーリンズに関しては、『部族民（*Tribesmen*）』や、『石器時代の経済学』の第五章「未開交換の社会学」（二二三―二八五頁）を参照。なおその三七〇―三七一頁には、海賊との比較ができそうな多くの実例がある。

ズはこのように記している。

したがってその日、我々は最後のワインの積荷のなかに、小さなスペインの毛むくじゃらの犬を発見した。それは天の赤道〔地球の赤道面を天球にまで延長し、天球上に交わってできる大円〕の下で捕まって、今まで生きたまま連れられてきたものだった。それは、メインマストのもとで、欲しいといった者にピースオブエイト銀貨四〇枚で売却された。犬の所有者は、代価はすべて、みんなが喜んでくれるように使わなければならないといった。さて、我々の司令官であるシャープ船長は、陸地がすぐには捉えられない場合の非常食として、その犬を買いなおした。この金は、甲板長、船大工、操舵手が分け前をめぐって争っていたピースオブエイト銀貨一〇〇枚と合わせ、陸地に着くまで保管されることとなった。着いたら大宴会で使い果たすことにしたのだ（Ringrose 1893: 500-501）。

もちろん分割が必ずしも順調にいったわけではない。ピーター・アールは、S・C・ヒルを引用しながら、十四人の海賊についての逸話を紹介する。「協議の結果、七人ずつのグループに分かれて分け前を争うことになった（大人数にも十分行き渡るような成果が上がらなかったのかもしれない）。すると一方の集団は七人全員が、もう一方は五人が命を落とし、残った二人は戦利品のすべてを手中に収めた」（Earle 2003: 130）。

二、「犯罪」経済としての海賊経済

海賊の財の入手方法は違法行為だったので、海賊は、違法経済、つまり「犯罪」的獲得および「犯罪」取引に手を染める者と世界を共有していた。したがって黄金期海賊経済の綿密な比較研究が遂行されるとしたら、海賊がどれだけ密輸業者、腐敗役人、闇市場に依存していたかということと同時に、難破船荒らしや山賊の経済と海賊経済の構造的類似点が調査されなければならない。海賊が地下経済世界の一部をなしていたのは間違いない。[*6]

ゼロ生産／寄生主義

「未開」民族の経済は自発的な「過少生産」であるとマーシャル・サーリンズは述べるが（『石器時代の経済学』、五十六―一一八頁）、黄金期海賊の経済は「ゼロ生産」という言葉で表すべきだ。実質的に、生存手段のほぼすべてが盗んだり略奪して得たものだった。海賊が自分たち用に、あるいは経済利潤のために生産した商品は、一つとして知られていない。ここにもやはり遊牧民社会との共

＊6　山賊に関しては、数多くの比較をしている四章七節を参照。難破船荒らしに関しては、トレヴァー・バークの作品、たとえば Bark 2007/2008 を参照。

通点が観察できる。サーリンズいわく、

牧羊民である平原インディアンは、つねに移動しなければならないために、持てる財産の量、および性質が制限された。彼らは陶器、衣服、かごを作ることはなく、太古からの木製品、石器、骨製品の技術しか持たなかった。でもそのかわりに革製品や金属製の交易品に頼り、数珠と輪飾りと羽飾りをあしらったコスチュームを作るのに心血を注いだのである（Sahlins 1968: 41）。

これはおそらく黄金期海賊にも言えることだ（海賊ファッションに関しては、三章一節を参照）。平原インディアンの経済は、大部分を狩猟に頼っていたが、黄金期海賊の経済は、ほぼ略奪のみに頼っていた（海ガメ狩りは、広く報告される唯一の生産活動である。しかしその大部分は、釣りの場合と一緒で、バカニーアや海賊の一行に付き従っていた先住民の仕事であったようだ）[*7]。バカニーアが狩猟民としての生活に終止符を打つと、「服や武器や船は、略奪品から用を足すようになった」（Kemp and LLoyd 161: 5）。コーディングリー＝フォルコナーいわく、黄金期海賊は「本質的にご都合主義者であり、生活必需品の多くはその略奪の被害者から奪ったものであった。薬、食糧、船の備品といったものは、すべて貴重品だった」（Cordingly and Falconer 1992: 70）。さらに同じくコーディングリーによれば、「略奪品の多くは、船の索具や『生活用品』とでも呼ぶべきもので占められていた。これこそフィクションの海賊物語には浮かび上がってこない姿である」（Cordingly 1995: 130）。

ピーター・アールも同意見である。

海賊が敵船の上でもっぱら捜し求めたのは、船を整備できそうな備品と自分たちの生活様式を維持できそうな物資だった。生き残ることは、故郷に錦を飾るという淡い期待と同価値、もしくはそれ以上に重要なことだった。したがって、つねに金銀財宝も目的の一つだったとはいえ、主たるターゲットは、食糧、酒、衣服、武器・弾薬、綱、帆などの、生活維持や船の整備に必要なものだったのである（Earle 2003: 176-177）。

「彼ら海の犯罪者には、積荷の金銀財宝の略奪なんて思いもよらなかった。彼らが餌食としたのは、植民地アメリカで日常的に取引される品物だった」（Konstam 1999: 96）と考える研究者すらいる。

したがって、アンヌ・ペロタン・デュモンが海賊のことを「単なる寄生虫」（Pérotin-Dumon 2001: 40）呼ばわりするのも、分からないではない。ハザノフは、よりアカデミックな言葉で遊牧社会の自給力の欠如を強調する。いわく、遊牧社会は「非自給自足《アウタルキー》」経済であり、「多くの場合、反自給自足《アウタルキー》」（Khazanov 1984: 122）的であったと主張する。いずれにせよ、そうした違法獲得手段と結びついた「ゼロ生産」という側面は、そのノマド性とともに、黄金期海賊と、ほかの多くの海賊集

＊7　とりわけウィリアム・ダンピア（1906）の記録を参照。

団を隔てる顕著な特色である。黄金期海賊は、特定の地域と特定の生産様式につなぎとめられていた海賊とは異なっていた。漁業や農業だけでなく、工業にまでも手を出していたかもしれない海賊とは異なり、特定の生産様式に結びついているわけではなかった。

にわか成金

一発当ててやろうという野望は、黄金期海賊みなが抱いていたわけではないし、それが第一目標でもなかったのだが、その魅力がまったくなかったわけではない。それが動機でジョリー・ロジャーを掲げて海をめぐる生活を始めた者もいる。もっともそれは、見果てぬ夢を追い続けることに等しいこともあったが。海賊生活は何より、商船生活や海軍生活では得られなかったものを保証した。すなわち、あっという間に成り上がる可能性と（エヴリ海賊団やテイラー海賊団やコンデント海賊団のように、一旗上げて成り上がってからシャバに戻った海賊もいる。その多くは分け前をちょろまかしたり、トンズラこいたり、袖の下を渡して主流社会に舞い戻ったりした）、自由は十分に確保されながら、それほど労力をかけなくても得られる、概していい食い扶持である。もし仮に「しがない水夫の生活も、海賊と比べてなんら危険がないわけでは」（Snelders 2005: 6）なかったとしたら、このようなメリットはなおのこと強く感じられるだろう。したがって、以下のチャールズ・グレイの当惑にも首肯せざるを得ない。「海賊となるべき圧倒的な理由がこんなに多くあり、その機会もあったにもかかわらず、あんなに多くの水夫が『てめえで人生を歩む』〔海賊になる〕のをためらったのには、疑問とせざるを得ない」(Grey 1933: 16)。これは、経済的に下部に追いやられた社会にはヤクザがはびこることと似ている。それは驚くべきことではないし、むしろ驚くとしたら、その数の少なさに対してである。フィリップ・ゴスのバカニーアについての考え方は、貧困社会すべてに当てはまるはずである。「ジャマイカの貧民として船に乗り込み、六週間やそこらで、二〇〇〇、三〇〇〇、はたまた四〇〇〇ポンドに匹敵する金塊の袋を引っさげて戻り、ポートロイヤルの酒場や賭博場で鼻高々と武勇伝を吹聴しながら、一週間も散財し続けたとしたら、そんな自由な生活を何年も送ってきたとしたら、味気ない単調な労働に黙々と精を出し、わずかな収入に甘んじるなんてことがどうしてできようか」(Gosse 1924: 10-11)。

ここに見られる個人的な欲望は、集団的な意志を写し取ったものである。そしてやはりここにも、黄金期海賊と遊牧社会との類似性を思い起こさせるものがある。定住民と移動民との間にはつねに経済的不均衡が存在していたので、「しばしば襲撃は、遊牧民にとって交易よりもよい選択肢に写るものだ」(Sahlins 1968: 36)。要するに海賊経済とは、特権の欠乏を拒否し、秩序に逆らい、みみっちい労働を拒否する人々の意志の表れだったのである。彼らは人を食い物にして生きていくことを決意した。その相手は、金持ちならば言うことなしだったが、待ち伏せ地点にのこのこやってくる者ならば誰でもよかったのだと思う。

富の再分配

「犯罪」経済としての海賊経済は、カリブ海をめぐる富の再分配に一役買った。バカニーアや黄金期海賊のおかげで、国際貿易を流れる大量の資金が地域経済に流入することになった。フランクリン・W・ライトいわく、「バカニーアは、不法に略取した品々を地方の町で気前よく使い果たしたため、そこの経済は活性化した。それは、社会的礼儀をわきまえない連中の悪行をも補って余りある働きをしたのである」(Knight 1978: 101)。

世界中の多くの社会は、ヤクザが町の商売にちょっかいを出さず、外から得た商品や資金を供給してくれている限り、彼らに対して見て見ぬふりをするものである。これは、社会反乱者としての盗賊が昔から持っている強みである。それは、彼らが地域資本の蓄積に手を貸しているからである。

彼らは盗んだ家畜や行商人の商品をどのように処分するのか。それは売買の対象となる。実際彼らは、地元の農民よりはるかに多くの現金を持っているので、彼らの支出は、地方経済の近代的セクターにおいて重要なものとなっている。すなわち彼らの落とす金は、農村社会の中流階層である、商店や居酒屋などの商取引主に再分配されるのである。したがって盗賊を、森で鹿を串焼きにするような単なる野生児とみなすのは間違いである。なぜなら有力な盗賊団長は、少なくとも小地主や富裕農民と同程度には、市場や経済ネットワークと結びつきを持っているからである。実際、経済的停滞地域では、そのような商売を営む者は、外部の行商人と経済的に結びついているのである(ホブズボーム『匪賊の社会史』船山榮一訳、ちくま学芸文庫、一二五―一二六頁)。

二章五節　国家もなく、蓄積もせず、歴史もない海賊は「未開人」なのか？

もし我々が、「未開社会、もしくは国家なき社会」と「国家のある社会」（『国家に抗する社会』、二四九頁）の二つの主グループに分割する、クラストルの社会分割方法に同意するならば、黄金期海賊の社会は明らかに未開の側に当たる。「十六世紀西洋世界は、信仰なく、法なく、王なしという言葉で先住民を評した」（同、二五五頁）とするクラストルの分析も心にとどめてみると、その未開性がよりしっくりくる。実際、同じ言葉がその一世紀後に黄金期海賊にも用いられた。黄金期海賊は、「当時の有力者や権力者に反抗し、身をもって諸国家の敵たることを示したのである」[*8]（Rediker 2004: 176）。

*8　「海賊とは、全人類、全キリスト教国家、全異教国家と永続的戦争状態にある者のことである。海賊は本来的に国をもたない。海賊とは、その罪の特質ゆえに母国に戻れない者のことであり、そのために、あらゆる法治国家の利益を享受できないのである」（Turley 1999: 44）という海賊行為の定義も、比較してほしい。

黄金期海賊は国家なき社会を構成していたという仮説を確固たるものとするために、マーシャル・サーリンズの「国家社会」の定義を考察しよう。

一、公権力、つまり社会一般をつかさどるさまざまな部局が、社会一般に対する統治権を保証していること。

二、こうした統治権力の支配域である「社会一般」が、領域として定義され、かつ細分化されていること。

三、支配権力が主権を独占していること。いかなる人も、いかなる議会も、主権者の委任、許可、もしくは同意がなければ、正当に権力（武力）を握ることはできない。

四、その領域にいるあらゆる人も、あらゆる集団も、それ自体として、つまりその範囲に暮らしているために、主権者、およびその管轄権と強制力に従わなければならない（Sahlins 1968: 6）。

これらのうちのいずれも、黄金期海賊社会に当てはまるものではない。むしろ、いわゆる未開社会との驚くべき共通点がいくつも見られる。たとえばエルマン・E・サーヴィスいわく、未開社会、すなわち「群れ社会」とは、「経済、政治、宗教などに関して形式化した専門的機関や集団が存在しない」（Service 1966: 5）社会のことである。サーヴィスは、国家なき未開民族の生活は「不快で野蛮で短命なもの」だとするホッブズのかの憶測に反論して、「短命なものであったかもしれないが、必ずしも不快なものではなく、それに決して野蛮なものではなかった」(ibid., 2) と主張する。これは多くの海賊の生き方にも当てはまる。

海賊船における文字記録の不在からは、面白い比較の余地も開けてくる。ジョンソン船長いわく、一六九〇年代にマダガスカルで暮らしていた海賊のなかに「読み書きのできる者はいなかった」(『海賊列伝　上』、七十二頁）そうだが、これを根拠として「古代文化」の存在を推論するのは明らかに無理がある。しかし、黄金期海賊のなかに口承文化を読み取るのはあながち強引でもなかろう。「時が歴史になる」(『国家に抗する社会』、二四九頁）瞬間を刻み付けた主たる要因は、文字記録の保存にあったとするなら、それはますます興味をそそるものとなるだろう。

もう一つ着目すべきは、集団のサイズである。クラストルは以下のように分析する。

> 実際、未開社会存立の基本条件の一つとして、その人口規模の相対的小ささということがあるのは確かだ。人口が少なくないと、ものごとは未開モデルに従って進行し得ない。いいかえれば、社会が未開社会であるためには、その人口は少なくなければならない。そして事実、野蛮人の世界では、その「民族体」、部族、社会が地域的集団に細分化され、そのそれぞれが全体集合のなかで細心の注意を持って自己の自律性を保持しようと努めていることが観察される。確かに状況によって――とりわけ戦争をめぐって――強いられた場合には、「同族の」近隣集団との一次的連盟を結ぶこともあるのだが。この部族的宇宙の原子化は、地域集団を統合する社会―政治集合

を構成することを妨げ、さらには、本質的には統一者としての性格を持つ国家の出現を妨げる有効な手段であることは確かなのだ（同、二六四―二六五頁）。

やはりこれも、ほとんど一字一句黄金期海賊にも当てはまる。[*9] マーシャル・サーリンズにしたがえば、黄金期海賊の社会は断片型部族と解釈されうる。

ある部族のなかに存在する複数の集団は、主権者のような統治権力のもとで統合されてもいないし、それゆえ全体の境界は政治的に明確に決定されていないという意味において、部族は近代国家とははっきりと異なる。そのような一般的作用因としての脱中心的な文化編成が発生する場所こそ、未開断片型社会である。断片型部族は、地方集団（主要政治断片《セグメント》）ごとにはっきりと分断される。それぞれの集団は小さい。そのなかに数百人以上いることはまれであり、たいていはもっと少ない（Sahlins 1968: viii, 21）。

以下の分析も同様に正しい。「特定の集団は、軍事的目的などのために一時同盟を結ぶこともあるかもしれないが、集団精神はあくまで一時的なものに留まる。目的が達成されると同盟は解消され、部族も通常の分裂状態に戻る」（ibid., 21）。加えて、部族は共同生活を送ることによってではなく、文化的類似性によってそのアイデンティティを確保しているのだとするサーリンズの説は、海賊コミュニティに当てはめてみると、すごく面白い。

おそらく重要なのは、部族民にそうした密着性やアイデンティティの尺度を授けるのが、文化的類似性だという点である。地方集団は、習慣や話し方が、ほかの集団と異なっていることもあるが、基本的には似通っている。同じ一枚の布からできている彼らは、共通の運命を背負っているのであり、専門的に言えば、「機械的団結」を図っているのである。彼らは、似通っている限り世界に対して同じやり方で対応するので、歴史的に見れば同じものを形成している。もっとも同じ政治形態を形成することはないかもしれない。ある部族の近隣する居住区を結びつける社会的媒介も、同じく重要である。だとすると、汎部族的機関、つまり広範な部族団体が必要とされる。それは「グループ」と呼べるほどのものではないかもしれない。なぜならそれは集団として行動してはいなかったから。むしろそれはさまざまな場所に支部を持つ友愛団体に近い。だからこそ、秘密の握手をした人が、別のどこかでただメシに与ることができるのである（ibid., 23）。

＊9　東南アジアの海洋ノマドとも共通点がある。「小さな集団に分かれる海洋ノマドの組織のゆるさは、山間民族《プリミティブ》の特徴でもある」（Sopher 1965: 266）とするデヴィッド・E・ソファーの主張を信じるとすればの話だが。

二章六節　「文化的接触」：海賊と、カリブ海の非ヨーロッパ人

ドイツ人研究者であるリューディガー・ハウデは、論文「海賊：一八世紀初頭の海賊民主主義の性質、およびその起源」のなかで、黄金期海賊の民主主義的組織化に作用した四つの要素を明らかにしている。すなわち、「自然発生的なもの」、「海の学派」、「国外ラディカリズム」[*10]、そして「文化的接触」を挙げる。ハウデの分析によれば、黄金期海賊と「未開」社会とのあいだに見られる以上のような類似点は、ただ単に同じ国家なき民族としての構造的共通点を指し示しているだけではなく、カリブ・アメリカ先住民の文化が、バカニーアとなったヨーロッパの裏切り者《レネゲイド》に実際に影響を与えたということも示しているとされる。

バカニーアや海賊の資料だけでなく、ヨーロッパ人の到来の前にカリブ地域に居住していた人々の生活についての資料も不足していることから、ここではこれ以上実質的な議論を展開することはできない。ヨーロッパとの接触以前のカリブ社会に関する人類学的研究は、大部分が考古学資料（これでは政治組織をめぐる問題や、文化接触の社会的様相といった問題に関しては、ほとんど論証が

できない）や、宣教師団の記録（客観性なんてあってないようなものだ）に頼らなければならない。ジュリアン・グランベリは、状況を以下のようにまとめる。

考古学者は、先史カリブ原住民の素性、および人口流動を、断片を組み合わせながら描きつつあるのだが、今日においてもその全体図は流動的である。当時のスペイン政府の資料は、セビーリャのインディオ公文書館に収められているのだが、その関心事は、少数の例外を除いてもっぱらインド諸島の経済的見通しと、原住民のキリスト教への改宗であった。先住民自体への関心を示したのは、彼らを洗礼を受けた無償労働力とみなすときだけだったといってもいい。当時の記録には、民族学的関心から書かれたものもあることにはあるが、残念ながらその数はごく少数に留まる（Granberry 2005: 127-128）。

残された資料が少ないために、それぞれの文化が厳格に区分されているわけではないのは確かである。カリブ民族史についての泰斗《たいと》であるアーヴィング・ラウズは、一九四八年出版の『南アメリカ先住民のハンドブック（*Handbook of South American Indians*）』のなかで、アラワク族（最大の下部集団であるタイノ族を伴う）、カリブ族、シボニー族の三つの主民族集団に分類している（Rouse 1948）。

＊10　この詳細な議論は、四章六節を参照。

今日、この分類には多くの研究者から異論が提出されている。島アラワク族、島カリブ族、グアナハタベイ族もしくはグアナハカリベ族と読みかえるべきだと考える研究者もいれば、そうした三種類の分類自体を否定する者もいる（たとえばWatts 1999, 2: 33-34を参照）。バカニーアや海賊と先住民の接触を論じる文献のほとんどがラウズの分類に依拠しているうえに、ほかに広く認められた分類法もないので、将来修正が必要なのはわかってはいるが、ここではラウズの分類法を用いたい。

資料が信頼に値するならば、カリブ族は、前述の三グループのなかでバカニーアや海賊と接触を持ちえた唯一の部族である。アラワク族は、神権首長制社会（Knight 1978: 14）だとされるが、一五〇〇年代半ばまでに滅んでいてしまったようだ（Granberry 2005: 137）（わずか半世紀前のコロンブス到達時点で数十万いたとされる人口がなくなってしまったのだから、これはショッキングな事実である。大規模な虐殺があったのかもしれない）。シボニー族は、「狩猟・採集民で、その政治組織は遊牧民と同程度のもの」（Knight 1978: 10）だったようだ。彼らはコロンブス到達以前に絶滅していたらしい。しかしカリブ族は存続し、リーワード諸島のセントクリストファー、ネヴィス、モントセラト、グアドループ、セントヴィンセントにあるヨーロッパ人入植地に対して頑強に抵抗戦線を張った。だが最終的にはカリブ族も、絶滅の瀬戸際まで追い込まれていく。今日では数百人のカリブ族がドミニカの居住区に暮らしている。そしてカリブ族とアフリカ人奴隷の混血子孫である「ブラック・カリブ」（ガリフナとも呼ばれる）が、中央アメリカのカリブ海沿岸に暮らしている。

資料によれば、カリブ族以外にもう二つの先住民部族が、バカニーアや海賊と定期的な接触があったとされる。その一つがダリエン（パナマの東端）のクナ族で、バカニーアがこの周辺地域にあるスペインの街をたびたび襲撃しているさなかに彼らと接触を持つようになった。もうひとつが同名の沿岸部の住人であるモスキート族で、今日のホンジュラスとニカラグアに住んでいた。モスキート族とコンタクトを保っていたのは、主にカンペチェ湾やホンジュラス湾のログウッド居留地に暮らす者たちであった。

ヨーロッパからの到来者に対して物理的な影響があったのは確かである。わけても注目すべきは、バカニーア（buccaneer）の名前の語源とされるブカンなるもので肉を燻製にするという、カリブ族の風習の影響である。それにたいていのバカニーアは先住民の丸木舟を用いていた。また、地面ではなくハンモックで寝るという、ログウッドのきこりや裏切り者《レネゲイド》ヨーロッパ人の習慣も生まれた。*11

スティーヴン・スネルダーズの興味深い考えをここで引用しよう。「カリブ族は、居留地のヨーロッパ人の攻撃に対抗して、バカニーアに類する海賊戦術を開発した。彼らはペリアグアと呼ばれる五十人から六十人の戦士を搭載する巨大カヌーに乗って、離れた島々のあいだをすいすいと移動し、主に弓矢を用いてヒットアンドアウェイの襲撃を繰り返した結果、マスケット銃を持つバカニーアのように弓矢のプロになった」（Snelders 2005: 71）。本当にカリブ族はバカニーアに影響されていたのか。逆ということはありえないのか。おそらくバカニーアこそ、カリブ族の襲撃術を学んだのだ。

*11　ウィリアム・ダンピアが『最新世界周航記』に残した、ログウッドのきこりとともに過ごしたときの記録を参照。

そのすべとはもちろん、植民地時代に先行していたものである。実はこれこそ、ヨーロッパ人が先住民から受け取った贈り物なのに、今まで見過ごされてきたのではないか（Weatherford 1988 を参照）。

社会文化的レベルへの影響は、さらに確認しがたいが、注目すべき共通点もある。クナ族の伝統的な社会組織形態は、バカニーアや海賊社会と比較するのは申し訳ないほど階層化されていたようだが（Stout 1948, 4: 261）、カリブ族やモスキート族は非権威主義的な社会だったようで、「民主主義精神を持ち、平等を愛していた」（『国家に抗する社会』、三十六頁）。

アーヴィング・ラウズによれば、カリブ族は「農業よりも漁業に頼って暮らしていた。村は恒久的なものではなかった。カリブ族は、アラワク族よりも精巧なカヌーを持っていた。戦争を重んじていた。武勇でリーダーを選び、世襲はしなかった。複雑な儀礼は行わなかった。偶像崇拝はなかった。そして人食い族《カニバル》であった」（Rouse 1948: 496）。敵の心臓を喜んで噛み千切ったとされるバカニーア船長（Exquemelin 1893: 104）の行動様式にカリブ族の影響があったと考えるのは、暴論だとは思うが、それ以外にラウズが列挙する点に関しては、（すくなくとも狩猟や襲撃は、農業よりも漁業に近いものだと認められるのであれば）すべてバカニーアや海賊にも当てはまるものだといえる。さらにラウズによれば、カリブ族は「戦時には一時的なリーダーを選んだ」(Rouse 1992: 22)らしい。いわく、「カリブの首長は、敬意の的とはなったものの、ほとんど権力はなかった。カリブ族は個人主義者であり、人に指図をするヨーロッパ人のことを見下していたのである」（Rouse 1948: 555）。

モスキート族——おそらくバカニーアや海賊の乗組員として同乗している割合が最も高かった部

族[*12]——に関して観察された多くの特徴は、バカニーアや海賊の文化とも共鳴するものがあった。戦争は極めて組織立っていたようで、リーダーのポストは相続されるものではなく、またポール・カーチホフによれば、彼らは「不当に扱われたのにその仕返しをしない者を臆病者」(Kirchhoff 1948, 4: 224-225)とみなしたらしい。ちなみに黄金期海賊の倫理のなかで、復讐は最も重要なものである(四章十二節を参照)。

カリブの先住民は、バカニーアや海賊に大きな社会文化的影響を及ぼしたのかという議論は決着を見ていないが、答えを得ようとするからこそ独創的な研究が生まれるのである。

---

*12　モスキート族とバカニーアとの関係を記録した当時の資料を大まかに把握するには、Pineda 2006: 35-38 を参照。

第三章　「社会的起源」、もしくはヨーロッパからの遺産——黄金期海賊業と文化研究

バカニーアや海賊は、母体であるヨーロッパ文化とはまったく異質な文化を作り上げたと考える研究者もいるが、全員がそうというわけでもない。たとえばフランクリン・ライトは以下のように記している。

バカニーアは国家からまったく自由な個人だったとはいえ、体に強く染み付いた文化性・社会様式を手放すことはなかった。彼らは、アメリカ大陸のマルーンとは違い、異なる文化・社会をつくろうとはしなかった。バカニーアには自分たちなりの文化があり、また自分たちの社会的起源のありかを心得ていた。彼らが求めたものとは、もっともこれも一時的なものかもしれないが、そうした文化や社会が押し付けてくる束縛や責務からの自由であった。海賊業という剣呑な生業から晴れて生還したとしたら、その多くがふるさと《ソサエティ》に戻ったのである（Knight 1978: 100）。

したがって、黄金期海賊業は、独自の文化を形成したというより、ヨーロッパの副文化《サブカルチャー》だったとも考えられる。もちろん、副文化《サブカルチャー》という言葉は「大して通用する概念ではない」（Jenks 2005: 129）とするクリス・ジェンクは正鵠を得たり。副文化《サブカルチャー》研究とは、その概念の定義自体さまざまであるにもかかわらず、成り立っているのだから（ibid.）。とはいえ、以下ではその最も広い意味、共通した意味に従おうと思う。すなわち、母体となった多数派文化とは異質な特徴を持ちつつも、それに強く影響を受け、それに依存した文化の様式という意味で使用する。

三章一節　ファッション、食べ物、娯楽、隠語：海賊副文化《サブカルチャー》の素描

大まかに見て、副文化《サブカルチャー》研究という意味でたいてい最初に注目しなければならないのは、人的構成、スタイル、文化標識における特徴である。

これまでに確認してきたように、バカニーア・コミュニティの源流は定かではない。しかしここ数十年間で、その人的構成は以前より明らかになったので、ある程度一貫した構図を提示することができる。コーディングリーは、バカニーアのなかには「兵士、水夫、脱走者、逃亡奴隷、殺人犯、犯罪者、宗教的理由による避難民、そして根っからの海賊が膨大にいた」(Cordingly 1995: 56) とする。一方マーカス・レディカーは以下のようにまとめている。「こうしたしきたりの最初の担い手は、カリブ海担当のあるイギリスの役人いわく、『諸国ののけ者』であった。すなわち、有罪人、娼婦、債務者、浮浪者、逃亡奴隷、年季奉公人、宗教過激派、政治犯らであり、彼らはみな新しい入植地に『一線を越えて』移民してきたか、追放されてきた者たちであった」(Rediker 2004: 63)。つまり

社会の端に追いやられた者たちが集っていたのだが、そうした人的構成は黄金期海賊にも引き継がれていくことになる。それは、フィリップ・ゴスいわく、「奇妙な連中」、「海をたゆたう無数のゴミのようなもの」（『海賊の世界史　下』朝比奈一郎訳、中公文庫、三十八頁）だった。

黄金期海賊の平均年齢は二十七歳だとする、デヴィッド・コーディングリーによる試算がある（Cordingly 1995: 26）。バカニーアの場合はもっと高いものだったはずだ。とりわけ、陸上での共謀者としての密貿易商や、その富の受益者としての娼婦らをバカニーア・コミュニティの一員として数え上げるとなると、高く見積もらなければならない。それは、白人が数的優位を占めるコミュニティかつ、ほぼ例外なく男性だけのコミュニティであった。

ハワード・パイルのイラストや、商業的利用者や、告解火曜日のパーティ参加者は、目くるめく海賊ファッションを大々的に取り上げるが、これにも少しは資料的裏づけがあるようである。もっとも細部については、その多くが夢を込めてオシャレに洗練させたものであるのは間違いない。たとえば海賊は、仮にイヤリングをしていたとしても、二〇世紀的な海賊イメージが思い描くようなものをぶら下げていたとは考えづらい。黄金期海賊がタトゥーを彫っていたとする記録も存在しない。欧米人が現代にもみられるようなタトゥーを彫り始めたのは、彼らが南太平洋を踏破してからに過ぎない。それは、海賊黄金期が終わりに差し掛かる頃になっても、始まっていなかったに等しい（DeMello 2000: 44-70）。だがヨーロッパ固有のタトゥーの風習も、〔黄金期海賊の時代までに〕完全に廃れていたわけではなかった（Fleming 2000: 61-81）。〔当時の〕カリブ族やモスキート族がタトゥーや乱刺という風習を持っていたとする記録もある。それに一六九一年には、メアンギス島(おそらくこれは、今日のインドネシア最北の島であるミアンガス島のことだろう)出身の、全身タトゥーだらけのジョリー(ジョロ)なる人物が、ウィリアム・ダンピアが乗る船の一員としてロンドンを訪れている(Dampier 1906: 494-503)。したがって、一般に議論されるところとは逆の論点になるが、黄金期海賊がそうした風習をまったく知らなかったとは考えづらい。

海賊は、常時ではないにしろ、ばさらな袈裟を身にまとっていたという点で、たいていの歴史家は同意している。ロバート・C・リッチーによれば、黄金期海賊にとって、「そうした華々しい一張羅を着ることは、ヨーロッパでは高級生地の使用が法によって上流階級のみに制限されていたので、大変に喜ばしいことだった。帝国の周縁に暮らすために、倹約法を鼻であしらいながら、みずからの欲望のままに生きていくことができたのである」(Ritchie 1986: 114)。どのような海賊ファッションがあったか事細かにまとめている文献の筆頭に、スティーヴン・スネルダーズの『悪魔のアナーキー』が挙げられる。

一般的船乗りが短めの青いジャケット、チェックのシャツ、ズックの長ズボンもしくはぶかぶかブリーチ、赤いベスト、スカーフを身にまとっていたのに対し、海賊は略奪した絹やビロードや金襴でこれでもかと着飾った。高級生地は上流階級のみが着るべきだとするヨーロッパ社会の服装規制など、お構いなしである。ラバの記録によれば、カイーク船を拿捕したダニエル海賊団は、

「羽根突き帽子、かつら、絹のストッキング、リボンなど、ありとあらゆる晴れ着を身にまとい、〔アベス〕諸島を闊歩しており、それはそれは噴飯ものであった」ようである。コンパーンがオランダに帰国した際も、彼の子分は「上等なおべべ」で身をくるみ、彼自身も腕には金銀宝石をジャラジャラいわせていた。シニアによれば、コンパーンと同時代人であるイギリス人海賊キット・オロアードは、「黒いビロードのズボンと上着、真紅の絹の靴下、黒いフェルト帽で身なりを整え、褐色のヒゲを生やし、シャツの襟は絹で黒く刺繡されていた」ようである。海賊船長が紳士の身なりでブイブイ言わすということは、刹那の享楽に身を任す海賊道と対極をなすような社会的服装規制を転覆させるということであり、またそれを通して社会的に「上の連中」を小バカにするということでもあった（Snelders 2005: 194-195）。

通俗的作品のなかには、服装の派手さが大げさに描かれているものがまだまだある。少なくともアンガス・コンスタムは、「かつらと襞つき袖でキメて、ヒゲを刈り込んだフック船長は、カリブ海の嘲笑の的になった」（Konstam 1999: 184）のではないかと考えている。さらにコンスタムは、海賊が船上でもきらびやかな服を身にまとったという推測にも疑問を投げかける（Ritchie 1986: 114-115）。コンスタムいわく、海賊がそのような格好をしたのは陸上にいるときだけであり、「海上では雅《みやび》よりも実用性のほうが勝った」とする。だとすると、航海中の海賊の風貌は、一般的船乗りと大して変わらなかったということになる（Konstam 2007: 233）。

最初イスパニオラ島で暮らしていたころのバカニーアのスタイルは、まったく異なっていたようである。コーディングリーによれば、「なめし皮を服のようにして、なたを手にし、血を滴らせた装いからは、今さっき屠殺場から出てきたような匂いが漂ってきた」（Cordingly 1995: 7）ようである。

バカニーアや海賊の（副）文化標識に関して、よく言及されるものの上位三つは、食べ物・飲み物、娯楽、言語である。

食べ物・飲み物

海賊料理をあまり過大に見積もってはいけない。かなりの数の「海賊料理本」が巷にあふれているけれども、それらの多くは、一般的カリブ料理やマダガスカル料理の本とたいそうな違いはない。だが、海賊スペシャルとして広く認められている料理がひとつある。その名をサルマグンディという。ある文献には、その調理法の小ジャレた説明がある。

> なにかの肉――ウミガメとかアヒルとかハトでもいい――をこんがり狐色に焼いてぶつ切りにしたものを、スパイスワインでマリネする。島外から購入した塩漬け肉、ニシン、アンチョビも加える。食べる段になると、この燻製肉と塩漬け肉に、固ゆで卵や採りたて野菜、酢漬け野菜を何でもいいから放り込む。野菜といっても、ヤシの芯、キャベツ、マンゴー、たまねぎ、オリーブなどである。こうして出来上がったものに、油、酢、塩、コショウ、マスタードシードなどの調

味料を加えて、ぐちゃんぐちゃんにかき回すのである（Rogoziński 1999: 302-303）。

これは——少なくとも雑食派にとっては——魅力的に映るかもしれないが、もうひとつの海賊スペシャルはそうではない。「欠乏の折にはクラッカーハッシュというものを食べていた。それは、粉々になった糧食のビスケットを、袋のなかでその週の残飯と混ぜ合わせたものである」（Gill 1997: 78. 傍点は引用者）。海賊のテーブルマナーにも触れたほうがいいかもしれない。もしくはその欠如に関して。エドワード・ルーシー・スミスは、次にように記す。「ある資料を読むと、海賊のテーブルマナーがまざまざと目に浮かんでくる。これを読んだ人がカオスという印象を受けたとしても不思議ではない。『食べ方の汚さは犬の如し。食べ物をつかんでは引ったくり、人とは思えぬ。それは連中の最大の楽しみの一つのようだ。また、武芸のようでもあった』」（Lucie-Smith 1978: 207）。

バカニーアや海賊の飲む酒が大きな注目を集めたのも無理はない。それこそ通俗的イメージが求めるものである。酒に関しては、いくつかの定番ドリンクが生まれた。その筆頭を飾るのがラムファスティアンだ。「ラムは入っていないが、生卵、砂糖、シェリー酒、ジン、ビールをブレンドしたのが」ラムファスティアン（『海賊大全』、二一八頁）。ほかにもいくつか有名な海賊ドリンクがある。たとえばサー・クラウズリーは、「ブランデーに少しのビール、レモン汁少々を加えたもの。甘くしたり香料を加えることが多い」（Apestegui 2002: 169）（レモンを加えなければフリップと呼ばれたようだ）。

それからマムは、「小麦とオートモルトで作ったビールに薬草で香り付けしたもの」(ibid.) のこと。おまけにバンブーは、ジェニファー・G・マークスによれば、「ラムと水と砂糖とナツメグを混ぜ合わせたもののこと」(『海賊大全』、二一八頁) だが、フィリップ・ゴスによれば、これはノンアルコール海賊飲料であり、単なる「ライムジュース」に過ぎず、少数の「禁酒」海賊がたしなんだようである (『海賊の世界史　下』、二十一頁)。

娯楽

バカニーアや海賊が何らかの点で芸術に秀でていたとする記録はない。彼らの多くは音楽を楽しんだとされる。普通それは、音楽家が演奏したものであった。彼らはしばしば強制的に乗船させられていたのである。逮捕されたロバーツ海賊団のなかにいた音楽家は、以下のような虐待の様子を証言している。「誰かに一曲聞かせてくれと頼まれて、今日は疲れているから勘弁して欲しいなどと言おうものなら楽器を壊され、あるいは頭を殴られることも」たびたびあった (『海賊列伝　上』、三六五頁)。

音楽と飲酒以外の「海賊の唯一の娯楽は、擬似裁判を開くことだった」(Williams 1961: 153) とするのは、ネヴィル・ウィリアムズの言葉である。こうした彼ら独自の政治風刺の手法には、芸術性を認めてもいいかもしれない。ジョンソン船長も、『海賊列伝』のなかで「このような愉快で面白い裁判」について触れている（『海賊列伝　上』、四二四―四二六頁）。まず「法務長官」が、「首吊りになるのを恐れる様子もなく、男女子どもに暴力をふるい、船の荷を略奪して焼き払い、あるいは沈め、まるで心に悪魔が住んでいるかのような男」を法廷に立たせる。すると、裁判長が被告に向き直る。「おいそこのしらみ野郎、まったくもってひでえなりをしたお前だ。かかしのように吊られて日干しになる前に、なにか申し述べることがあるか。お前は有罪か無罪か」。被告が無罪を訴えると、裁判長は返す刀でこう切り返す。「次にそんな言葉を口にしたら、裁判なしで縛り首になるものと思え」。被告が弁護をしようが、裁判長は耳を貸さない。そんなやり取りに耳を傾けていた法務長官も、ウキウキしながら口を挟む。「おっしゃるとおりです、閣下。こやつを好き勝手にしゃべらせると潔白を証明してしまうかもしれませんし、そうなっては法廷侮辱にあたります」。長くなるが、裁判の後半部分も引用していいだろう。

被告　「お願いいたします、閣下。どうかご一考ください」

裁判長　「考えろだと？　このたわけが。わしは生まれてこのかた考えるなどということはしたことがないのだ。考えることは大逆罪に等しいのだ」

被告　「ですが、閣下には私の弁明も聞いていただきたいのです」

裁判長　「悪党のたわごとを聞けというか。そんな理屈を聞いて何になる。教えてやろう。わしらはお前の弁明に耳を貸すためにここに座しておるのではないのだ。わしらは法に従って振舞う。飯の用意はできておるか」

法務長官　「できております、閣下」

裁判長　「ではそこなるチンピラ、よく聞け。おぬしは三つの理由で有罪じゃ。一つ、わしが裁判長としてこの席に着いた以上、誰も縛り首にしないわけにはいかぬ。二つ、おぬしは縛り首にふさわしい薄汚い面をしておる。三つ、わしは腹が減っておる。よっておぬしは縛り首じゃ。裁判が終わる前に裁判長の食事の用意ができたときには、被告を縛り首にするのがしきたりなのだ。さあ法の裁きを受けるがよい、この犬畜生が。看守、こやつを連行せい」（『海賊列伝　上』、四二六—四二七頁）

言語

俗語や隠語の創出は、副文化の大きな特徴であるといって間違いない。ピーター・ランボーン・ウィルソンいわく、「言語とは、（それがどんなに粗雑で急ごしらえなものであろうと）一つの文化であり、少なくとも文化が起こりつつあることの確かなしるしである」（『海賊ユートピア』、七十頁）。バカニーアや海賊は、その国際的なコミュニティのなかで言語をミックスしたばかりか（フィリップ・ゴスは「一種のエスペラント」〔『海賊の世界史　下』、四九頁〕という表現すら用いている）、海の男独自の言語を生み出したのである。このようにして生まれた言語も、さらに展開を遂げていくことになった。バカニーアや海賊が「スラングや暗号」（sherry 1986: 95-96）を用いながら、排他的な海洋略奪者集団となっていくにつれて、そうした言語は変容を遂げた。そのなかで目立っていたのは、汚い言葉だったようだ。バーソロミュー・ロバーツ海賊団に捕まった船に乗っていた乗客は、このように漏らした。「連中の言葉といったら、毒づいたりののしったり、罰当たりな言葉ばかりで、想像を絶する」（Jameson 1923: 315 に引用される Boston News-Letter, August 22, 1720）。このような汚い海賊言葉を盛大に口走ったのはフライ船長だろう。彼は黄金期最後の英米系海賊船長として名高い。そうした光景の一つ、彼がアトキンスン氏に向かってまくし立てている姿は、ジョンソン船長が活写している。アトキンスン氏は、乗っていた船がフライ海賊団に拿捕されて捕虜になったのだが、大胆にも自由にしてくれと迫ったのであった。

おい、アトキンスン船長。わしらはお前を仲間にするのはクソだっていいたいわけじゃない。あこん畜生。畜生のクソじゃねえ。当たり前だ。だがな、畜生、畜生あばずれ、お前が正直にしない畜生で、俺の船を沈めようと何か悪だくみをするような畜生なら、脳天かち割って脳みそどぴゃどぴゃだぜ。畜生、どうしたものか（『海賊列伝　下』、一二九七頁）。

三章二節　「諸国家の敵」？：海賊業と（トランス）ナショナリティ

バカニーアや海賊は、ネーションという概念に対して奇妙な関係を保った。「超国家的（supranational）」（Snelders 2005: 198）とか「多国籍的（multinational）」（Rediker 2004: 53）といった形容が与えられる一方で、「無頼民族《ネーション》」（Sherry 1986: 85-100）と呼ばれることもある。これは一見すると矛盾しているように見えるが、ネーションという言葉には考え方に違いがあるという事実を考慮すれば、矛盾は解決されるだろう。その基本的な違いとは、「ネーション」が「国民国家（nation-state）」を指すか、それとも運命を共有する人間集団を指すかである。後者の意味で取るとすると、黄金期海賊は「無頼民族《ネーション》」だとするフランク・シェリーの言葉は間違っていない。国民国家をナメてかかる黄金期海賊は反国家主義者（anti-nationalist）だったとするスティーヴン・スネルダーズやマーカス・レディカーの考え方とも矛盾しない。

本論は、ネーションという語の意味や使用法をめぐる議論に深く立ち入るものでもないので、以下ではバカニーアや海賊と国民国家との関係についてのみ焦点を当てて分析していきたい。これは、彼らの歴史、彼らのアイデンティティにとって非常に重要な部分である。と同時に、ある種の誤解を生んできた部分でもあると思われる。その中で最大のものは、バカニーアは国民国家概念をまさしく超越した文化を育んだとする誤解である。これは、バカニーア・海賊文化に肩入れするラディカル派のなかに流布した見解のようだが、それを証明するものはほとんどない。実は、手元の資料からはその正反対のことがうかがえる。

この問題の一因は、間違った推論にある。たとえば「海賊ユートピア」の連名著者は、「十七世紀後半のカリブの島々には、世界中から反逆者、困窮者が移民してきており、坩堝《るつぼ》と化していた」(Anonymous 1999) とする。これはずいぶんと思い切った見解である。「反逆者、困窮者」とはいかなる者たちであるのかは議論の分かれるところではあるが、それはともかく、十七世紀にカリブ地域に移民してきた者たちの大多数は、スペイン、イギリス諸島、フランス出身者であった。少数派としてはオランダ人、スカンディナヴィア人、これら以外のヨーロッパ諸国出身者がおり、彼らもヨーロッパ大西洋岸の港に至ると、西インド諸島に向けて旅立ったのである。もちろん、十七世紀後半へと時代が下っていくにつれて、連行されてくるアフリカ人奴隷も年々増加していったが、彼らを「移民」集団の「坩堝」の一員とみなすのは、人が悪いのではないか。

バカニーアのコミュニティも、人的構成はカリブ海における一般的移民パターンと同じものであった。一部の国民間でバカニーア連合の動きがあったのは事実だが、その例は多くない。少なくともバカニーアの八〇パーセントはイギリス人、フランス人、オランダ人で、その残りの多くはスコットランド人、アイルランド人、ポルトガル人、スカンディナヴィア人だったようだ。バカニーアのなかに非ヨーロッパ人が混ざっていたとしたら、その多くはヨーロッパ人のための奴隷労働を担っていた。さらに、多くのバカニーアが連合したのは、みんな同じことを根に持っていたからであった。スペイン人に対する「抑えがたい憎しみ」を抱いていたのである (Konstam 1999: 11)。したがって、彼らの連合の形式を多国籍なものだとみなすのは、第二次世界大戦期の連合軍を多国籍主義者だとして喝采で迎えることに似ている。しかし一部のラディカルな論者は、バカニーアや海賊の反国家主義を妄信した挙げ句に、語義矛盾を犯してしまっている。「バカニーアにとって、スペイン人を狩れるのなら、それがイギリスの私掠許可状であろうが、フランスのものであろうが、オランダのものであろうが、ポルトガルのものであろうが、お構いなしであった。ヨーロッパ諸国家間の敵対関係は、彼らの利害の範疇外にあったし、そのために命まで賭す気はさらさらなかった」(Snelders 2005: 94)。日和見的に動く植民地カリブ海の政治の現実を、より的確に描く言葉があるとしたら、以下のような逸話だろう。「[フランス人とイギリス人は] 先住民を殺すために、非常に仲良く手を取り合った。だがたちまち南の島の所有権をめぐっていさかいを始めたのである」(Masefield 1906: 111)。

バカニーア間の多国籍連合は、実利本位でつかの間のものに過ぎなかったようだ。それは戦時の国家間同盟に似ている。したがって、バカニーアの人的構成の変化が、カリブ海における政治（植民地）地図の変化と軌を一にしていたのもうなずける。ピーター・アールは九年戦争（一六八九年から一六九七年）について触れる。「[この戦争で] かつての海賊は、イギリス船、フランス船、オランダ船、スペイン船の私掠者として、かつての海賊と戦うようになった」(Earle 2003: 146)。したがって多くのバカニーア――なかでももっとも有名なのが爵位を賜ったヘンリ・モーガンである――は、国民の英雄として喝采を浴びたのである。上述の反スペイン感情は、現代でも認めることができる。

近年アメリカで再版されたフィリップ・ゴスの海賊書の裏表紙には、こんなことが書かれている。

また著者フィリップ・ゴスは、バカニーアがわが国、国民に多大なる影響を及ぼしたということを示そうと努めたのである。この世にも奇妙な海上強盗がいなかったら、イギリスは新世界での勢力の維持に相当てこずったであろうし、合衆国も今スペイン支配下だったかもしれない。スペインの海洋権の凋落の大きな原因は海上強盗（海賊）である以上、連中にどれだけ残忍なところがあろうと、我々はバカニーアに恩義の念を抱かないわけにはいかないのである。[*1]

一六五五年にイギリスがジャマイカを占領して以降、バカニーアはますます国家に対して忠誠を誓うようになっていった。この年以降、イギリス人バカニーアとフランス人バカニーアは、国籍で強固な分断線を引かれるようになる。アンガス・コンスタムいわく、「バカニーアはつねに国旗の下で戦っていたが、だんだんと同じバカニーアにも攻撃の矛先を向けるようになっていった」(Konstam 2000: 17)。実際、バカニーアの襲撃合戦は頻発するようになり、「トルトゥーガのフランス人も、ポートロイヤルのイギリス人も、相手が同じことをしているという確証をもてない限り、自分たち自身の海賊を鎮圧することはできなかった」(Rogoziński 1999: 94)。「国民性、文化という点で団員の大多数にとって関係のある市民が暮らす植民地や、団長の出身地である植民地をバカニーアが襲うことは、普通はなかった」(Knight 1978: 102)。こうした状況は何十年も続いた。「イギリスからもフランスからも許可状をもらい受け、威をもって威を制すという荒業に成功した」(ibid., 103) ジェレミー・デシャンなどは、明らかに例外だった。

一部のバカニーア――主として母国でイギリスやフランスに辛酸をなめさせられた者たち――のなかには、スペイン人と足並みをそろえる者までもいた。スペイン艦隊を指揮するアイルランド人船長はなかでも目を引く。たとえばドン・フィリップ・フィッツジェラルド (Earle 2003: 137)、ジョン・マーフィ。後者は一六三四―三五年のトルトゥーガ攻略の際、スペイン艦隊を指揮した (Galvin 1999: 119)。一六八〇年代のスペインの私掠船の乗組員のなかには、ある研究者によれば、「コルシカ人、スラブ人、ギリシャ人」(Williams 1961: 125-126) がいたそうだ。スラブ人やギリシャ人のことは、イギリス人やフランス人が支配的なバカニーア乗組員のなかではとんと聞かれない。それに、コルシカ(コルス)人がスペイン艦隊のなかにいたということは、コルス島のフランス人入植者に対する敵意が、海を越えた西インド諸島にまで伝わっていたということを示しているかもしれない。

黄金期海賊は、最終的には国家に忠誠を従わなかった。これはバカニーアとのもっとも大きな違いである。黄金期海賊の反国家の理念は、ジョリー・ロジャーを真に超国家的なシンボルとして掲げたという点に、特に強く認めることができる。確かに一部の黄金期海賊には、「イギリス人、オランダ人、フランス人というよりも、海賊という自己意識」(Anonymous 1999)、「国家なき民族」

＊1　A. Hyatt Verrill, back cover of Philip Gosse, *The History of Piracy* and *The Pirates' Who's Who*, Rio Grande Press reprints.

(Rediker 2004: 8)という自己意識があった。しかし、以下のように枠組みを設定し、そのなかに当てはめようとすると、やはり問題が生じると思われる。「海賊は二重の意味で国家主義の論理に逆らった。まず、『諸国家ののけ者』としてみずからを設定したという点(前述のように、海の男が諸国から結集していた)。それから、メインマストに掲げられた旗にお構いなく、あらゆる国家、その船籍を平等に餌食にしたという点」(ibid., 164)。そもそも、黄金期海賊の人的構成は、バカニーアと大して違いはなかったと思われる。実際、英米系船乗りがこの時期でも大多数だったはずだ。デヴィッド・コーディングリーによれば、「一七一五年から一七二五年にかけてカリブ海に出没した海賊七〇〇人について挙げるならば、そのほとんどが大西洋・カリブ海の英語圏出身者であった。イギリス人が最大で、三十五パーセントを占める。二十五パーセントはアメリカ人、二〇パーセントは西インド諸島出身者、一〇パーセントはスコットランド人、八パーセントはこれら以外の海洋諸国出身者、たとえばスウェーデン、オランダ、フランス、スペインなど」(Cordingly 1999: 9)。ときにはジョリー・ロジャーの脇に聖ジョージの十字架〔イングランド国旗〕が掲げられたのではないかと考える歴史家すらいる(それは、よくある使い方であるおとりとしてではなかった)(Marley 1997: 98)。それに、海賊団は民族的《ナショナル》偏見を払拭したわけではなかった。とりわけスペイン人に対しては。たとえばバーソロミュー・ロバーツ海賊団は、ブリストル出身者を「スペイン人」と同じぐらい嫌ったそうである(これは私にもよく分からない)(Jameson 1923: 318 に引用される *Boston News-Letter, 22nd* of August 1720)。ロバーツはどうやらアイルランド人に対しても憎しみを抱いていたようである（『海賊列伝　上』、二八五頁）。もちろん、「バルバドス人の首」の頭文字であるＡＢＨと、「マルティニク人の首」の頭文字であるＡＭＨをプリントした髑髏旗からも分かるとおり、バルバドスやマルティニク出身者にも憎しみを抱いていた。

しかし、「ますます国民国家システムに包囲されていく世界のなかで、海賊が『いかなる君主、支配者からも許可を得ていない』ことは喫緊の問題になった」（Rediker 2004: 7）はずである。だからこそ海賊は、国民国家にとって大きな脅威となったはずだ。それは、海賊が「諸国家の盗賊」（Linebaugh and Rediker 2000: 164）と呼ばれたことからも伺えるし、法学者が海賊行為を「最初の国際犯罪」（Bledsoe 1987: 231）とみなしているところからも伺える。国家間のライバル関係を意に介さなかった海賊団の例もある。ネヴィル・ウィリアムズは、スペイン人アウグスティーノ・ブランコの海賊団の例を伝えている。バハマ諸島を拠点に二十年間海賊業にいそしんだ彼らは、「イギリス人、スコットランド人、スペイン人、ポルトガル人、ムラート、黒人で構成されていた」（Williams 1961: 162）ようである。それに、国民国家の旗を掲げずにあてどなくさすらう集団という象徴的意義を忘れてはならない。移民統制と国境線管理が日増しに強化されていくさなかにあっては、その意義は計り知れない。黄金期海賊は、そのような国民国家にまつわる理念にことごとく逆らった。それは、海賊にとってのあるべき世界をまざまざと物語る痕跡のはずである。と同時に、何百万人もの人々が毎年危険な状況下での国境横断を強いられていることに対する妥協なきプロテストとして、汲み取らなければならない。人々の多くは航海のさなかに命を落としている。黄金期海賊がかつて鼻高々にさすらった、まさに同じ海の藻屑となる人もいる。国民国家を歯牙にかけなかった黄金期海賊は、ある単純な真実を表していたのだ。つまり、「世界のどこに暮らしているかなんてたいしたことじゃない。だからこそいい人生を送れるんだ」(Linebaugh and Rediker 2000: 165 に引用される *Mutineer*, 1699)。

三章三節　悪魔崇拝者と安息日厳守派：海賊業と宗教

ヨーロッパ諸国家(ヨーロッパ諸個人)はスペイン人に対し憎しみを示したが、その言葉はしばしば宗教的色彩を帯びていた。アンガス・コンスタムの見地では、イギリス人私掠者は、十六世紀の段階ですでに、「自己利益だけでなく、宗教的敵対関係と国際的敵対関係」(Konstam 2000: 54) から海賊行為に及んでいた。ハンス・ターリーいわく、カトリックへの憎しみはバカニーアの「原則」であった(Turley 1999: 35)。だからこそ一六七一年にヘンリ・モーガンがパナマに侵攻し、人々を拷問にかけて殺害した際も、「モーガン率いるバカニーアたちは、その犠牲者を個人として扱うどころか、カトリックのスペイン人として一様に扱ったのである。十七世紀後半のイギリス人読者は連中が大嫌いなために、『カトリックの陰謀』を目ざとく見つけるのである」(ibid.)。スティーヴン・スネルダーズによれば、バカニーアの「動機は略奪物だけでなく、スペイン人やカトリックに対する憎しみもあった」(Snelders 2005: 11)そうだ。それにハワード・パイルの『海賊本(*Book of Pirates*)』の前書きには、持ち前のドラマチックなタッチで、「こうしたカトリック・スペインに対する陰湿な戦争において、多くの冒険者を焚きつけていたのは、断固たるカルヴァン主義とピューリタニズムだったのは間違いない」(Pyle 1921: xvi)と書かれている。したがって、バカニーアが「ルター派海賊」(Winston 1970: 22)と呼ばれることがあるのもうなずける。だからこそ、僧侶、修道士、司祭の殺害は、[*2]反キリスト教精神ではなく、反カトリック精神の表れとして解釈しなければならない。宗教的対抗関係は国家への忠誠心を揺るがすこともあった。たとえば「プロテスタントのフランス人がイギリスの海賊船に乗船する」(『海賊大全』、一〇三頁)ことなどもあったのである。

プロテスタントのバカニーアは反カトリック感情をあらわにしたのだが、それもスペイン人が先住民の村落を虐げていることに対する当然の反応としてみなされることが多かった(Turley 1999: 35-36)。伝説的に残忍なバカニーア船長の一人である皆殺し屋モントバーズは、「スペイン人がアメリカ先住民に対し暴虐の限りを尽くしているという記録に触れたためにバカニーア一座に加わった」

＊2　たとえば Snelders 2005: 138, 141; Sherry 1986: 137; ジョンソン船長『海賊列伝　上』、四七二頁を参照。

(Gosse 1924: 220) とする話もある。しかし、自分自身先住民の住処を襲撃し、先住民を奴隷にしてしまうような連中が、スペイン人も同じことをやっているという話を耳にして怒りに燃えたなんて話が信じられるものかどうか。こういった話はたいてい、いわゆる黒歴史に位置づけられるようなことがらであると考えるべきだ。それは、十六世紀、十七世紀の敵対国家がスペインの文化、素行、政治を意図的にゆがめたものである。スペインにそうした非難の声を真摯に受け止めるべき後ろ暗さがあるかどうか、それとも思想プロパガンダの犠牲者だったのかという議論は終結していない。少なくとも、スペイン人は全ヨーロッパ植民者のなかで最低の連中だったという思い込みは、極めて安易な考え方である。もっとも残虐さをランク付けすること自体、まゆつばものの行為なのであるが。

カトリックのバカニーア——彼らはたいてい自分たちだけで部隊を組んだ (Earle 2003: 92) ——の宗教心も強かった。十七世紀後半のフランス人カトリックバカニーア団のなかには、専従の司祭が乗船していたものもあったそうだ (Besson 1929: 190)。有名なのはダニエル船長のエピソードである。ミサをおろそかにして叱責されたのに冒涜の言葉で切り返した一味の一人は、彼に撃ち殺されたそうだ (Haring 1910: 74-75)。

「海に出る前に教会へ行き、航海に祝福を祈らなかった船乗りはいなかった」(Masefield 1906: 119) と考えるジョン・メイズフィールドはいいすぎだろうが、キリスト教徒であるという自覚は、多くのバカニーアや海賊にとって間違いなく大切なものであった。フィリップ・ゴスは、一六八一年のシャープ船長に対する謀反（この記録はバジル・リングローズの航海記にある）の引き金は、船長の「不敬な態度」（Gosse 1924: 312）だったと考えている。ジョンソン船長によれば、黄金期の海賊団のおきては、みな聖書の名の下に宣誓がなされたそうだ（『海賊列伝　上』、二八九頁、四四八頁、『海賊列伝　下』、二〇〇頁）。それに一部の海賊船長、なかでも有名な「ロバーツ閣下」（『海賊列伝　上』、二八九頁）は、「安息日厳守派」（Gosse 1924: 261）であった。（かつてロバーツ海賊団は、拿捕した船に乗船していた牧師に仲間になってくれとせがんだことがあった。牧師はその申し出を辞退したものの、「一味は祈祷書三冊と栓抜き一個以外には、教会の財産は何もとらなかった」『海賊列伝　上』、三一三—三一四頁）。プロテスタントとカトリックの敵対関係は拭い去られていなかった。コンデント船長は、自分の主人がかつてカトリックだったからという理由で、捕虜にした司祭に恥辱を与えたことがあったようだ（『海賊列伝　下』、二二一—二二二頁）。しかしナサニエル・ノースにとっては、カトリックのほうが異教徒に比べればまだましだったようだ。ノース海賊団は、マダガスカルの女性とのあいだに多くの子どもをもうけると、「誠実な司祭に金子《きんす》をあずけて、子どもにキリスト教の教育を受けさせようとした（というのも、非キリスト教徒に預けるぐらいならカトリックのほうがまだましだと思ったからであった）」（『海賊列伝　下』、三九四頁）。

非キリスト教徒の船を襲撃するために、紅海にまで足を延ばした海賊がいたとする記録もある。そのうちの一人は、裁判で次のように語った。「キリスト教の敵の船やその商品を略奪するのは至極正当じゃないか」。「『あんなムスリムから巻き上げるのに差し支えなどない』と謀反を煽って、紅海にまで赴こうと画策した」(Earle 2003: 115)者もいた。それに、ダービー・マリンズなる者は、「異教徒、つまりキリスト教の敵だけを略奪するのなら、正当どころか立派な行為なのだ」(Gosse 1924: 229)という言葉に触発され、海賊道を歩む決心をしたそうだ。もっとも、すべての海賊が積極的にこのような考え方を持ったわけではない。フィリップ・ゴスの話によれば、ある海賊団がその船長にかせを掛けた理由は、船長がオランダ商船の襲撃に首を縦に振らず、それどころか「ムーアの船」を襲いたいだけなのだと口にしたからであった(後には、「キリスト教徒の船を襲うことに対する船長の良心の咎めは解消され、二隻のイギリス船を捕まえたこともあった」)(ibid., 149)。

海賊なりのキリスト教受容のエピソードだけでなく、キリスト教をバカにし、あざ笑い、一笑に付したという話もある。ミサの最中に敬意が足りないという理由で船長に殺された哀れなフランス人バカニーアのことは、すでに触れたとおりである。デヴィッド・コーディングリーは、ドルゼルなる者のエピソードを紹介している。「彼は、齢四十二のスコットランド人。周りの者たちは、彼のことを恐ろしく、危険な奴だと語る。このドルゼルは、聖書に目もくれようとせず、それどころか引き裂くぞと脅しの言葉を口にする」(Cordingly 1995: 272)。「最終的には驚くほどの数の海賊が「キリスト教に対する?」反発の態度を示した。海賊という行為の過ちを悔い改めながら死を迎えるなんて、まっぴらごめんだった」(ibid., 277)のだそうだ。ジョンソン船長いわく、「エリザベス」号で謀反が起こったとき、アレクサンダー・ミッチェルなる者は船長に対し、「クソ、説教はやめな」と言った。すると、謀反の共謀者であり、後に船長になることになるフライが口を挟む。「お前はよっぽど信心深いようだから、祈りの時間ぐらいくれてやる。俺が牧師になってやるから、俺のあとについてしゃべれ。いいか。神よ、憐れみたまえ。はい終わり。祈りは短いほうがいい。野郎ども、こいつを放り込め」。だが「船長はなおも慈悲を乞い、一時間だけでいいから待ってくれといった。しかし無駄だった。海賊どもは船長の体をつかむと海に投げ込んだ」(『海賊列伝　下』、二九二頁)。ジョン・ゴウ海賊団も、似たような行為に及ぶことが多かったようだ。ジョンソン船長によれば、あるときある被害者は「死ぬ前に祈りを捧げさせて欲しいと嘆願したが、悪党どもは耳を貸さず、『うるせえ、今は祈りを捧げるときじゃねえ』と言うが早いか、彼を射殺してしまった」(『海賊列伝　下』、四三頁)。

こうした逸話に描かれる海賊の姿——世俗的で、罰当たりで、反教会的——こそ、多くのラディカル左派が海賊に胸をときめかせる源泉となっている。マーカス・レディカーは、一部の海賊は「天使の中でもっとも反体制的なルキフェルをあがめた」(Rediker 2004: 152) のではないかと考えている。またジョンソン船長いわく、黒髭の「素行の悪さは気まぐれで、常軌を逸していた。まるで悪魔の化身でございと言わんがごとく振舞っていた」(『海賊列伝　上』、一〇六頁)。海賊が「キリスト教の価値観をひっくり返し」(Rediker 2004: 152)、「社会と同じように宗教の世界もひっくり返した」(ibid., 153) のは事実であるが、それは逆に海賊の文化がキリスト教の伝統に深く根付いていたことの証明でもある。ジョリー・ロジャーはそれをものの見事に物語っている。「海賊は黒旗にこめられた象徴を意識的に選び取った。それはすべて、多くの海賊の故郷であるキリスト教文化に由来するものであった。〔船乗りと海賊は〕こうした神聖な象徴をもてあそびつつも、その威光にすがっていたのだが、徐々に意味を改ざんしたり転倒させたりしながら、海で得られた経験をもとにそこに新しい意味を付与したのである」(ibid., 166)。肯定的なものであれ否定的なものであれ、信仰の観点からであれ反逆の観点からであれ、誠実な心からであれからかいの心からであれ、キリスト教の記号は黄金期海賊文化の中心に座していた。スティーヴン・スネルダーズは「あらゆる社会関係が宗教的な理念で語られるような社会にあっては、異端や背教という行為は、政治的な選択肢の一つであると同時に社会反乱の一形式でもある」(Snelders 2005: 175) と分析しているが、こうした分析も結局はこのことを裏付けている。恐怖を呼び起こすためにキリスト教の暗部を利用するのも、キリスト教が根深く息づいているからこそである。「自分たちは地獄への旅のさなかにあるのだと宣言することによって、海賊たちは、神を畏れ敬う良識ある人々が海賊に向けるとめどない非難の言葉を真っ向から受け止めたのである。あなたたちのいうように俺たち悪魔だし、地獄行きだけど、なにか文句ありますか、と」。

海賊は悪魔主義によって、キリスト教を受容しながらもそれを転覆させた。しかし、そのように内部からキリスト教を転覆させたのは、海賊的悪魔主義だけではなかった。ミソン船長とその相棒、「破戒僧」(『海賊列伝 下』、六八頁) カラッチョーリが唱えた極めて革命的な理神論の話は、おそらくジョンソン船長の創作であるが、バカニーアに関する以下の分析には根拠があるのではないか。「ル・テルトル神父によれば、彼らは神にのみ忠誠を誓った。彼らの暮らす大地には自分たち以外の主人はいなかった。その上に君臨するのが神である」(Besson 1929: 12)。

三章四節　カラフル・アトランティック？：海賊業と人種

ポール・ギルロイは、『ブラック・アトランティック』という画期的な著書のなかで以下のように主張する。

私はこの企てを組織するための中心的なシンボルとして、さらに私の出発点として、ヨーロッパ、アメリカ、アフリカ、カリブのあいだの空間を横断して移動する船のイメージを据えた。この船のイメージ――生きた、ミクロ文化的で動態的システム――は、望むらくはこれからさらに明確になるはずの歴史的かつ理論的理由からして、特に重要である。（……）強調されるべきは、船は、大西洋世界におけるいくつもの点を結合する生きた手段であったということである。流動的物体としての船とは、定点を結びつけ、そのあいだを移動することによって、うつろいの空間を表現していたのだ。したがって船を、三角貿易を抽象的に実体化したものというよりは、文化的で政治的な単位として考える必要がある。船とは、なにかそれ以上のものだった。それは、政治的異議を表明するための手段であり、またおそらくは、まったく異なる文化生産様式の場でもあったのだ（『ブラック・アトランティック』上野俊哉ほか訳、月曜社、十五、三十八頁）。

ラインボー＝レディカーいわく、十七世紀後半の大西洋を行き交う船の特徴の一つは、「レジスタンスの舞台」（Linebaugh and Rediker 2000: 144）となる可能性を宿していることのようだ。確かに反人種主義の海賊船――もっとも反抗的な船に違いない――があれば、すごくわくわくしてくる。そこは、「革命的諸衆の思想と営みが逃げ延びてきて、別のものへと生まれ変わり、循環しながら息づいていく場所」（ibid., 144-145）とみなすことができる。そうした反人種主義の海賊船が実在したとする研究者もいるにはいるが、その説が信じられるものかどうかは分からない。バカニーアが、アメリカ、カリブの先住民も、アフリカ人も、ひとしなみに奴隷として扱ったということに関しては、意見の相違はないようである。奴隷は、たとえばエスケメリングが記録したバカニーアの契約から分かるとおり、貨幣に準じるものとして扱われたばかりか（四章一節を参照）、エクスケメリン、ダンピア、リングローズのバカニーア録のなかには、先住民と「黒人《ニグロ》」が不承不承働いているという話が散見される（たとえばExquemelin 1893: 247やRingrose 1893: 438-439、472を参照）。実際、エクスケメリンいわく、「さるバカニーアは家来に対し非常に残忍で横暴であるため、ジブラルタル海峡のガレー船の奴隷になったり、オランダののこ小屋でブラジルボクの加工でもしたほうがまだましというものだろう。こんな野蛮な主人に仕えるなんて死んでもごめんだ」（Exquemelin 1893: 41）。バカニーアについて記したある記録によれば、年季奉公人のなかには、「かかったら確実に死に至るという、身の毛もよだつコマという病気にかかる者がいたそうだ。その原因は虐待と過労であった」（Gilbert 1916: 225-226）。そのうえ、バカニーアの根城のなかには、モスキート海岸のログウッド交易で栄えた村のように、初期の奴隷交易所の役割をかねていたところもあったという説もある（Marley 1997: 21）。

バカニーアの時代、多くのカリブの島々がプランテーション社会へと変質し、奴隷貿易に依存するようになっていくが、この時代も終わりに差し掛かるころ、いわゆる奴隷襲撃が、敵対関係にあるバカニーアコミュニティ間の争いにおける最大の戦術になった。モーリス・ベソンいわく、一六八〇年代後半、フランス人バカニーアは「何度もジャマイカを襲撃した。サン・ドマング（サントドミンゴ）というできたてほやほやのプランテーションの活力源として、ジャマイカから黒人を連れ去ったのである。その結果、サントドミンゴの海辺では、ジャマイカのことは露骨に小ギニアと呼ばれるようになった」（Besson 1929: 184）。

状況は黄金期海賊のあいだでもそれほど変わらないようだ。ジョンソン船長の物語にも、先住民やアフリカ人が、海賊船、もしくは浜辺のアジトで奴隷的条件のもと働かされているという話がちらほらとある（『海賊列伝　下』、三六四頁、三七九頁、三九六頁）。たとえばコンデント船長のエピソードは、乗組員に何度もぶたれたある先住民が、船を爆破するぞと脅しをかけているところから始まる。

英雄コンデントが彼を始末するや、「一味はその体を切り刻んだ。砲手は腹を切り裂き、心臓をつかみ出すと、それを焼いて食ってしまった」(『海賊列伝　下』、二一九頁)。

黄金期海賊業と奴隷制との関係をまざまざと物語る場所はマダガスカルである。そこで海賊たちは「〔現地部族との〕戦争に赴くと、〔その敵対部族と〕友好関係が築かれ、奴隷というかたちで支払いを受けた。現地の情勢を理解するようになった彼らは、すぐに奴隷貿易の仲介者となった。この交易に参入しようともくろむ商人は、やってくる船のなかに助け舟を出してくれる者が誰かいるはずだという助言を耳にした。その誰かとは例外なく海賊であった」(Ritchie 1986: 84)。この事業の中心地は、聖メアリ島の海賊貿易港であった。かつてバカニーアだったアダム・ボールドリッジが一六九一年に建設したものである。ボールドリッジは、良心のかけらもないニューヨークのビジネスマン、フレデリック・フィリップスとグルだった。フィリップスは、マダガスカル海賊貿易を仲立ちする「大立者」となった(Botting 1979: 74. ボールドリッジとフィリップスの関係の詳細に関しては、Ritchie 1986: 113-116を参照)。ジョンソン船長によれば、ニューヨークと聖メアリ島を結ぶ交易路では、一般的に行きは「ワインやビールなど」を積載し、帰りは「奴隷三〇〇人」を乗せて帰ってくるものだったらしい(『海賊列伝　下』、三四八―三四九頁)。アールによれば、「奴隷商人がアメリカに帰ってくるときには、留め金で連結した積荷のおまけに二十人ほどの海賊も乗せてきた。彼らは何年もインド洋で略奪を繰り返し、酒盛りにふけったあげく、文明世界に戻りたくなったのであった」(Earle 2003: 115)。一六九七年、ボールドリッジの交易所は、奴隷貿易事業に反抗する現地人によって破壊された。

黄金期海賊が奴隷船を捕まえたとき、奴隷はしばしば積荷の一部に数えられ、いい機会が巡ってきたときにすぐにでも売り払ったはずだ。西アフリカ沿岸の不法奴隷商人は、海賊とおいしい商売をしていたらしい。なかでもその恩恵に与ったのが、シエラレオネ川に宿営地を築いた者たちである。「彼らもかつて、なにかしらのかたちで私掠業、バカニーア業、海賊業にいそしんだことのある者たちであった」(『海賊列伝　上』、三〇八―三〇九頁)。海賊が始末しようとした船に乗っていた奴隷が、船もろとも炎に包まれたという記録もある。なかでも有名なのが、バーソロミュー・ロバーツ海賊団がワイダーで「ポーキュパイン」号に火を放つと、「八十人の哀れな者たち」が身を焼かれたというくだりである。ジョンソン船長いわく、「比類なき残虐さ」であった(『海賊列伝　上』、三二〇―三二一頁)。

ラディカル左派は、黄金期海賊が奴隷制に反対する意志を持っていたと考えているが、その多くは希望的観測に基づいている。明白なかたちで奴隷貿易を非難した海賊船長はミソンただ一人である。だがミソンが架空の人物であることは間違いない。マーカス・レディカーの説には説得力があるものの、誤解もある。レディカーは、黄金期海賊は奴隷貿易にとっての脅威となったために、「この新しい貿易を軌道に乗せるためには海賊を根絶しなければならなくなった」(Linebaugh and Rediker 2000: 171)と考えている。確かに、「アフリカ沖におけるロバーツの敗北とその後の海賊業の根絶は、奴隷貿易の分岐点となり、広い意味で言えば資本主義の歴史にとっても分岐点となった」(Rediker

2004: 143）といえなくもない。また、「イギリスは海賊行為を鎮圧するやいなや、アフリカ西海岸における支配を固めた」といえる。それに、「一七三〇年代には、イギリスは大西洋世界における最大の奴隷制国家となった」（Linebaugh and Rediker 2000: 172）のは事実である。しかしながら、黄金期海賊が奴隷貿易の脅威となったのは、彼らが平等な権利のための闘争を闘っていたからではなく、ましてや奴隷制の廃止という信念を持った最初期の人々だったからでもなく、むしろ海賊が交易路を遮断し、「積荷」を奪った結果、事業の経済効率が下がったからである。実際その脅威は、奴隷貿易そのものを脅かすような代物ですらなかった。それは、奴隷貿易の独占を維持しようとする政府の事業を脅かしただけである。黄金期海賊は公式の奴隷貿易を脅かしたが、それは、海賊ポルノの事業者がサン・フェルナンド・ヴァレーのポルノ産業を脅かしているのに等しい。これも法人資本主義を侵害する行為であるが、準じるべき大義だとはお世辞にもいえない。

バカニーアや海賊と現地の先住民部落とのあいだに良好な関係が保たれ、相互に助け合いがあったとする話もあるにはある。ペロタン・デュモンによれば、「一六一九年から一六二〇年にかけて、大西洋、太平洋航海で成果が上がらず、むなしく引き上げてきたフランス人私掠者が、マルティニクのカリブ部族のもとに数ヶ月間滞在したことがあったようだ。病気を患い飢えていた乗組員は、先住民に救出され、そこの一員となった。この滞在を記録した刺激的な資料からは、数十年間のあいだは、そのように振舞うのが通例だったことが伺える」（Pérotin-Dumon 1999: 120）。フィリップ・ゴスによれば、一六六〇年代、ブルーフィールド船長が、「カリブ海のグラシア・デ・ディオス岬において、友好的な先住民とともに生活していたらしい」(Gosse 1924: 50)。また、一六八〇年代初頭に同じ地域を拠点としていたブルナオ船長は、「ダリエン族に歓迎された」(ibid., 58) ようだ。それにクリスティアン船長も、その約二十年後にダリエン族と「非常に友好的な関係を保った」そうだ (ibid., 76)。エクスケメリンも似たような例を記録している (Exquemelin 1893: 249-250)。ダンピアは、三年前から大西洋の人里はなれた島に置き去りにされていたモスキート族の者を、仲間の乗組員が救出したという感動的なエピソードを紹介している (Dampier 1906: 112-114)。マニュエル・ションホーンいわく、海賊船長フランシス・スプリッグズは、一七二六年にモスキート族のもとに身を寄せていたのだそうだ (Schonhorn 1972: 681)。それに有名な話として、ライオネル・ウェイファーは一六八一年の数ヶ月間、クナ族とともに暮らしていたのだそうだ (Wafer 1699, 1934)。

しかしこれとは異なる記録もある。たとえばダンピアは、パール諸島における先住民について触れる。「ここに住んでいるのは哀れな裸のインディアンが少数だ。彼らは私掠者にたびたび略奪された結果、いまや食糧も底を尽きかけている。船を見るやいなや身を隠す。船がやってくると捕らえられて奴隷にされてしまうからだ。実際私も、彼らが奴隷となっているのを見たことがある」(Dampier 1906: 62)。カンペチェ湾、ホンジュラス湾のログウッドのきこり——彼らの多くが副職としてバカニーア業にいそしんでおり、また彼らのすべてがバカニーアコミュニティと強固な関係を持っていた——をしばしばのんき気に崇め奉るラディカル左派にしてみれば、ダンピアの語る悪行の数々は、大変都合の悪いものだろう。「彼らはよく小さな隊列を組んで最寄の先住民村落に向けて出撃した。略奪すると、女性はあばら家で給仕をさせるために連れ去り、その夫はジャマイカで売り払った」(ibid., 156)。そのような行為があったことは、エクスケメリンからも確認される。いわく、ボカ・デル・トロに暮らす先住民がバカニーアとの商売をやめたのは、「ときには何人もの男を殺したり、ときには女性を連れ去ったりと、海賊が繰り返し残虐非道な振る舞いをするからだった」(Exquemelin 1893: 240) そうだ。

エクスケメリンを読むと、一般的バカニーアがカリブの先住民に対してどのような行動に出たか、推測できるというものだ。エクスケメリンは、ラスペルタス諸島の先住民を、「文明人」(バカニーアもこれに含まれていたようだ)と比べたら「根っからの野蛮人」(ibid., 113)だと考えていた。先住民一般については、彼にしてみれば、「野蛮な民族で、頭は性的なことで一杯、野獣のような生活をしている。労働は大嫌い。あちこち駆け回ってばかり。近隣の部族といがみ合い、殺しあう。それも、相手を征服したいからというのではなく、話し合いで決裂したから戦っているに過ぎない」(ibid., 36)。

バカニーアや海賊に共感するラディカルな人々は、バカニーアと先住民村落のあいだに一時的な同盟関係が生まれたという事実を、彼らの品行方正、懐の広さの証明としてとらえることが多いが、それは誤解である。こうした同盟関係が生まれたのは、バカニーアと先住民がスペイン人という共通の敵と戦っていたからというのが、最大の原因である。このように同じ憎しみを抱いていたために、イギリス人、フランス人、オランダ人のあいだでも同盟が形成されることになったのかもしれないが、同盟軍の連帯意識はどれほどだったのか、またお互いをどれほど敬っていたのかは分からない。それは、めまぐるしく動く歴史情勢のなせる便宜上の同盟である以上（たとえばガルップ・ディアス（2001）のチャプター"Military Leadership in the Age of the Buccaneers, 1667-1668"を参照）、スペイン支配の街の襲撃を支援したカリブの先住民が、バカニーアに丁重にもてなされたとみなすのは（Ringrose 1893: 277-278）、イギリス人との戦いを支援した北アメリカの先住民が、フランス人からいい待遇を受けたと考えることに等しい。

状況はもっと厄介になるかもしれない。なぜなら、バカニーアともっとも友好的だった先住民部族、クナ族やモスキート族などは、どうやら奴隷貿易に一枚かんでいたというからである。人類学者によれば、クナ族にとっての「戦争の目的は明らかに奴隷を狩るためだった」（Stout 1948, 4: 263）（おそらく第一の目的はみずからのための使用にあった。ヨーロッパ人とも取引していたはずである）。また、「モスキート族は白人に売るために奴隷を捕らえていた」（Kichhoff 1948: 227）ようである。

海賊とマダガスカルの部族との一時的同盟関係も、これと似たような観点から考察したほうがいい。それも実益の追求から生まれたといってよい。現地部族にとって、ライバルと戦う際に海賊の火力は大変ありがたかった。海賊にとっても、そのような援助の返礼に奴隷をいただけるのはありがたかった。しかし海賊は繰り返し「暴虐の限りを尽くした結果、住民と対立するようになった」（『海賊列伝　上』、一五二頁）。状況はアフリカ西海岸でも同じだった。海賊とアフリカ人との関係は主に交易、とりわけ奴隷貿易をめぐるものだった。武力衝突はここでも発生した（Sherry 1986: 335）。

バカニーアや海賊の船に乗船していた先住民についての誤解もある。とりわけモスキート族は、バカニーアの仲間として歓迎されたようだ。「海賊と頻繁に語らい、交流を深めた彼らモスキート族は、時々ともに船出をし、そのまま帰らずに数年間ともに過ごすことがあった」（Exquemelin 1893: 250）。しかし、平等な権利を持つ仲間として船旅をしたと考えられるような記録はない。彼らは奴隷身分ではなかったかもしれない。だが彼らが歓迎された主な要因は、斥候として有能だからであり、優れた漁師だったからであり（有名なダンピア（1906: 39）の言葉によると「船に一人二人いれば一〇〇人養える」）、下級兵士として捨て駒になったからである（手短なのは Earle 171、詳細は Dampier 1906: 39-42）。ピーター・アールいわく、「海賊は、このような逸材が船に一人二人でもいたら、さぞかし喜んだことだろう」（Earle 2003: 171）。

アフリカ人が海賊船でどのような役割を担っていたのかは定かではない。多くの研究者は、『黒人とムラート』はほぼすべての海賊船にいた」（Linebaugh and Rediker 2000: 165）という事実から、彼らは海賊団に欠かせないメンバーだったと考えている。[*3] しかしこれは、考えられているほど明白な事実ではない。十全たる海賊団の一員となったアフリカ人もいたことにはいたのだが（黒髭海賊団のシーザーはその有名な一例である〔『海賊列伝　上』、一〇二頁〕）、多くは労働力、奴隷として使用されるか、または単なる「略奪品」にすぎなかった。たとえば一七二二年にバーソロミュー・ロバーツの船に乗っていて捕らえられたアフリカ人七五人は、（ヨーロッパ人のように）海賊行為のかどで裁判にかけられるどころか、奴隷として売られてしまったのである（Earle 2003: 198）。たしかにこれでは、イギリスの役人が偏見を抱いていたということしか分からない。とはいえ、海賊船のアフリカ人の多くは、同じ権利を有する一員というより、労働力、奴隷としてとらえられていたと考えて差し支えなかろう。

ぬきんでた黒人乗組員がバカニーアや海賊の船に乗っていたという話に事実があったとしても、全体としてみるならば、それはあくまで例外であり、反人種主義という原則が支配していたわけではない。少なくとも、黒人の海賊船長像は流布していない。マーカス・レディカーは「黒人海賊も、おいしい獲物に乗船する際にもっとも信頼できて、かつ相手を縮み上がらせる仲間として、海賊の前衛部隊となった」（Rediker 1997: 34）と考えているし、ケニス・キンカーなども、「黒人は白人主体の部隊のリーダーとみなされた」（Kinkor 2001: 200）と主張するが、以上のことを踏まえれば、これには驚かざるをえない。むしろ、デヴィッド・コーディングリーの考えに従ったほうがいいのではないか。彼いわく、「海賊にも、西洋世界の白人男性が抱えるのと同じ偏見があった。黒人奴隷は売買できる商品とみなした。船での重労働や下賤な仕事に奴隷として用いた。ポンプをうごかしたり、木材と水の探索に行かせたり、洗濯掃除をさせたり、海賊船長の召使をさせたりするために用いたのである」（Cordingly 1995: 27-28）。

＊3　黒人海賊を列挙するケニス・キンカー（2001: 201）も参照。

しかしだからといって、海賊業と人種という複雑な歴史のなかに、勇気付けられる例が一つもないというわけではない。海賊は「肌の色の違いにそれほど頓着しなかった」（Rankin 1969: 82。傍点は引用者）とするヒュー・ランキンはおそらく正しいだろう。特に、「同じ社会ののけ者であるという気持ちは、人種という仕切りを緩和する触媒になる」（Kinkor 2001: 202）のだから。「十八世紀の白人世界においては、海賊船の甲板は、黒人を心から奮い立たせる場所だっただろう」（ibid., 201）とするキンカーの主張も、同様に正しいだろう。それにフランク・シェリーの推論にも同意できる。すなわち、「一般的に黒人は、死ぬこと以上にふたたび奴隷になることを恐れていた。だからこそ、彼らは、ともすれば、白人海賊以上に自分たちの船と自由の防衛のために命を賭して戦う心構えができていたのである」（Sherry 1986: 212）。

海賊船には今より自由に生きられる可能性があるということは、カリブ諸島の多くの奴隷を奮い立たせただろうし、反乱のモチベーションともなっただろう。どうやらアメリカ入植地の上層部は、海賊と反乱奴隷が手を取り合うことを心底恐れたようだ。フランク・シェリーは少なくとも一つの例を取り上げている。「当時記録された最大の奴隷逃亡事件はマルティニクで起こった。どうやらある白人にけしかけられたらしい五十人の黒人は、フランス人の主人に対して蜂起した。そして『海賊業で身代を立て直そうと』この島に逃れた」（ibid.）。しかし、以下のような興奮さめやらない結論には、十分な根拠はないだろう。たとえそれが、ポール・ギルロイが展開した船のアレゴリーに対する完璧な海賊的返答だったとしても。

明らかに海賊行為は、大西洋奴隷社会で制定され、施行された黒人法規に合致するように遂行されたわけではない。奴隷や自由黒人のなかには、海賊船で自由を手にする者もいた。それは、マルーンの村にはあったけれども、海賊のメイン活動ステージであるカリブ海、南アメリカに十分あるものではなかった。だから海賊船自体、多人種のマルーン社会としてみなすことができるのだ。海の反逆者は公海を利用した。陸の反逆者が山岳とジャングルを利用したように（Linebaugh and Rediker 2000: 167）。

バカニーアや海賊がどのような人種（差別）意識を持っていたのかは分からないし、海賊船をマルーン社会と呼ぶのが果たして適当かよく分からないが（本書第五章も参照）、それはともかく、このような楽観的分析に暗雲を投げかけるものがある。バカニーアや海賊がどこまで秩序を転覆させたのか、どれほど反体制的であったか、どのような対抗文化を持っていたのか、それは定かではないが、いずれにせよ彼らは、弾圧と奴隷化と虐殺という植民地事業の一員となっていたのである。分析の角度いかんに関わらず、この事実は否定することはできない。バカニーアと海賊がどのような役目を果たしていようとも、ヨーロッパ生まれだったという事実を否定し去ることはできない。彼らは同じヨーロッパの入植者とともに、土地と資産を相手から奪ったのだ。これは、ヨーロッパの植民地拡張事業に関わりがあったバカニーアだけに当てはまることではなく、その過程の一部にダメージを与えた黄金期海賊にも当てはまることがらである。虐殺の歴史は、いまだにカリブ海の暗部である。これに携わったバカニーアと海賊は、その闇を濃くしているのだ。

三章五節　アン・ボニー、メアリ・リード、取り込まれた神話：海賊業とジェンダー

これまでに述べたように、黄金期海賊に先行するバカニーアは、ほぼ男性だけのコミュニティであった。ある歴史学者いわく、バカニーアとは「女性嫌悪者」であり、彼らにとって「女性と安らぎは軟弱と敗北のこと」（Fuller and Leslie-Melville 1935: 72）で、「修道院暮らしの僧のごとく徹底してカートルを見るのを嫌悪」（ibid., 68）したそうだ。そうした憶測は間違いなく言いすぎだと思うが、以下の分析は、残念ながら真実に近いだろう。「彼らにとって女性とは性的対象でしかなかった。彼女たちは使われて捨てられるおもちゃだった」（ibid., 72）。『海賊女子（*Women Pirates*）』の著者のウルリケ・クラウスマン＝マリオン・マインツェリンも同様の意見である。「彼らの女性への接し方も、ほかの侵略者となんら違ってはいなかった。バカニーアにとって女性とは、奪い、交換し、『兄弟』

流儀で分かち合う単なる商品であった」（Klausmann et al. 1997: 170）。

バカニーアのなかには、女性に対して違った接し方をする者もいたのかもしれないが、そのコミュニティは十七世紀を通して男性のみであり続けた。こうした排他性は海賊黄金期にも受け継がれた。ところで私たちは、黄金期の海賊船に乗っていた女海賊を、二人は確実に知っている（もっとも見つかってないのがいるのかもしれないが）。メアリ・リードとアン・ボニーである。

リードとボニーの話はわくわくする解放物語であるのに間違いないのだが、どうもその政治的意義を勘違いしてもてはやされることが多い。二人のエピソードによって、海賊社会が「女性も含めた」諸個人に自己解放の可能性を付与したということが証明されたのではないかと繰り返し言われてきた。しかしもしそれが海賊のさじ加減で決まったとしたら、リードとボニーは船に乗ることすらできなかっただろうし、実際彼女たちが存在していても、家父長制規範が転覆されることはなかった。彼女たちは、海賊社会に入るために男装しなければならなかったし、そこにいる権利を維持するには「男を振舞」わなければならなかった。彼女たちはこうした行動様式になじんでいった。それは、かつての恋人のジョン・「キャリコ・ジャック」・ラカムの死刑に当たってのアン・ボニーのセリフに手厳しく表現されている。「あたしはあんたが絞り首になるなんて悲しいよ。だけどあんたがもっと男らしく戦っていたら、犬みたいに吊るされなくてすんだんだよ」（『海賊列伝　上』、二三六頁）。メアリ・リードとアン・ボニーのエピソードによって、「自由とは、男性にとっては貴族の地位のことであり、女性にとっては男性の地位のことである」（『匪賊の社会史』、一一八頁）ということが裏付けられる。[*4] そのような〔男性中心の〕コミュニティと同じように（あるいはそれ以上に?）、黄金期海賊もそうであった。この解放の物語は、彼女たちが男支配の世界で示した驚くべきほどの強さと忍耐の賜物である。言い換えれば、メアリ・リードとアン・ボニーの達成は彼女たち自身の達成であり、海賊社会のおかげではない。もちろん彼女たちは「女子もジョリー・ロジャーの旗のもとで自由を手にすることができることを証明した」（Rediker 2001: 308）が、それは海賊のおかげではなく、海賊の存在をものともせず、である。したがって、彼女たちも「家族、国家、資本といった因習的権力の手の届かない理想主義的な実験」（ibid.）を担ったと決め付けて考えるのは、誤解のもとだし、海賊コミュニティに対して似つかわしくない進歩性を抱かせてしまううえに、ハンデをものともしなかった決然たる二人の女性の偉業も傷つけてしまうものだ。

リードとボニーの話が特別――そして男装してハンデに立ち向かったほかのいかなる女性の話と比べても有名――なのは、注目を集めたいだけの海賊色眼鏡がはやし立てるからである。それ以外に特徴といえるほど海賊的なものは何も無い。二人の「男気」は、海賊仲間のだれからも敬意を示されたが、それもたいしたことではない。だが、「とりわけアン・ボニーの海上生活は、『兵士や船乗りに変装して恋人のために戦った意気軒昂たる女傑』という典型的女戦士の生涯をたどった」（Appleby 2001: 294-295）ために、彼女たちは、主流の社会のなかに「絶えることのない多面的な遺産」（Rediker 2001: 300）を残した。こうした点からマーカス・レディカーは、メアリ・リードとアン・ボニーのエピソードから汲み取れる最大の魅力を二点、以下のようにまとめている。「彼女たちが存在し、そして人気を獲得していくことで、当時におけるジェンダー関係が覆されただけでなく、未来に対する『型にとらわれない女性性の力強いシンボル』も生まれることになったのである」（Rediker 2004: 118）。

リードとボニーの冒険活劇を除けば、海賊黄金期にほかに目立った女性はいない。個々の女傑の研究においては、「海賊業と海賊行為における女性の役割が過大評価されている」（Appleby 2001: 285）と考えるジョン・C・アップルビーのいうとおりである。個々の例はあることにはあるが（Klausmann et al. 1997; Steele 2007; Yolen 2008 などを参照）、「全海賊のなかでもっとも卑しいのは間違いない、子猫ちゃんというあだ名の」（Acker 1996: 267）海賊はいないようである。海賊業と女性の運命は、多くの場合、「海賊業がはびこるところには必ず売春業が栄える」（Appleby 2001: 285）という意味で結ばれている。

ジョンソン船長の『海賊列伝』だけでなく、バカニーアの手記にも女性が虐待されレイプされる話がたくさんある。エクスケメリンはグラシアス・ア・ディオス岬での話を記録している。「この島では、海賊たちはナイフか古びた手斧を代価にインディアンの女性を買うことができる」（Exquemelin 1893: 249）。ジョンソン船長によれば、エドワード・イングランド海賊団は「女性たちを欲望のおもむくままに弄んだ」（『海賊列伝　上』、一六五頁）そうだ。またトマス・アンスティス海

＊4　ホブズボームのこの分析は、バルカンの盗賊集団であるハイドゥックのなかで、男に変装して生活していた女性たちについてのものである。本書四章七節も参照。

賊団の二十一人は、女性を一人捕虜にすると、「次々と狼藉を働いたうえ、背中を殴りつけ、海に投げ込んでしまった」（同、四一九―四二〇頁）らしい。あるいはジョン・ゴウ海賊団は、二人の若い女性を捕らえると、彼女たちは「せきたてられるようにして海賊船に乗せられ、あまりに非道な扱いを受けた」（『海賊列伝　下』、五十二頁）とある。それに、トマス・ハワードは、海賊生活を引退してインドの女性と結婚すると、「もともと気むずかしく陰険な男で、彼女を酷く扱ったために、彼女の親族に殺されてしまった」（同、三二四頁）らしい。

こうした話は、平均的なバカニーアや海賊の社会的性格と矛盾してはいない。常識的に考えれば、「海賊コミュニティという男性だけの荒くれ体制のもとでは、男たちの多くが深酒、汚い言葉、けんか腰、気ままな残虐性といったマッチョな表現を磨いていた」（Cordingly 1995: 113）と主張するデヴィッド・コーディングリーは正しい。ウルリケ・クラウスマン＝マリオン・マインツェリンいわく、「バカニーアの集団には、十八世紀当時のほかの地域と比較して、人種差別、性差別が少なかったというわけではない」（Klausmann et al. 1997: 170）。

にもかかわらず、黄金期海賊の世界には多くのラディカルな女性を引きつけるものがあるのである。研究者のなかには、その理由を面白く解釈している者もいる。まず最初にデヴィッド・コーディングリーを見てみよう。

すべての女性が知っているのにもかかわらず、一部の男性には決してわからないことが一つある。それは、文学史上、歴史上、もっとも興味をそそられる勇士とはつねに、瑕疵のある人物であったということである。これは海賊についても同じである。彼らは傲慢で、飲んだくれで、冷酷な悪党だとみなされる。しかしまさにこうした素行の悪さこそが、彼らを魅力的にするのである。身を崩して堕落した男性とは、多くの女性にとって抗いがたい魅力があるのだ（Cordingly 1995: 281-282）。

これよりふさわしい理論があるとしたら、自由が得られるという海賊的魅力の強さが海賊自体のジェンダー的慣習を粉砕するというものである。だからといって現実の黄金期の海賊コミュニティが実情より少しでも良くなるわけではない。しかしクラウスマン＝マインツェリンが『海賊女子（*Women Pirates*）』の冒頭ページで言うように、こう考えることによって、ラディカルなフェミニストの一味は、ジョリー・ロジャーの旗を掲げながら豪華クルーザーを乗っ取ることができるのである。これこそ、本書がスポットを当てようと試みる黄金期海賊のラディカルな可能性の完璧な実例である。その可能性とは、黄金期海賊業の核にある反権威主義精神、反抗精神を掴み取り、海賊をその文化的制約から切り離して、現代の闘争に位置づけることである。この意味で間違いなく多くの海賊女子がうごめいているといえる。その一部は「あちこちめぐって酒を探し、想定される行動の枠にとらわれくことなく、好き勝手に振舞っている」（Acker 1996: 272）のは間違いない。

三章六節　男色と売春婦：海賊業とセクシュアリティ

バカニーアと海賊のコミュニティは男性のみだったという点を考慮して、ホモセクシュアルなランデヴーが頻繁にあったとする、歴史学者の生々しい議論があふれている。こうした議論をさらに煽ったのが、男二人が寄り添って生活し、持ち物を共有しあうという、イスパニオラ島やトルトゥーガのバカニーアの片割れ扶助（*matelotage*）制である。しかしこの制度を深読みしてはならない。元来エクスケメリンは、片割れ扶助とは以下のようなものだと記している。

人生の浮き沈み激しい彼らには、お互いの財産や利益を分かち合う生涯の伴侶を見つけるという習慣がしっかり根付いている。このいわば義兄弟ともいうべき契りは、お互いが同意した文書に署名した瞬間から結ばれる。もしどちらかが死ねば、仲間が遺産の相続人となるが、もし共に結婚している場合には、遺産は妻子が相続することになる（Exquemelin 1893: 39-40）。

これは普通に考えて、何よりも実益のために練り上げたパートナーシップだと思う。「ホモセクシュアルのカップルのようなもの」（『海賊大全』、七十二頁）とするには無理がある。実際一部の船乗り（*matelots*）は、女性たちが一六六六年にトルトゥーガに連れられてくると（彼女たちは、バカニーアに妻として買わせるためのフランス人売春婦で、これは彼らを「文明化」しようとする計画の一環であった）、妻としてシェアしたらしい。クルス・アペステギは、このことについて面白おかしく筆を走らせている。

> 男たちは浜に半円の陣を作っていた。多くが髭をそっていた。女性は十人のグループになって陸に連れてこられた。彼女たちは男たちを見ようとはしなかった。男たちは無関心みたいだった。突然兄弟のうちの一人が前に進み出て、ライフルにもたれかかりながら、儀式ばった仰々しい長広舌をたれた。彼は善行、清廉潔白、忠誠について語り、救済についても語った。演説の締めくくりとして、彼は女性たちに対し、こうした行為に及んだ以上、あらゆる代価を払ってでも続けるべきであるし、不道徳な本能も直すべきであるとぶった。売却は無事成立した（Apestegui 2002: 159)。

アンガス・コンスタムによれば、片割れ扶助制は一六七〇年代には消滅したらしい。もちろんこれでは問題の答えになっていない。バカニーアや海賊間のホモセクシュアルなふれあいは、たとえば囚人、兵士、下級船乗りしかいない男性限定社会と比べて多かったのか。率直なタイトルの著書である『男色と海賊のしきたり（*Sodomy and the Pirate Tradition*）』において、B・R・バーグは口をすっぱくして（黄金期海賊の時代まで存続していくことになる）あるバカニーア文化の存在を主張している。それはつまり、「ホモセクシュアルなふれあい」が「一般的な性的表現の形式」（Burg 1995: xli）であるばかりか、「実行に移される唯一の性的表現の形式」（ibid., xxxix）であり、逆に「ヘテロセクシュアルなふれあい」のほうは「異常そのものな性的表現の方法」（ibid., 41）と考えられた文化である。

バーグの仮説に対するほかの歴史学者の見解は統一している。デヴィッド・コーディングリーの批判はソツがない。「面白い説で、部分的には正しいかもしれないが、しかしいずれにしてもこのことを証明する証拠はほとんど無い」（Cordingly 1995: 123）。ピーター・アールいわく、「その議論は、海賊船の多くが男性限定の場所だったという否定しがたい事実から無理やり推論したものであるし、主張を支持するような実証もなされていない」（Earle 2003: 5）。ロバート・C・リッチーにとっては、「同性愛が存在したことに異論はないが、海賊異性愛の証拠のほうがあまりに多いので、私にはこの説は納得できない」（Ritchie 1986: 270）。それに『ラム、男色、鞭打ち（*Rum Sodomy and the Lash*）』という著書で同性愛というテーマに切り込むハンス・ターリーも、結論としては「海賊的男色の証拠は非常に少なく、ほとんどないといっていいぐらいだ」（Turley 1999: 2）とする。

これらはみな非常に説得力がある。バーグの説は、魅力的だがほとんど証拠のようなものがないし、その社会心理学的観点からの分析のなかにも極めて疑わしいものがある。バカニーアや海賊において、同性愛者と、同性愛行為を行うヘテロセクシュアルやバイセクシュアルの男たちとの間の比率が、他の男性限定コミュニティと比べて断然高かったとはにわかに信じがたい。P・K・ケンプ＝クリストファー・ロイドは率直に見解を示している。「しばしば航海は一年以上かかったので、異性愛は一般的だった。浜辺の慣習とはそうしたものであった」（Kemp and Lloyd 1961: 3）。

さらに、私たちの聞き及ぶバカニーアや海賊の陸上性生活の記録は、著しくヘテロセクシュアルな性向を示している。ハンス・ターリーは、一七四〇年出版の『ジャマイカの歴史（*History of Jamaica*）』を引用する。「ワインと女性は、あっという間に乞食になってしまう人もいるほどバカニーアの財布の紐を緩めた。彼らは一晩でピースオブエイト銀貨二、三〇〇〇枚使うといううわさだった。そのうちの一人は、裸を見るためだけに売春婦に五〇〇枚やった」（Leslie 1740: 100. Turley 1999: 29からの引用）らしい。クルス・アペステギいわく、名だたるバカニーア船長である「ヘンリ・モーガンは、自分の部下が貧しい状態にあるという理由で娼婦を責めたてた」（Apestegui 2002: 153）らしい。ジョンソン船長によれば、黒髭海賊団は「しばしば入植者の妻や娘たちに無礼を働いた」（『海賊列伝　上』、九十四頁）らしいし、エドワード・イングランド海賊団やオリヴィエ・ラ・ビューズ海賊団は「黒人女性を好き勝手にもてあそ」（『海賊列伝　上』、一五二頁）び、コーネリアス海賊団は「女性にだらしなさ過ぎて」（『海賊列伝　下』、三三一頁）病気になり、ノース海賊団は「多妻主義者」（同、三八〇頁）としてマダガスカルに暮らしていたらしい。

たしかにバカニーアや海賊のなかには、それほど多くの同性愛者はいなかったかもしれないが、同性のふれあいは他の比較集団に比べてはるかに容認されたと思われる。「しばしば何年もの間海に閉じ込められていた男たちの同性愛行為を抑えるためのひどい反男色キャンペーンが、王立海軍によって定期的に張られていた」(Ritchie 1986: 123) なかで、「重要なのは、おきてのなかに同性愛を禁止する規則が何一つ無いということである」(Anonymous 1999)。同性愛行為を行った海賊が時折虐待された記録はあることにはあるが (Ritchie 1986: 124)、それでも「海賊居留地の生活には、ほかのどこより行動の自由があった」(ibid.) はずだ。それに同性愛行為におよぶとしたら、海賊団のなかは「おそらく可能な限りでもっとも安全な場所」(Anonymous 1999) だったはずだ。以上の点から、以下のバーグの説には説得力がありそうだ。「こうした海洋コミュニティの男たちは、性的志向を隠す必要がなかった。したがって、そうした罪悪感や抑圧がしばしば引き起こす不安感、精神分裂、精神失調のようなものはなかったのである」(Burg 1983: xlv)。

海賊のほぼみんなが同性愛的なかかわりを持っていたということは、同性愛行為は誰にも稀有なものだと思われず、妨害されたり、歪曲されることなく行われたうえに、彼らだけにその欲望があったわけではないということを意味する。したがって、そういった習慣を保護して定着させるメカニズム、つまり近代的ホモセクシュアル概念をヘテロセクシュアルな社会から取り出すメカニズムは、まったく必要なかった。三世紀前に西インド諸島の海賊船で男性と性行為を行う男性は、まったくもって、集団のなんてことない一員であり、完全に社会に溶け込んでいたのである（ibid., 173）。

ミシェル・フーコーによれば、ヨーロッパ社会における同性愛の大まかな沿革は、十八世紀初頭（海賊黄金期とちょうど同じころ）に開始される。つまり、同性愛が「男色《ソドミ》の実践から、一種の内的な半陰陽、魂の両性具有へと変更されたときに、性的欲望《セクシュアリテ》の様々な形象の一つとして立ち現れることになったのである。かつて男色家《ソドミット》は性懲りも無い異端者であった。だがいまや、同性愛者は一つの種族なのである」（『性の歴史Ｉ　知への意志』渡辺守章訳、新潮社、五十六頁）。フーコーの結論はこうである。

もし権力による掌握に対して、性的欲望の様々なメカニズムの戦術的逆転によって、身体を、快楽を、知を、それらの多様性と抵抗の可能性において価値あらしめようとするなら、性という決定機関からこそ自由にならなければならない。性的欲望の装置に対抗する反撃の拠点は、〈欲望である性〉ではなくて、身体と快楽である（同、一九九頁）。

三章七節　規律と「生政治」から逃れる海賊の身体

もしフーコーが言うように、十八世紀以来ヨーロッパ社会において個人に行使されてきた管理《コントロール》が、かなりのレベルで身体に対する管理《コントロール》としても行使されてきたのだとしたら、海賊の身体と、管理《コントロール》され規律化されたヨーロッパの労働者の身体を比較することには意義がある。こうした比較という観点から、マーカス・レディカーが描く商船の環境にフーコーの分析を加えると、焦点が明確になる。プロレタリアートの管理《コントロール》に関してフーコーが指摘するのは、「管理のテクノロジーを設置する必要があった」ということである。つまり、「学校、住宅政策、公衆衛生、救護や保険の制度、住民全体の医療への組み込み、要するに行政的かつ技術的な一つの大きな機関」がなくてはならなかったのである（同、一六〇―一六一頁）。こうした管理《コントロール》において重要なのは、空間の統制である。

規律・訓練を旨とする空間は、配分しなければならぬ身体ないし要素が存在するその数と同じだけの小部分へと分割される傾向を帯びる。不明確な配分にともなうさまざまの影響、取締りのそとにある個々人［の特性］の消失、個々人の雑然とした出入りと無用かつ危険な結合凝集、これらをなくさなければならない。逃亡の防止、勝手な移動の防止、集団的な結合の防止をねらう戦

> 術である。重要なのは、ひとりひとりの出欠を明らかにして、どこでしかもどうして各個人を確認すべきかを知り、有益な意思疎通《コミュニカシオン》をつくりあげて他のは遮断し、個々人の行状の監視と評価と賞罰、その質もしくは長短の測定がたえず可能であることである。したがって、認識するための、統御するための、活用するための手段・規律・訓練は分析本位の空間を構成するわけである[*5]（『監獄の誕生──監視と処罰』田村俶訳、新潮社、一四八頁）。

フーコーはこうしたプロセスを、個人の管理《コントロール》に焦点を当てて、「人間の身体の解剖《アナトモ》─政治学《ポリティクス》」（『性の歴史I』、一七六頁）と呼ぶ。この政治学《ポリティクス》にやや遅れて誕生し、また最終的にそれを凌駕していくのが「人口の生《ビオ》─政治学《ポリティクス》」（同上、同頁）であり、フーコーはそれを以下のように示す。

> 十八世紀の後半に、何かまったく新しいもの、今度は規律的ではない別の権力のテクノロジーが現れます。この権力のテクノロジーは、最初のもの、つまり規律的技術を排除はしませんが、それを囲い込み、統合し、部分的に修正を施すでしょう。そして、とりわけ規律的技術を利用しながら、そのなかに移植され、この先行する規律的技術のおかげで実際に根づいていくことになる

＊5　フーコーがこの過程を詳細に展開するのは、『狂気の歴史』（田村俶訳、新潮社、一九七五年）の第二章「大いなる閉じ込め」（六五─九十九頁）である。

でしょう。この新しい技術が規律的技術を抹消しないのは、ただ単に、これが別の次元、別の階梯にあり、別の対象を持ち、別の道具を利用しているからです。規律的ではないこの新しい権力の技術が適用されるもの、それは——身体に向けられる規律とは違って——人間の生命なのです。あるいはこれが向けられるのは、人間―身体ではなく、生きた人間、生き物としての人間です。突き詰めて言うと、人間―種なのです。より正確に言えばこうなるでしょうか。つまり、多数の人間が、監視され調教され、利用され、場合によって罰せられるべき個人の身体となりうる、なるべき場合には、規律がこの多数の人間を管理しようとします。そして配置される新しい技術のほうは、多数の人間に向けられるわけですが、こちらは人間を単なる身体としてとらえるのではなく、その反対に、多数の人間を生命に固有のプロセスの全体、つまり誕生とか死とか生産とか病気などのプロセスを備えた大きな塊《マッス》としてとらえられるのです。したがって個体化という様態でなされた、権力による身体の把握のあとに、二つ目の権力による把握が得られるのですが、こちらは個体化を行うものではなく、むしろ集団化させ、人間―身体ではなく人間―種へと向けられるものです。十八世紀に配置された人間身体の解剖―政治のあと、この同じ世紀の終わりに、もはや人間身体の解剖―政治ではなくて、人間種の「生政治」と呼んでもよいようなものが登場するのです（『社会は防衛しなければならない』石田英敬ほか訳、筑摩書房、二四三頁）。

マーカス・レディカーによる十七、十八世紀の水夫文化のすばらしい研究書、『悪魔と大海の板ばさみ(*Between the Devil and the Deep Blue Sea*)』には、フーコーの理論を裏付ける多くの例が提示されている。レディカーは、十七世紀という「世界資本主義経済の拡大と、それによる新しいタイプの権威と規律の必要性」の時代における、個人の最初の規律化を描き出す。

作業場、農場、屋敷から船にやってきた労働者は、当時の技術の先端部に組み込まれただけでなく、新しい生産関係にも絡めとられてしまった。空間的に狭い労働環境に閉じ込められた船乗りは、規則的習慣を身に着け、時間を守り、ほかの労働者や労働監督者との協力関係を保つよう強制されていた。このような生活を強制されたという点で、船乗りは、産業革命期における工場労働者の先駆であった。新しいパターンの権威と規律は、産業化の過程にとって決定的に重要だったのである(Rediker 1987: 206)。

レディカーによれば、「海における権威と労働規律という問題が特別な意味を帯びたのは一六九〇年以後」(ibid.)であり、まるでフーコーの時系列を裏付けるかのようだ。[*6] また、船という

＊6　このことはアールの『船乗り(*Sailors*)』でも確かめられる。アールいわく、一六七〇年から一七四〇年にかけて、海軍船上でも商船上でも「規則の厳格さと罰の厳しさが年々高まっていった」そうだ。*Sailors* の "Discipline and Punishment," 145-163 を参照。

権威主義的な箱のなかで、解剖政治から生政治へのシフトが徐々に起こったとも指摘する。「船は、船長が労働過程、食糧配給、健康管理、船上生活すべてに対して公式の権力を持つという点で、『絶対的な場所』であった。そうした公式、非公式の管理権は、船長に独裁者といってもいいぐらいの権力を授け、船は最初期の全体主義的労働環境の一つに変貌を遂げたのである」(Rediker 1987: 212)。それに「身体的刑罰のコントロールと食糧の掌握は、健康管理の手段に等しく、したがってそれは、黄熱病やマラリア、赤痢、壊血病をしょっちゅう患っていたらしい連中にしてみれば、看過できない問題だった。詳細に記録が残る一七三一年のあるケースで明らかになるのは、こうした規律、食糧、健康という問題が、権力の複雑な網の目のなかに絡めとられているということである」(ibid., 224)。

こうしたプロセスは、様々な移行と修正を経ながらも、今日に至るまで私たちの政治学を決定し続けてきた挙げ句、ジョルジョ・アガンベンにおいては以下のような結論に至っている。「政治がかつてないほど全体主義的なものとして構成されえたのは、現代にあっては政治が生政治へと全面的に変容してしまっているからにほかならない」(『ホモ・サケル』高桑和巳訳、以文社、一六六頁)。「このように見ると、純粋な、絶対的かつ乗り越え不可能な生政治的空間としての収容所(例外状態にのみ基礎を置くものとしての収容所)が、近代の政治空間の隠れた範例として現れることになる」(同、一七〇頁)のだとしても、海賊船には体制転覆的形象も息づいているのだ。「絶対的な場所」とみなす場合、どの船にも収容所を彷彿とさせるものがあるが、船とは、根本的にはそうした考え方に対抗するものである。たとえば船は移動、浮動、国境横断の暗示となる。船は空間の「規律化」に抵抗する。この意味で海賊船という組織構造は、あらゆる点で海軍船、商船での厳格な制度とは根本的に異なっていた。私たちが遭遇するのは、特定の時間、場所、義務に縛られる規律化された個々の船員などではなく、多様な野性的身体と、「緩やかでおおらかな制度」(Cordingly 1995: 113) である。クリストファー・ヒルいわく、この違いは「工場と協同組合の」(Hill 1996: 118) 違いである。だとすると、海賊船の反規律的表象と反生政治的表象がますます生き生きとしてくる。「西洋文明は最後まで身体の多様性の価値が分からなかった」(Sennett 1994: 15) のに対し、黄金期海賊はこうしたわなに引っかかっていなかったはずだ。

三章八節　眼帯、鉤の手、木の足：海賊と身体障害

バカニーアや海賊の社会は、西欧社会で身体障害にオシャレの意味を込めた唯一のコミュニティ

であった。それは彼らの特筆すべき成果の一つである。[*7] 多くの子どもたちは、ハロウィーンで義足と鉤の手をつけようとせっせとがんばったことがあるし、もっとつけるのが簡単な眼帯は、いつもみんなが大好きなコスチュームである。

義足、鉤手、眼帯の存在が二〇世紀の大衆作品によって誇張されているのは確かだが、それを装着することがバカニーアや海賊にとって極めて普通のことだったと思われるふしがある。名を成したバカニーア船長のなかには、オランダ人コーネリス・コーネリスーン・ヨルやフランス人フランソワ・ル・クレルクのように、義足をつけていた者もいる。同様に、捕まったマクラ船長の保証人になったある海賊も義足をしていたということは、ジョンソン船長の『海賊列伝』のなかでももっとも有名なエピソードの一つであるし（『海賊列伝　上』、一五九頁）、一七二四年にボストンで裁判にかけられた海賊ウィリアム・フィリップスも、義足をしていた（ウィリアム・フィリップス他の裁判記録。Jameson 1923: 334 からの引用）。ピーター・アールが引用する資料にも、「『片手の男』ジョン・フェン」（Earle 2003: 200）なる人物や、「『裁判官が哀れんだ不具の男』ドミンゴ・フォート」（ibid., 201）のことが触れられている。さらに、『海賊列伝』で引用される、テュー船長に対する乗組員の忠誠の宣言も印象的である。「金の鎖を手に入れるにしろ、義足をつけることになるにしろ、俺たちは船長についていきますぜ」（『海賊列伝　下』、一六〇頁）。

海賊は身体障害を進んで受けいれたのだが、その根底にある価値観は、もちろんすべてがバラ色なものではない。海賊たちが障害から欠陥というレッテルをはずした大きな理由は、彼らが障害を男らしさ、勇気、肝っ玉の証拠だとみなしたからである。目を見張る大著の『障害を負った歴史上の退役軍人（*Disabled Veterans in History*）』で示されていることなのだが、このような価値観は、障害を負った退役軍人——「彼らはしばしば観念的ヒーローとして感傷的にもてはやされた」（Gerber 2000: 3）——と、そうではない障害者男性、女性を常に分断し、西洋社会の障害者の権利主張運動のなかに亀裂を穿ってきたのである（その大きな原因は、障害を負った退役者が、しばしば福祉の受け取り手というよりも「軍務のほうび」（ibid., 12）の受け取り手とみなされるからである）。明らかにこれは政治的な両面性を示している。障害を認めること自体は無条件に受け入れていいが、根底にある価値観はそうなってはならない。四肢麻痺の障害があるラグビー選手に捧げられた二〇〇五年のドキュメンタリー映画、『マーダーボール』は、この問題の格好の例である。選手たちの障害との向き合い方は非常に刺激となるものだが、映画の根底にある伝統的男性性という価値観は極めて厄介である。けれども、海賊的文脈で注目に値するのは、一生の障害を負った者は仲間に養われることがあったということである。バカニーアのおきてにはすでに、終生の障害となるような負傷に対する支払いが規定されていたが、それは社会福祉ではなく、補償金であった。だが黄金期海賊は福祉

＊7　もちろんこれが当てはまるのは、一部の身体障害だけである。身体切断がその代表格だ。ここでは、さまざまな側面と多義性を持つ障害の内部に潜む、極めて複雑な本質を分析することはできない。しかし戦略的一般化が必要である。詳細な議論は、Lennard J. Davis eds., *The Disabilities Studies Reader*, 2nd ed. (London: Routledge, 2006), や Dianne Pothier and Richard Delvin, eds., *Critical Disability Theory: Essays in Philosophy, Politics, Policy, and Law* (Vancouver: UBC Press, 2006) などを参照。

として扱った。ジョージ・ラウザー海賊団のおきて第六条は、「単に手足を失った者」に対する補償の支払いだけでなく、「とどまりたいと思う限り仲間でいられる」（『海賊列伝　上』、四四九頁）ことも約束していた。海賊に対しロマンの口の字も感じない歴史学者でさえ、このように認めている。「傷ついた海軍兵士は浜に投げ出されて、物乞いをしたり飢餓に陥るのだが、海賊は仲間のことを気遣った。海賊のおきては、当時としては革命的な社会的憲章であった」（Konstam 1999: 187）。マーカス・レディカーいわく、黄金期海賊は、「私たちの多くが現代で最も人間的だと考える、ひとつの近代的概念の先駆者であった。彼らは社会保障システムを自作したのである」（Rediker 2004: 73）。

　刺激的だがものすごく困難なプロジェクトがある。それは、海賊同性愛と海賊障害の議論を関連付けて、比較的新しい分野である「障害理論」に魅力的な事例研究を提示することである。この説の著名な理論家は、「強制的異性愛は強制的な身体の完全（健常）性を条件とし、逆もまた然り」（McRuer 2006: 2）と断言する。もしロバート・マクルーアが『障害理論：クイア性と障害の文化的しるし（*Crip Theory: Cultural Signs of Queerness and Disability*）』で言うように、「障害理論《クリップ》はもう一つの世界は可能だと示すためにある」（ibid., xi）なら、たぶん黄金期海賊はこうした観点での最初の面影を残したことになるだろう。仲間の身体障害を肯定した彼らの転覆性は明らかだと思う。「西洋型国家は、資本主義という、身体の完全性に基づいたシステムに帰依している」（Kudlick 2003: 766）が、海賊たちは略奪とゼロ生産を主義とし、多様な身体という理念を土台としていたのである。

　おそらく英米文学史におけるもっとも有名な二人の障害者である、ルイス・スティーヴンソンのロング・ジョン・シルヴァー〔眼帯、鉤手、義足を装着した老獪な海賊であり、今日の海賊イメージの根幹を形成する架空のキャラクター〕と、ハーマン・メルヴィルのエイハブの違いは際立っている。ロング・ジョン・シルヴァーは、冷酷で恐ろしいけれども、面白く愉快なキャラクターである。一方、腹にわだかまりを抱えているエイハブは、自分に障害を残した張本人と考える生き物に対する復讐に全生涯を捧げる。草分け的書である『異常な諸身体：アメリカ文化とアメリカ文学における身体障害に輪郭を与える（*Extraordinary Bodies: Figuring Physical Disability in American Culture and Literature*）』の著者であるローズマリー・ガーランド・トムスンによれば、エイハブが怒っているのは、自分は「自己形成したのではなく、鯨に作られた」（Thomson 1997: 45）と思い込んでいるからである。このことによって彼は、「アメリカ文学における典型的な障害者」（ibid., 44）となる。彼の「障害を負った身体は、自律、自己支配、自己決定という幻影をさらけ出す。そして身体の絶対的完全性などというものは、幻想にすぎないと発覚するのだ」（ibid., 46）。

もしこの分析に事実があるとしたら、身体障害を肯定した黄金期海賊は、こうした幻覚を意に介さなかったばかりか、私たち個々の不完全性と他人への依存を認めたということになる。こうした考え方は、西欧型生活のイデオロギー的基盤となっている殺人的個人主義に直面する今日、真に革命的概念である。

第四章　「神もなく、主人もなく」——黄金期における海賊行為と政治

四章一節　海賊の組織形態：「浜辺の兄弟」から「無法者連合」への移行

バカニーアや黄金期海賊のコミュニティには、平等主義的で民主主義的なところがあったとたびたび指摘されてきた。「反旗を翻す国家なき周縁的集団」(Knight 1990: 90) と表現されることもある。非ラディカルの歴史研究者でさえも次のように認めている。「海賊社会は民主制をとっていた。海賊一行は、フランス革命の一〇〇年前の時代に、一時的なものとしてではなく規範として自由、平等、友愛（兄弟愛）という理念に従いつつ、海を駆っていた」(FCordingly 1995: 117) と。バカニーアの社会は、「十七世紀で最も民主的な場」(Earle 1981: 66) であり、「その組織形態は本質として共産主義的」(Fuller and Leslie-Melville 1935: 73) だったと表現される。「浮動民主主義」(Williams 1961: 150) や「浮動共和国」(たとえば Law 1980: 5) などの海を連想させるメタファーは巷にあふれている。

ジェニファー・G・マークスは次のようにいう。「トルトゥーガ島のバカニーアがみずからを『浜辺の兄弟』と名乗りだしたのは、一六四〇年ごろからだ。この民主主義的グループ〔浜辺の兄弟〕の一員になるためには、『浜辺の習わし』という厳格なおきてを遵守するという宣誓をしなければならなかった」(『図説　海賊大全』、七十五頁)。エクスケメリンがそのおきてを記録している。長くはなるが、引用していいだろう。

彼ら［バカニーア］はあるおきてに従っている。それは義務が記載された文書であり、契約を交わしたら、かしらを含めたなんぴとも守り、したがっていかなければならないものである。それには、おのおのが航海で得られるべき分け前が明確に記載されている。全航海で上がった利益は共有のものであり、分け前の支払いのために備蓄しておかれる。こうした点はほかの海賊のおきてと異なる部分であるが、それを除けば同じである。獲物なくば給料なし。したがってまず、船長がどの程度の分け前が与えられるかが規定される。次に、船の修理、保全、艤装を行う船大工の手当て。これは一般的にピースオブエイト銀貨一〇〇枚から一五〇枚に相当するが、同意があれば変更される。そして補給費として二〇〇枚程度が割かれる。船医とその医療物資に割かれるのは幾分多めで、二〇〇枚から二五〇枚。最後に、航海で傷ついたり手足を失った者に対する補償金が規定される。右手を失った者には、ピースオブエイト銀貨六〇〇枚、もしくは奴隷六人。左手を失った者には、ピースオブエイト銀貨五〇〇枚、もしくは奴隷五人。左足を失った者には、ピースオブエイト銀貨四〇〇枚、もしくは奴隷六十四人。片目、もしくは指を一本を失った者には、ピースオブエイト銀貨一〇〇枚、もしくは奴隷一人。前述の通り、こうした支払いはすべて、共有のたくわえから支出される。その残りは、正確に平等にみんなで分配される。しかしここでも肩書きのある者は優遇される。船長はヒラの船乗りの五倍か六倍を割り当てられる。航海士は二倍に過ぎない。ほかの者は、その役職に応じて支給される。このあとでようやく、見習いを含めた全員で、身分に関係なく平等に分け合う。見習いですら一般船乗りの半分は受け取れる。なぜなら、乗っている船よりいい船を捕まえて、その船に乗り換えた場合に、今までの船に火を放つのは見習いの役目だからである。彼らは非常に規律正しい。どんな獲物でも、それを不当に我がものとすることは厳しく禁止されている。だからこそ、先ほどの定めに従って、獲物をすべて公平に分配できるのだ。彼らはお互いに対して、敵船で見つけたものはどんな些細なものであれ、隠し立てはしないと厳格な誓いを立てる。なのに誓いを破った者は、船からたたき出されてしまうのだ（Exquemelin 1893: 59-60）。

このルポルタージュのなかで最も注目すべき点は以下のことではないだろうか。一、おきてを定め、それを仲間うちで承認する際に、集団本位で平等主義的になされること。二、一人一人の分け前が比較的平等なこと。三、食糧の分配を集団的に取り決めること。四、傷を負った際に補償があること。五、正直さと正義に大きな価値が置かれていること。六、罰が追放によってなされること。七、奴隷を貨幣扱いしていること。

バカニーアのおきてと黄金期海賊のおきてとの相違点で最も目を引くのは、分け前の分割方法である（黄金期に入るとより公平になっていく）。また、一回のクルーズごとに契約を結んでいるという点で、黄金期海賊においては期間限定的な性格が強い。逆に言えば、黄金期海賊は長期間持続しうる仲間関係を構築しようと思ってはいない。バカニーア社会において奴隷が貨幣のようなものとして記録されているのは、この社会に内在する大きな問題を浮き彫りにしているかもしれない（後に黄金期海賊も、状況は幾分異なるとはいえ、こうした慣習を繰り返すことになる）。「兄弟精神」と連帯が重要だとみなされるのはバカニーアたちの内輪であり、そこに属さない者たちに対してはバカニーアのモラル関係が及ぶことはなかった。だからといって、「バカニーア船は民主主義体制のもとで作動する自律団だった」（Snelders 2005: 83）という事実に変わりはないし、また「『普通の』船に乗ると船長の専制に逆らえなかった船乗りが、浜辺の兄弟たちのなかに入ると、意思決定の際に十分な投票権を持つ対等な人間として扱われたのも明らかなはず」（ibid., 80）である。

バカニーアが作った原則のうちの多くは、その後黄金期海賊のおきてにも取り入れられた。ジョンソン船長は、そのおきてのなかからバーソロミュー・ロバーツ海賊団のもの、ジョージ・ラウザー海賊団のもの、ジョン・フィリップス海賊団のものの三つを詳細に記録している。ジョンソン船長は、フィリップス海賊団のおきては「一字一句そのまま記録」（『海賊列伝　下』、十五頁）したが、バーソロミュー・ロバーツ海賊団のは、「海賊たちから直接聞いたおきての大要」（『海賊列伝　上』、二八六頁）にすぎない。というのも、用心深い彼らは、つかまる前に「署名をした原本を海へ捨て去っていた」（同、二八八頁）からである。ラウザー海賊団のおきての原文は、それほど込み入ったものではない。以下にそれを〔全文〕引用しよう。

一、〔普通の乗組員の取り分が一なのに対して〕船長の取り分は二、航海長は一・五、船医、航海

十、砲手、甲板長は一・二五とする。

二、拿捕した私掠船や獲物の船上で不法に武器を手にし、仲間を傷つけた者は、理由のいかんを問わず、船長ならびに乗組員多数の判断にもとづき処罰するものとする。

三、敵と交戦中卑怯な行為に及んだ者は、船長ならびに乗組員多数の判断にもとづき処罰するものとする。

四、捕獲した獲物の船上でピース・オヴ・エイト銀貨一枚相当額の金、宝石、銀等を発見しながら、発見者が二四時間以内にそれを操舵手に引き渡さなかった場合は、当該発見者は船長ならびに乗組員多数の判断にもとづき処罰するものとする。

五、賭博を行った者、あるいは他人から一シリング以上を詐取した者は、船長ならびに乗組員多数の判断にもとづき処罰するものとする。

六、敵と交戦中、四肢のいずれかを失った者に対しては一五〇ポンドが支払われ、当該者は望むならば船にとどまることができる。

七、助命を乞われた場合は、それを認めることとする。

八、獲物の最初の発見者には、当該船中で発見した最良のピストルもしくは小火器を与えるものとする（『海賊列伝　上』、四四八―四四九頁）。

このおきての諸項目はすべて、フィリップス海賊団やロバーツ海賊団のおきてにも見られるものである。しかし彼らのおきてでは、処罰の種類がもっと細かくなっており（処刑や無人島放置《マルーニング》など）、ラウザー海賊団のにはない、興味深い部分がある。たとえばフィリップス海賊団のおきてでは、「わが海賊団の承認なく」ほかの海賊船と契約を結んだ者、「パイプにふたをつけずに船倉でタバコをふかした者、取っ手をつけずにランタンの火を持ち歩いた者」、「有事に備えて武器を磨いておかない者」に対して処罰が規定されている。そしてこのおきての結びには次のような脅し文句がある。「慎ましやかな女性を、その者の同意なくかどわかそうとした者は、即刻死刑に処す」（『海賊列伝　下』、十六―十七頁）。必要から生まれたはずのこの規定は、刑罰の重さもさることながら、「慎ましやか」な女性とはいかなる人物のことか、判断に苦慮するという点でも興味深いものである。ロバーツ海賊団のおきては、「小銃、ピストル、カトラスを戦闘で使えるように磨いておくよう」規定しており、船上での民主主義的側面、共同社会的構造に関しての細かな規定もある。「なんびとも重要事項の決定に際し投票権がある。なんびとも、新鮮な食糧やよく効く酒が手に入ったときは、それに対し平等な権利があり、やむを得ぬ欠乏から我々全員の投票が節約に甘んじる決定を下した場合を除いて、自由にそれにありつけることとする」。このおきてにも、同僚の海賊から物を盗んだ際の罰が規定されている。それはまさにバカニーア時代に生まれたしきたりを髣髴とさせるものである。「同僚から物を盗むという」「罪を犯したやからは耳と鼻を切り裂いて、浜へ置き去りにするものとする。それは、無人の地ではないが困難に直面すること確実の場所とする」。さらに、船上は男のみで、「少年や女性」は同席できなかった。「女性をたぶらかして乗船させた者は、死刑に処す」。また、「炎やろうそくの火は、八時には消灯とする。その時間を過ぎても酒を飲みたい者は、甲板で飲むこと」（これは「自堕落な振る舞いを抑えようとして」講じられた策であったのだが、「無駄に終わった」とジョンソン船長は記している）。最後に、「音楽家は安息日には休息してよい。だがその他の六日間は、特別な許しがない限り無休とする」（『海賊列伝　上』、二八六―二八八頁）。

全体として、おきてからはかなり平等主義的で民主主義的な社会が形成されていたということが伺える。これこそ、黄金期海賊の社会実験を底辺から規定していた本質であると多くの者は考える。ロバート・C・リッチーは、このことを以下のように解釈している。長くはなるが、引用してもいいだろう。

略奪者は海をさすらい、アメーバのように分離したり結合したりした。彼らは小さな自己充足的民主制のなかで暮らした。通常の場合、その民主制とは多数決のことで、船にとどまる乗組員が全員一致という幸せを享受できるように、少数派は出て行くよう勧告された（もしくは叩き出された）。略奪者たちは補給品や宝を求めて、漁船、町、商船、つまり実質的に浜辺にあるもの、海に浮かんでいるもののすべてを襲った。彼らは頻繁に安全港へと帰港し、商品をさばいて愉快に過ごした。そうこうするうちにすぐまた海へと戻っていった。何年も海に出っぱなしになったり、人里はなれた土地の小さな居留地に隠遁したり、非ヨーロッパ社会に分け入って行った奴らも多かった。この意味で連中は、社会規範から自由になったマージナルな男たちだった。自らのために立てたいくつかのルールを除いて、束縛するものを持たずに生きていた。ほとんどの者が二度と故郷に戻らなかった。海上生活に伴う飢え、乾き、病気、戦闘行為は連中の命を脅かしたが、それを生き延びた者の多くはヨーロッパ社会の抑圧的しがらみなんかより自由な海賊ライフのほうを好んだ。十七世紀の終わりにかけて遠洋略奪者の数は増え続け、その行動範囲もはるか遠くのほうまで拡張していった。以下で確認することになるが、商品価値に変化が生じたこと、「自分たちだけでも」うまくいくようになってきたこと、防衛の必要性が生じたこと、こうした理由から、政府関係者や商人は、海賊行為に魅力を感じられなくなった。したがって彼らは、次第に海賊行為のスポンサーとしての役割から手を引き始めた。つまり大海原は、依然として帝国の周縁にとどまって群れをなす略奪者たちの眼前に開かれたのである（Ritchie 1986: 25-26）。

黄金期海賊の組織形態で重要な点は、操舵手《クウォーターマスター》の役割であり、これはバカニーアの組織形態と比較しても重要である。この操舵手について触れるジョンソン船長の筆遣いは、興味をそそるものである。「操舵手の見解は、イスラム教徒にとっての法学者《ムフティ》の見解のようなものだ。船長は、操舵手の承認がなければ何も着手することができない。操舵手とは、古代ローマの護民官をマイナーチェンジしたものだといえるかもしれない。というのも、操舵手は乗組員の利害を代弁し、それに奉仕するものだからである」（『海賊列伝　下』、一六〇頁）。操舵手は乗組員によって任命された。ある海賊裁判の公判記録には、ジョン・アーチャーなる人物についての記録がある。彼は、「どのようにして操舵手になったのかと問われると、仲間が自分のことを最適な操舵手だと判断したから選ばれたと答えた」(Jameson 1923: 342 のなかの引用)。バカニーアたちは、最初はまず船長と一般乗組員とのあいだに断固として存在する大きな隔たりを少しでも小さくし、その次に船長の権力を制限しようと考えていたようである（これは、権威主義的首長制が形成されるのを防止するためにインディオ社会が用いていた、クラストル言うところの「メカニズム」のうちのひとつにほぼ等しいものである)。ジョエル・ベアによれば、船長の特権を制限しようとしていたことの痕跡は、海賊船自体の物理的特徴にも見て取れるようである。「海賊船の乾舷は、ときどき船室から引っぺがされることがあった。それは第一義的には機動性を高めるための策であったのだが、同時に乗組員間の階級的差異をなくすことも意図していた」(Baer 2007: 208)。

重要事項はすべて、海賊たちが協議して決定を下した。マーカス・レディカーは、このことに関して以下のような見解を示している。「協議によって下される決定は神聖不可侵のものであった。どんなに勇敢な船長であろうとも、その力に抗おうとはしなかった。実際、協議によって何人もの船長が放逐され、何人もの高級船員が職を追われたのである」(Rediker 2004: 69)。レディカーは、民主主義的な海賊団が形成される契機も描いている。「それが生まれるのは、暴動の後や、人数過多の船の乗組員が分裂して新たな海賊船をこしらえるときである。そのとき乗組員は、ともに協議して船長を選出し、おきてを定め、仲間と旗に対して忠誠を誓う。この間ずーっと陽気にはしゃいでお祭り気分で飲み食いし、大砲をぶっ放していた」(ibid., 164-165)。

ほかの海賊団のおきても、本質的には極めて似通っている。したがってそれらは、黄金期海賊の共通の文化となっていた。フランク・シェリーのことばを借りれば、共同体《コモンウェルス》だったといってよい。「海賊団のおきてはみな似通っていたために、海賊たちはみな、あたかも共同体《コモンウェルス》の市民のように、許される振る舞いとそうじゃないものをつねによく理解していた。どの港に行こうとも、どの船に仕えようともそれは通じ合うものであった」（Sherry 1986: 94）。このことは間違いなく、黄金期の多様な海賊団が強固な共同体意識を抱くのに一役買ったはずである。ひとつには、「海賊仲間に出会えば、一時的にではあれ孤立感が解消された」（Snelders 2005: 198）からである。しかしもっと深い意味もあった。つまり、「海賊仲間に出会う喜びがあり、重火器で挨拶を交わすという喜びがあり、『挨拶のやり取り』の日々のなかで海賊社会の連帯を祝福するという喜びがあり、全世界に対する戦いのさなかで『海賊の一体性』をたたえるという喜びがあった」（Earle 2003: 179）のである。マーカス・レディカーは、『諸国家の敵（*Villains of All Nations*）』のなかで、海賊の連帯意識を次のようにまとめている。

海賊は同じ海賊をターゲットとすることはなかった。それどころか、海賊はあくまで同じ海賊に対して連帯感を抱いていた。それは、強固な集団的忠誠心と呼べる代物だった。ここからは、海賊行為をめぐる外的社会関係のことはひとまずおいといて、精神的なものの分析を試みる。そしてこうした「ダチ」との連帯感と、そこから生まれる集団的エートスの研究に焦点を当てたいと思う。海賊は強固な集団意識を持っていた。海賊は、見知らぬ者どうしであっても、海や港で出会えば喜んで互いに手を差し伸べるということがしょっちゅうあった(Rediker 2004: 94)。

フランク・シェリーは、持ち前のドラマチックなタッチで、次のような見解を示している。「マダガスカルやバハマ諸島、アフリカ西海岸の海面けぶる熱帯の海を舞台として、数百万平方マイルにも及ぶ海で戦った無頼の海賊たちは、緩やかではあるが強固なまとまりを形成していった。それは、逆徒と泥棒と流れ者の、にわかじたての共和国とでも呼べる代物だった」(Sherry 1986: 20)。もしくはそれは「真のチンピラ共和国」(Grey 1933: 19)であり、そのメンバーは「船上や安全港などであいまみえて、ともに働き、そして別れを告げるというパターンを刻んでいった」(Snelders 2005: 172)。

マーカス・レディカーは、海賊たちは具体的にどれほどの規模でいたのか、より詳しくたどるというすばらしい成果を挙げている。彼は次のような結論に至っている。黄金期の最盛期である一七一六年から一七二六年にかけては、四〇〇〇人ほどの海賊が、一回に二十隻から二十五隻ほどの船隊を組織して、一五〇〇回から二四〇〇回ほどの航海を行った。[*1]『諸国家の敵』収録の見事な図が示すように(Rediker 2004: 80)、彼らのうちの多くは、かつて一緒の船に乗っていたり、友好的に分離した海賊団の分隊に属していたので、具体的な結びつきがあった。レディカーによれば、「海賊船という社会組織形態が意味を持つようになるのは、ほとんどの場合、それがこうした〔具体的な」ネットワークのなかで媒介されるようになるときである。というのも、このネットワークは、「海賊文化の」意味や慣習を保存しながら伝えることによって、海賊社会なるものを形成し、維持していくのに一役買ったからである」(ibid., 81)。

ジョンソン船長は、ミソン船長という主人公に仮託して次のように言う。黄金期海賊があれほどまでに強固な連帯意識をもっていたのは、「海賊どうし団結して生きていかなければならなかったからでもある。連中は全世界を敵とみなしていたのだから」(『海賊列伝 下』、一七四頁)。したがって、かなり踏み込んだ関わりあい方が必要とされた。フランク・シェリーが言うには、海賊のなかには、「同じ無頼仲間に対する」純然たる「義理」(Sherry 1986: 94-95)のために、「海賊が裁判にかけられて吊るされた場所を拠点とする船」を攻撃した者もいる。「たとえば黒髭は、こうした理由でニュー・イングランドの船を破壊する習性があった」(Earle 2003: 178)。ジョンソン船長いわく、コンデント海賊団は、ポルトガル人がブラジルの沿岸地域で仲間を捕虜にしたという理由で、ポルトガル人の耳と鼻を切り取ったようである(『海賊列伝 下』、四三九頁)。海賊どうしでこうした連帯意識を持っていたことを示す痕跡は、無条件的にお互いを支えあったという点にもある。これはすでにバカニーア時代にもあったことだった。「バカニーアは仲間に義理堅く、時がたつと彼らの結びつきは驚くほどしっかりしたものとなった。波間をたゆたう者たちは浜辺に留まる者の義理を当てにすること

＊1 Rediker 2004: 29-30 を参照。船舶数の推計に関しては、Earle 2003: 162 を参照。

ができたし、その逆もまた然りであった。何を隠そう、彼らは、奇妙な結びつき方をした悪党連合団だったのである」(Fuller and Leslie-Melville 1935: 76-77)。こうした推察に間違いがないということは、エクスケメリンの言葉によっても確かめられる。「連中のあいだには、極めて寛容で自由な関係が生まれていた。誰かが全財産を失ってしまうということは、こうした生活を送っているとよくあることなのだが、もしそうなったとしても、快く分け与えてくれる者がいて、ともに分かち合うことができるのである」。バジル・リングローズの記録には、航海の終わりで、何人かの乗組員がとんでもない理由で有り金をはたいてしまったにもかかわらず、太っ腹精神が示された、驚くべき事例がある。「ここで我々は、この旅で購入に当てられるお金のすべてを賭け事で失ってしまった我々の仲間である彼らに、船をひとつ提供することにした。我々のほうはといえば、二つの船に分かれて乗船した。そしてイングランドに向けて旅立った」(Ringrose 1893: 502)。

乗組員のあいだで意見の相違があったときでも、内紛や対立は避けて、波風立てずに分裂することのほうが多かった。マーカス・レディカーによれば、海賊の「ラディカル民主主義的様相を呈した社会秩序や文化」を「ヒドラのように」(Rediker 2004: 82) 広めるのに一役買ったのは、こうした分裂の力学だった。もちろんすべての分裂が友好的なものだったわけではない。少数派に相当量の一味の財産を分け与えるどころか、単に島流し《マルーン》にしただけだったとする記録も多数存在する。時には「力こそ正義なり」という原則が、あらゆる民主主義的文化に打ち勝つこともあっただろう。それでも、以下のレディカーの言葉には説得力がある。

海賊は独自の社会形態を構築し、どんな状況にも柔軟に対応したが、対立が激しくいつまでも続いたら、まとまりを維持していくことはできなかった。商船という八方ふさがりで権威主義的な世界を経験していた奴らは、分裂という自由を大切にした。海賊たちの民主主義的な権力の運用には、肯定的な側面も否定的な側面もあった。本質的に不安定にもかかわらず、持続していくという両義性があった。つまり、新しい乗組員が船になじんでいく過程で、海賊のなかに持続する文化が育まれていったのである（ibid., 81）。

レディカーは、海賊船における進歩的社会組織形態は、十七世紀の船乗りがあまねく共有していた文化の特質に由来するものであるとする。「海賊たちは、集団本位主義《コレクティヴィズム》、反権威主義、平等主義という下甲板の価値観を参考にしながら、その社会秩序のなかで、ある志向性としての力学を実現した。それは、弁証法的に生み出されたものの、海での疎外労働と疎外生活というルーティーンのなかで抑圧された力であった」（ibid., 155）。レディカーは、海賊行為とは、「十八世紀前半に英米系遠洋船乗りの文化や社会が『形成』されたために生まれた『慣習』」（Rediker 1987: 287）だったとまで言い切っている。レディカーは、具体的には以下のような点を重要なものだとみなしている。

一、集団本位主義《コレクティヴィズム》。これは、「資本の力に直面した船乗り仲間たちが、利潤のための規律と協業というロジックに抗いながら、その上に築き上げた集団性」のことである。「集団労働が集団的自己防衛という性格を持つようになるのも当然のことであった。というのも、船乗りたちは過酷な生活条件、過度な労働、抑圧的権力から自らを守ろうと必死になっていたからである」（ibid., 243）。

二、反権威主義。この存在をまざまざと物語っているのは、それを最も恐れた者たちであろう。「権力側の人間は、海賊に接触すると、そのなかに民主主義的なところが多いのを目にしてしばしば衝撃を受けた。オランダの中継植民地モーリシャス島の総督は、海賊と面会した後に次のように打ち明けた。『誰もが船長と同じ発言権があり、誰もが布にくるんで自分用の武器を携帯している』」（Ritchie 1986: 124）。

三、平等主義。レディカーによれば、これは「海賊船の上では慣例となっていた」（Rediker 1987: 261）原則であり、次のように説明される。「平等主義は、船乗り文化の諸側面を結びつける媒介として機能していた。平等主義は、歓待して協力し、互酬的で相互依存的な関係を築き、太っ腹に生きるべしとする反蓄積倫理にとっての、本質的な核となる精神であった」（ibid., 248）。

兄弟連帯《ブラザーフッド》という言葉は、バカニーアや黄金期海賊の強固な義理、連帯意識、共同体意識を示す言葉として、広義に用いられる。バカニーアは「専制兄弟《ブラザーフッド》」（Wilson 2005: ix）や「貪欲兄弟《ブラザーフッド》」（Snelders 2005: 146）と呼ばれ、黄金期海賊は「無法兄弟《ブラザーフッド》」（Sherry 1986: 297）、もしくは「多国籍兄弟《ブラザーフッド》」（Land 2007: 180）と呼ばれる。だがこうした呼び方には問題がある。なぜなら、兄弟精神《ブラザーフッド》を礼賛するほどんどすべての言葉は、男性性と排外性という二つの厄介な代物を抱えているからである。しょせん、桁違いの気前のよさや連帯精神といったものは、ボーイスカウトや右翼親睦会やネオナチ・ヤクザや海軍や暴走族にだってある話だ。[*2] こうした集団のなかでは、誰かを助けるという行為は、徳行リストのトップに位置する。それは「海賊たちが最も好んだ」(Rediker 2004: 84) 行為でもある。したがって、コーディングリー=ファルコナーが、海賊のおきては、「『泥棒のなかに名誉』という概念が息づいていたことを示す格好の例」(Cordingly and Falconer 1992: 99) だとバカにしながら言うのも、分からないではない。もう一つの重要な徳として同じぐらい名高いのが、男のきずな、つまり「勇気」という徳である。レディカーによれば、それは、海賊にとって「最重要生存手段」(Rediker 2001: 306) であり、「法の対義語」(ibid., 307) である。したがって、ニューイングランド総督がバーソロミュー・ロバーツによって大胆不敵な略奪を受けた後に、「彼の勇気と豪胆さには惚れ惚れするね」(Sherry 1986: 330) と言ったのもうなずける。「男のなかの男」と呼ばれる連中は、勇気に勝るものはないと考えている。けれども連中は、その閉鎖的なコミュニティから他者を排除している。バカニーア内や海賊内でのつながりが強固だったのに反比例するかのように、そのコミュニティを出たときの行動にはほとんど倫理的なためらいはなかった。バカニーアや黄金期海賊にかなりのシンパシーを感じていると思われるスティーヴン・スネルダーズは、ヤン・エラスムス・レイニング

＊2　こうした集団に強固な階層制とヒエラルキーが存在することは、バカニーアや黄金期海賊のコミュニティとの大きな違いであるのはいうまでもない。とはいえ、兄弟精神《ブラザーフット》という価値観に付随する問題の多くは同じものであると思われる。

の記録〔「はじめに」の原注2を参照〕からは「よそ者に対して連中が残虐な行為を行ったことが伺える」(Snelders 2005: 109)という感想を漏らしている。

自らを前衛の一人だと思い込むのは諸刃の剣である。「『涙を見せずに絞首台まで』歩いていくことによって、『正直な紳士』だと名乗ることによって、自己本位ではあるが誇らしげに自らの『良心』と『名誉』を語ることによって、海賊たちはみずからの正当性を見せつけていたのだ」(Rediker 2004: 101)というマーカス・レディカーのことばに、人々を刺激するような反抗精神が宿っているのは間違いない。だって海賊たちとは、制度化した権力を運用することのない、「脱社会的悪党」だったのだから。だが、自分たちは正しいんだということをその犠牲者(その多くは世俗権力でもなければ教会権力でもなかった)、つまり下っ端船乗り、インディオや女性に誇ったって、それは反抗精神を呼び覚ますどころか卑劣な権力行使に等しいものである。

一九八〇年代初頭、「寄生的海賊(Parasitäre Piraten)」と題するドイツ語の論文のなかで、海賊の義理、連帯、共同体についての奇妙な解釈が提示された。この論文の著者であるハイナー・トライネンは、海賊の「連帯」は、何らかの価値観に裏づけされたものではなく、場当たり的なものであったと言い切っている。

特別な「組織」形態である海賊団に入ろうとする際に判断基準となるのは、個々人にどれだけの報酬が算定されるかという点のみであった。彼らが集団本位の権力構造を受け入れて、協力しあったのは、この報酬という動機があるからに過ぎなかった。こうした権力構造は、個々人の目的を充足させるものであったために、甘受の対象とされた。海賊たちが社会構造の変革に専心する時間は、元来一時的なものだった（Treinen 1981: 33-34）。

トライネンは、海賊団のなかで比較的人種差別や国籍差別が少なかったのも、単にそういった個人主義のせいだったのではないかとすら言う。

現場で略奪中は、人種差別、宗教差別は起こらなかった。もっとも、略奪を正当化する理由は、人種的なものであったり宗教的なものであったりするということがたびたびであったが。差別がないからといって、それは必ずしもアナキストが理想とするようなユートピアを意味しない。海賊のケースが示すように、差別が存在しなくなるのは、ともに働く者どうしが一緒に生きるということにそれほど興味を持たないときであり、共通の目的がないときである（ibid., 34）。

トライネンの見解はシニカルな感じがしないでもないが、ジョンソン船長の『海賊列伝』にも、なによりも戦術的な目的にかなうものとして、海賊どうしの団結があったということを示すくだりがある。つまりそれは、政治的信念、倫理的信念というよりは、何らかの外的状況から要請されたものであった。そのひとつの例となるのは、ノース海賊団がマダガスカルの原住民と対峙したときの状況である。

彼らは結束と和睦が安全を保証する唯一の手段だと考えていたが、これはまことに正しかった。なぜなら、原住民たちはほんのささいなことですぐにでも相手に襲いかかろうとしていたから、海賊たちが仲間割れでもしたら、たちまちそれにつけこまれ、切り殺されたに違いないからである。ノースはよく仲間にこのことを話し、団結すれば原住民から畏怖され君主として敬われもすると説いた。自然はもっとも無学な連中にも自己保存のため必要な思慮分別を教え、また恐怖は、宗教の力では引き起こせなくなった変化を引き起こすようである（『海賊列伝　下』、三七九頁）。

もちろんジョンソン船長の書いたことはまったくのフィクションだったという可能性だってあるし、トライネンの分析が単純に間違っているという可能性だってある（少なくともネガティブすぎるとは思う）。だが実は、社会的に徳だとみなされることを人前で見せようとする行為はすべて、本質的に考えれば自己満足のためにやっているものであるともいえる。だってそもそもそれが人間というものなのだから。そう考えれば、海賊の相互扶助が意義を失うことはないだろう。たとえその根底に、「海上生活の厳しさが理由で、相互扶助が単なるサバイバル・テクニックに変わった」（Anonymous 1999）という事実があるとしても。しかし、トライネンの考察もジョンソン船長の『海賊列伝』も、黄金期海賊社会の根底にある問題を浮き彫りにしていると思われる。それは、彼らの「兄弟」理念が、当時の通念としてあった社会観や政治観に縛られていないし、社会的、政治的野心から生まれたものでもなかったという問題である。この問題にはしばしば立ち戻ることとする。

四章二節　黒旗ジョリー・ロジャーの掲揚

黄金期海賊が兄弟連帯《ブラザーフッド》でつながり、共同体《コモンウェルス》のなかで、連合体として徒党を組んでいたということをまざまざと物語っているのは、泣く子も黙る黒旗、ジョリー・ロジャーである。これほどまでに西洋精神と、その大衆文化に長くに及ぶ影響を与えてきた海賊シンボルはほかにないし、シンボル一般で考えてみてもそこまでのものはそうはない。

ジョリー・ロジャーのそもそもの起こりについては、すべてがはっきりしているわけではない。それが最初に目撃、報告されたのは、一七〇〇年、海軍将校がフランス人海賊船長エマニュエル・ウィンをカーボ・ヴェルデ諸島で追っていたときであった。ウィンの旗は、「クロスボーン、しゃれこうべ、砂時計が描かれた黒旗」(Marley 1997: 98) だったと伝えられる。このデザインは、いろいろバリエーションはあったが、すぐに海賊船一般の識別マークとなった。デヴィッド・F・マーリーによれば、「スペイン継承戦争は足掛け十三年で終結するが、そのときたいていの海賊は、個人的な旗として黒旗を用いていた」(ibid.)。つまり、「海賊たちは、十五年もたたないうちに黒旗を常時掲げるようになったということであり、一七一四年までには、それは誰もが認めるシンボルとなっていた」(Konstam 1999: 98)。

ジョリー・ロジャーにはさまざまなバリエーションがあったが、いずれの旗にも、基本となる同じ主題があった。それは、本質的に死を連想させるモチーフである。そのモチーフとはたとえば、髑髏とクロスボーン(十字の骸骨)[*3]、骸骨、砂時計、カトラス、血の滴る心臓といったものである。[*4]「この旗の第一義的な意味は、はっきりしている。旗には、死、暴力、つかの間の時間というイメージが込められている。海賊たちがこうしたシンボルをどういう風に利用しようとしていたのかというと、それは、獲物を震え上がらせたり、あるいは商船に対し、残された時間はわずかなため、即座に降伏するのが身のためであり、さもなくば血に染まることを覚悟しなければならないということを、いやが応にも分からせるためであった」(Rediker 2004: 165)。

ジョリー・ロジャーの名前の由来にはいくつかの考え方がある。そのなかで最も流布しており、かつ説得力がある二つの考え方は、一、ジョリー・ロジャーとは、フランス語で赤旗を意味し、船乗りが戦闘の合図を告げるために掲げたジョリー・ルージュが、英語に転訛したものである、というもの。二、ジョリー・ロジャーとは、悪魔を意味する俗語であるオールド・ロジャーのバリエーションのひとつである、というもの（Cordingly and Falconer 1992: 78-79; Cordingly 1995: 139ff; Rediker 2004: 164-169）。

名前の由来が何であろうと、ジョリー・ロジャーによってこそ、本書が検証する海賊時代（つまり黄金期）の範囲が定まるものだし、海賊たちが抱いていたはずの一体感も、それによって確固たるものになるのである。マーカス・レディカーは次のように言う。

海賊たちが十八世紀初頭にはじめて自分たち独自の旗を生み出したとき、彼らは新たな宣言をしたのだ。「勇敢でたくましく自立した何千人もの我ら無頼のヤクザ者は、この旗を連帯の象徴として用い、現在権力を振るう国民国家に対しては暴力を持って対抗することを誓う」と。髑髏とクロスボーンを掲げることで、連中は「諸国家の敵」であると宣言したのだ[*5]（Rediker 2004: 164）。

＊3　たとえば Rediker 2004: 165-68 を参照。

＊4　Cordingly and Falconer 1992: 78-79 には、役立つ一覧表がある。

＊5　ここでレディカーは海賊に「プロレタリア」という形容詞を用いているが、私は、海賊業と階級という問題は四章六節で扱うまで保留しておきたいので、引用からこの言葉を省いた。その際には、黄金期海賊はプロレタリアートだったと考えてしまうレディカーの偏向性も指摘できればと思う。

レディカーいわく、「旗は非常に広範囲に用いられた。おそらく二五〇〇〇人をはるかに超える船乗りがジョリー・ロジャーを掲げて海を巡っていた」(Rediker 2004: 98. 前の章も参照)。クリス・ランドは次のように分析する。「海賊がこのような旗を選んだという事実から、彼らが国民国家という集団的枠組みにノーを突きつけ、暴力の独占に対抗しようとしていたことが読み取れる。ひとたびジョリー・ロジャーが掲げられると、海賊たちは、その当時形成されつつあった地政学的秩序を世界各地でせき止め、政府と法の埒外に身を置くこととなった」[*6](Land 2007: 179)。

一八八〇年のパリ会議で、ルイーズ・ミシェルは、公式の社会主義運動の偽善っぷりに対する抗議の意味として赤旗の代わりに黒旗を手に携えてきたことによって、もっとも特徴的で有名なアナキストのシンボルを生み出した。ルイーズ・ミシェルのあたまには、黄金期海賊のことは入ってなかったかもしれない。そんなことは重々承知だが、彼女が選択した色が単なる偶然の一致だったなんて考えられれない。

四章三節　これはアナーキーか？：定義の問題1

黄金期海賊をアナーキーという概念と結び付けて考える向きは多い。事実、著者の政治的信念が何であれ、少なくとも一回もアナーキーという言葉に触れずに海賊本を読むのは不可能である。「アナーキーな振る舞い」（Snelders 2005: 94）、「アナーキーな乗組員」（Gill 1997: 87）、「アナーキーな性向」（Starkey 2001: 111）、「性的無節操《アナーキー》、文化的無秩序《アナーキー》」（Turley 1997: 39）、「自制のかけらもないアナーキー」（Botting 1979: 47）、「整ったアナーキー」（ウィルソン『海賊ユートピア』、四十五頁）、「浮動アナーキーの不協和音」（Sherry 1986: 130）、「アナーキーそのものの図」（Rediker 2004: 122）、「ミニ・アナーキー」（Anonymous 1999）、「いくつかの点でアナキズムを思わせるバカニーアの生き方」（Klausmann et al. 1997: 169）といった言葉を目にする。近年の海賊行為に関する学術論文では、「An-arrgh-chy」（Leeson: 2007）という言葉すら作られている。

私たちはここから何を引き出せるのだろうか。こういった言葉のいくつかは、保守的な書き手が

＊6　この分析はフランク・シェリー（1986）の分析とは対極をなしている。「ジョリー・ロジャーは、ゆるい海賊共同体の象徴である一方、マダガスカルで一致団結して本物の国家を形成しようとする海賊たちの熱意の証でもあった。さらにそうした熱意の証拠として、海賊たちには大地自体を愛好する傾向があり、またそこに永住者として住み着こうと思っていたのだ」(98)。これこそ、シェリーがマダガスカルの海賊村を過大評価している格好の例である。海賊の意図を見誤っているし、存在しない政治的大義を黄金期に投影しているのである。

否定的な意味合いで用いているものであるが、重要なのは、黄金期海賊は本当にアナキストだったのかという問題である。この問題に対する主要な回答手段は二つだ。

一、仮にアナキストであることが国民国家、あるいは何らかの制度的権力の管轄外で生きることを意味するのならば、黄金期海賊がアナキストであったことに間違いはない。この点は、遊牧民や「未開」民族と共通する部分があるといわれてきたものである。

二、仮にアナキストであることが普遍的平等と正義という社会理念を意識的に実現させようとする行為を意味するのならば、黄金期海賊がアナキストだったとはみなしがたい。彼らがなんら社会理念を持っていなかったとみなしうる証拠はあまりに多いし、少なくとも、互いに忠誠を誓いあった「兄弟」のコミュニティの外にまで適用された理念は、一つとしてなかった。

したがって黄金期海賊のなかにアナキズムなるものがあったとしたら、それは、制度的権力を拒否し、〔自分たちだけの〕平等主義的共同体を作り上げようとしたという点に存在した。クリス・ランドはこのことを見事に要約している。

船乗りは、こうしたおきてに対する誓いを通じて海賊共同体に参入した。この共同体を維持するための活動には喜んで参加した。そこに、外から命令を下すような、世俗法や宗教に類する超越的法は存在しなかった。この意味で、十八世紀初頭の海賊船の組織形態には、ラディカルでアナキズム的な手段を用いて民主主義的組織化の実験をしつつ、旧弊だらけの帆船の権力システムに真っ向から反対するという意味合いが込められていたのである（Land 2007: 180-181）。

だがその一方で、アナキストが掲げる、すべての者の利益を目指した闘いというものはなかった。むしろ、海賊の活動がそうした闘いをすべて妨害するといったことすらしばしばあっただろう。とはいえ、彼らが断固として反権威主義を保持し、真のユートピアを目指してミクロ民主主義の実験を行ったことには、計り知れない意義がある。今日ラディカルに活用させるべき海賊性とは、まさにこのことである。

四章四節　戦争機械：ドゥルーズ＝ガタリを用いて海賊行為を読み解く

戦争という言葉を分析手段として用いるのは決して易しいわけではない。しかし、黄金期海賊は

「戦争」を戦ったのだとたびたび言及される以上、それを検証しないわけにはいかないし、その上で戦争概念を扱うふさわしい理論について考察する必要がある。そういった理論でもっとも有名なのは、ミシェル・フーコー、ジル・ドゥルーズ、フェリックス・ガタリらの考え方である。

　フーコーの業績で重要なのは、歴史上起こったあらゆる闘争は戦争であるとし、その戦争とは「政治権力を理解し分析する原理」（『社会は防衛しなければならない』、二五頁）であるとする考え方である。このような意味からすると、我々は決して終わることのない戦争に対峙しているのだといえる。我々が平和と呼ぶものは、基層としてある戦争の過程のなかのある局面に過ぎない。「社会や法律や国家は、このような戦争のなかでの休戦のようなもの、あるいは勝利の最終的な決着のようなものではない。法律は和平ではない。なぜなら法律の下で、戦争はもっとも正規なものまでをも含む、あらゆる権力メカニズムの内部でフルに作動し続けているからです。戦争こそが制度と秩序の原動力なのです。平和は、そのもっとも小さな歯車においてさえ、暗黙のうちに戦争を続けているのです」（同、五十三頁）。フーコーは、結論として以下のようにいう。「戦争をふたたび見いださなければならないのはなぜか。それはこの古き戦争が永続的な戦争だからです。私たちは実際戦いの博識家でなければならない。なぜなら、戦争は終わることがなく、決定的な戦いはまだ相変わらず準備されているからであって、その決定的な戦いに私たちは勝利を収めなければならない」（同、五十三—五十四頁）。

　黄金期の海賊行為を理解するに当たって、こうした考え方が重要となるのは、フーコーが十七世紀に起こった戦争概念の変容を述べるときである。つまりそれは、権力を代表する機関（もっとも一般的なのは王）に対する戦争から、「文化」や「文明」に対する戦争に移行したということである。

十七世紀以降、戦争こそ歴史の不断の横糸を形成するものであるという考え方が、一つのはっきりしたかたちをとって現れます。つまり、秩序と平和の下で繰り広げられている戦争、我々の社会を突き動かし二つに分裂させている戦争とは、結局のところ人種（＝民族 races）の戦争であるというものです。社会とは端から端までこうした二つの人種対立に横切られているものであるという考え方は、すでに十七世紀から見られます（同、六十一―六十二頁）。

このなかでフーコーが使っている「人種」という言葉が論議を呼ぶのは避けられない。しかしフーコーの意図するところは的を逸していないと思われる。つまり、決定的な戦争とは、（経済的要因が定義する）二階級間の戦争ではなく、「文明的」とか「野蛮」だとかいう言葉で定義されるような二つの人間のカテゴリー（「人種」）間の戦争である。言説におけるこうした変容が、ヨーロッパの植民地事業のスタートと期を同じくしているのは、偶然ではない。ある種に属す人間は、「脱人間化」されなければならなかった。脱人間化する対象には、非ヨーロッパ人だけでなく、ヨーロッパ社会の規範から逸脱したヨーロッパ人も含まれた。レディカーいわく、海賊たちは「人間社会の境界を越え出て生きる海の魔物、邪悪なケモノ、多頭のヒドラとして糾弾された」（Linebaugh and

Rediker 2000: 173）のである。実際、二〇世紀の初頭に至っても、海賊は「人間の姿をしたケモノ」（Ellms ed. 1924: 序文iii）だと、「人間のクズの寄せ集め」（『海賊の世界史　上』、二二三頁）だと呼ばれることがたびたびあった。

海賊行為は、つねに戦争と関係性の深いものであった。戦争という言葉は、アナーキーという言葉と同じぐらい用いられる。そのなかでもっとも有名なのは、海賊たちは全世界に対して戦争（『海賊列伝　上』、四六五頁）を布告しているのだと繰り返し明言したジョンソン船長の言葉である。それ以来、歴史研究者は、「世界海賊大戦の最後の合戦」（Sherry 1986: 297）について記したり、「多くの者が海賊行為を戦争に類する行為だと受け止めた」（Rediker 2004: 198）という見解を示したりもする。あるいはピーター・アールのように、著書のタイトルにこれを用いる者もいる（彼の場合『海賊戦争』）。

哲学者ジル・ドゥルーズと精神分析家フェリックス・ガタリの二人のフランス人コンビは、一九八〇年、その著書『千のプラトー』のなかで、ノマド的戦争機械という概念を編み出した。二人によれば、「戦争機械は、ノマド的組織形態の必然的帰結」（『千のプラトー』河出書房新社、一九九四、四四六頁）であり、かつそれは、「国家装置の外部」（同、四〇七頁）に存在する。彼らの理論において重要なのは、「戦争機械は戦争自体に対してきわめて多様な可変的関係を持っている」（同、四七七頁）という点である。戦争機械は、「戦争を第一の目標とするのではなく、自分が衝突する国家形式と都市形式を破壊すべく規定されているという意味で、戦争を第二の、代補的あるいは総合的目標とする」（同、四七三頁）。国家に「所有される」ときに初めて、「戦争機械が戦争を直接的かつ第一の目標とし」、「戦争が国家の諸目的に従属させられる」（同、四七三―四七四頁）ようになるのである。逆に戦争機械がノマドの手にあるうちは、戦争機械は「戦争ではなく、創造的な逃走線を引くことと、平滑空間とそのなかにおける人間の運動の編成を目標にする」（同、四七八頁）。

この最後の性質によって、戦争機械の概念と黄金期海賊との関連性が示される。ドゥルーズ＝ガタリの言葉にしたがえば、黄金期海賊は、国家や資本主義の抑圧から逃れるための闘いに伴う必然的な結果として、ノマド的戦争機械となっていたといえる。「創造的な逃走線」、「平滑空間の編成」、「そのなかにおける人間の運動」。黄金期の海賊は、このような力学をすべて文字通り備えていた。海賊の戦争機械は、全体主義体制を打ち立てるためのものではなかった。それは、国家およびそれに類するものをぶち壊すことを目的とした。以上のことを踏まえれば、以下のくだりはたいへん的を得ている。

不服従行為、蜂起、ゲリラ、あるいは行動としての革命といった反国家的企てが生起するたびに、戦争機械が復活し、新しいノマド的潜勢力が出現し、平滑空間が再構成される、あるいは、あたかも平滑空間であるかのような空間に存在する仕方が再構成される、といえよう。そのためにこそ国家の反撃は、国家の支配をはみ出す危険のあるすべてに対抗して空間を条理化することなのである（『千のプラトー』、四四二頁）。

ノマド的戦争機械は「戦争を第一の目標としない」が、海賊の戦争は、単なる「メタファー」や「シンボル」といったものではなかった。さまざまな理由から、バカニーアや黄金期海賊の暴力は歴史的に誇張されてきたとはいえ（四章十一節を参照）、彼らは決して平和的ヒッピーでもなかった。スティーヴン・スネルダーズもご多分に漏れず、バカニーアが「よくよく気にかけたのは、もっとも大事な持ち物であり道具である火器とカトラスだけだった」（Snelders 2005: 108）と認めている。アンガス・コンスタムは、バカニーアが使った武器を見事に編集して一覧を作っている（Konstam 1999: 117）。戦闘を海賊的イニシエーション儀礼として触れている話もある。たとえばマーカス・レディカーによれば、「海賊船長トマス・コクリンは、『新参者』は戦場で実際に戦うまで海賊コミュニティの真の一員だとはみなせないと考えていたようである」（Rediker 2004: 79）。

仮にノマド的戦争機械という概念に妥当性があり、バカニーアが展開し、黄金期海賊が花開かせた反国家主義の系譜にもそれが当てはまるものであると考え、なおかつピエール・クラストルの結論に妥当性を認めるのならば、すぐ戦争に走るバカニーアや黄金期海賊の血の気の多さは、野蛮な国家権力の形成を避けるのに必要かつ効果的なのかもしれない。というのも、「クラストルは、国家形成を妨げる最も確実なメカニズムとして未開社会における戦争を規定している」からである。「戦争は諸集団の分散性と断片性を維持する一方、戦士は、戦功を蓄積する過程に引きずり込まれる結果、威信に満ちた、しかし権力には無縁な孤独あるいは死に導かれる」（『千のプラトー』、四一三頁）。

ドゥルーズ＝ガタリの分析のなかで、バカニーアや黄金期海賊にとってとりわけ重要なのは、戦争機械を国家が利用する場合があるという点である。これには二つの理由がある。まず、バカニーアが政府の植民地事業と国家間競争を助ける私掠者として国家に雇われると、彼らの生み出したノマド的戦争機械は、国家の目的のために利用されるようになったという理由から。このためにアレクサンダー・ウィンストンは、私掠についての著書の末尾を以下のような預言めいた言葉で結んでいる。「私掠が必要とされるときが来たら、いつでも復活するだろう」(Winston 1970: 231)。二つ目は、国家に作られた戦争機械が自らの目的にしたがったために、国家から放棄されると、収拾のつかないほどノマド的になってしまったという理由から。後者の出来事は、カリブの歴史にとってとりわけ重要なことである。ジャニス・E・トムスンの、「私掠は海賊行為という問題を生み出した元凶であった」(Thomson 1994: 54)という率直な見解には、かなりの真実が含まれている。当時の記録においてもそのように考えていたふしがある以上、それに間違いはない。ジョンソン船長は、この問題を以下のように整理している。

戦時、獲物と富を求めて私掠船に乗り込んだ多数の怠惰な連中は、富を得たらすぐさまそれを湯水のごとく使い果たしてしまうのだが、戦争が終われば連中の親しんだ仕事はなくなり、いとも容易に海賊行為を働くようになるというのも事実である。海賊行為は政府の特許状のない私掠行為と同じだから、彼らは合法、非合法という区別なんかしないのである(『海賊列伝　上』、七十四頁)。

スペイン継承戦争勃発の直後にカリブ海で郵便事業を展開していたエドマンド・ダマーなる人物は、以下のように漏らした。「この忌々しい商い〔私掠〕のために多くの海賊が生まれることになったら、戦争が終わった瞬間にもっと状況は危険になり、むしろ今の敵国との緊張関係のほうがまだましになるはずだと誰もが思っている」(Earle 2003: 159; Rediker 2004: 19)。フィリップ・ゴスによれば、これこそ一七一三年の戦争終結後に起こった事態である。

こうして数千人の私掠船乗組員が職を失ったが、まっとうな商船の仕事は、彼らを受け入れられるほど十分にはなかった。陸に上がって何らかの仕事についた者ももちろんあった。しかし、何百人もの荒くれ者は、いまだに口を糊するてだてがなかった。その結果、彼らは徒党を組み、私掠許可証なしでふたたび海に出た。失うものなど何もない連中は、恐れを知らなかった。実際彼らは、「全世界に宣戦布告した」といわれる(『海賊の世界史 下』、十二頁)。

間違いなく以上のような状況が決定的な引き金となって、このすぐ後に黄金期海賊はかつてないほど略奪行為を働くこととなったのである。

現代にも驚くほどパラレルな状況がある。合衆国が養成し、資金援助したものの、この恩師に仇をなすようになった「イスラム原理主義者」、政治的利害集団に雇われなくなったのにテロ活動を続けるラテンアメリカの反政府勢力、かつての社会主義国の諜報機関の残党が組織した民兵、政府が武器援助していたスーダンのダルフール地区のジャンジャウィード、そしてこの地球の隅々に存在する、何千人もの山賊化したゲリラ。つまり国家は、自分で自分にとっての最悪の敵を作っているのである。これは歴史上再三にわたって発生した。こうなってしまうのは、必ずしも自分でコントロールできないような暴力に国家が頼っているからである。このことから、改めて海賊の政治的立ち位置の不安定さが脳裏によぎってくる。なぜなら右に挙げた離反者たちは、いずれもが自由の闘士になる可能性を秘めているが、一方で冷酷な殺し屋にもなりうるからである。このなかのどの辺りに黄金期海賊を位置づけるべきか、いつもはっきりしているわけではない……。

四章五節　戦術の考察：海賊とゲリラ戦

スティーヴン・スネルダーズいわく、黄金期海賊は、陸地に基地を持つというバカニーアのしきたりを捨てて、「ゲリラ戦法を戦術として採用し、西インド航路、アフリカ航路、アラビア・インド洋航路の船籍を略奪した」（Snelders 2005: 167）。ゲリラ戦という言葉は、根拠なく用いられているものではない。その方法、戦術という点から、黄金期海賊は、偉大なるゲリラ理論家、特に挙げるならば毛沢東、チェ・ゲバラ、カルロス・マリゲーラらが理論化したゲリラ戦を現実に闘ったのである。海賊のノマド戦争機械とは、ゲリラ戦争機械のことであった。

まず構造的に驚くほど類似点がある。「遊撃戦《ゲリラ》とは、軍事力に劣るがより強力な敵と戦う際に使用する武器である」(Mao 1962: 31) とする毛沢東の言葉は、海賊をめぐる状況を的確に表している。ただし、「劣勢な国民《ネーション》」は「非国民」に、「より強力な」国家《ネーション》は、「全国家」という言葉に書き換えなければならない。しかし重要なのは、黄金期海賊とゲリラ軍との類似点は、方法や戦術にあるのであって、政治的なものにあるのではないという点である。政治という観点からすれば、黄金期海賊の対世界戦争に、ゲリラ戦と呼ばれるべき資格はないだろう。なぜなら、第一に、この戦いには、ゲリラ戦についてのあらゆる理論家がその決定的要素と位置づける政治意識が欠落しているからである。たとえばマリゲーラは、以下のように力説する。「我々の政治的目標は、断固として守られなければならないし、それに、都市ゲリラや農村ゲリラが略奪の手引きをしたり、賊と結託したり、連中の手段を用いるのは、断固として防がなければならない」(Marighella 1974: 86)。そして次に、黄金期海賊には、人民《ピープル》やその援助というものはなかった。毛沢東によれば、「基本的に遊撃戦《ゲリラ》とは、大衆のなかから生まれてくるものであり、大衆の支援を受けたものである」(Mao 1962: 33)。チェ・ゲバラによれば、「ゲリラ戦とは、支配勢力に抗する全人民の戦争である」(Guevara 1970: 288-289) が、黄金期海賊が遂行した戦争は、決してそのような代物ではなかった。ゲバラの考えに従えば、実は黄金期海賊はゲリラ軍ではなく「追いはぎ集団」だということになる。

ゲリラ戦士は、地域人民の全面的な援助に頼っている。これは必須条件である。このことは、地域に横行する、たとえば追いはぎ集団（gavillas de bandoleros）の場合を考えてみれば、明快に理解できる。彼らは、統制、リーダーへの尊敬、勇敢さ、土地勘など、ゲリラ軍が持つ多くの特徴を備え、取るべき戦術を正しく理解していることさえしばしばである。ただひとつ、欠いているのは人民の支持である（チェ・ゲバラ『新訳　ゲリラ戦争　キューバ革命軍の戦略・戦術』甲斐美都里訳、中公文庫、２００８、三十二頁　以下、『ゲリラ戦争』と表記）。

もちろん、山賊や強盗という烙印を押される者たちも、人民の抑圧との闘いに必要なのだと擁護してやることはできる。実際毛沢東も、ゲリラ軍概念のなかでそのような規定をしている。

七番目、かつ最後の遊撃《ゲリラ》組織は、盗賊団が形成するものである。困難な課題だが、敵がそうした一味を利用する前に、粉骨砕身してこの計画を実行しなければならない。連中をオルグする際には、その政治的信念を矯正してやりさえすれば十分だ。根幹となる遊撃《ゲリラ》団とはどうしても違いが生じてきてしまうが、大軍の遊撃《ゲリラ》団にまとめ上げるのも可能である（Mao 1962: 55）。

これが黄金期海賊にも当てはまるかということに関しては、この章の以下の節で考察していきたいと思う。以下のページでは、ゲリラ教本とそれに対応する海賊史のくだりをそのまま引用しながら、海賊戦争とゲリラ戦争とのあいだにある方法的、戦術的類似点を描き出して行きたい（マリゲーラを引用する際には、都市ゲリラ戦争の「都市」という指定は、ここでの総体的な比較の際には関係ないと思われるので、以下の引用からは省いてある）。いくつかの小さな例外を除いて（たとえばゲバラの「アルコールはダメ」、「進軍中は断固として静寂を守る」〔『ゲリラ戦争』、九十二―九十三頁〕といった要求項目）、驚くほど共通点がある。

基礎概念

「ゲリラの技術」と、それを闘争で用いた際のメリットを指摘するマリゲーラの言葉は、一字一句、海賊の状況を言い表している。

ゲリラの技術は、次のような特徴を持っている。

A．攻撃の技術。周知のように防御戦は我々の死を意味する。我々は火力で敵に劣っているのだから、敵の集中攻撃に対し、防御することは不可能である。これこそが、いつまでも同じ技術が通用しない理由であり、固定基地を持つことができずに、敵の反撃を撃退するために一ヶ所に長く留まることができない理由である。

B．攻撃し退却する技術。そうすることで我々は戦闘能力を保存できる。
C．都市ゲリラ戦争を発展させる技術。それは敵を疲労させ、志気を奪い、混乱させる。一方、革命戦争のために決定的な役割を果たすことになっている農村ゲリラの出現と持続とを可能にする。

ゲリラ戦の優位とは次のようなことである。

1．敵の意表をつくこと。
2．敵以上に戦場の地理を知ること。
3．警察やそのほかの抑圧部隊に優る機動性を持つこと。
4．敵を上回る情報網を持つこと。
5．状況を適切に指揮して、優れた決断力を示すこと。

そうすれば味方はみな勇気付けられ、躊躇などしないし、他方、敵は放火を浴びて応戦できなくなるだろう（カルロス・マリゲーラ『都市ゲリラ教程』日本・キューバ文化交流研究所編訳、三一書房、一九七〇、一四九―一五一頁。以下、『教程』と表記）。

このようにゲリラ訓練の仕方を展開するマリゲーラの文章を読んでいると、なんだかイスパニオラ島がゲリラ兵士の養成キャンプに思えてくる。

ゲリラは、組織的に訓練してはじめて、物理的な戦闘能力が得られる。肉体の訓練に役立つことは、森林のなかで生存するためのハイキング、キャンプ、その他の訓練、登山、ボート、水泳、スキン・ダイビング、潜水夫としての訓練、釣り、銛《もり》打ち、狩猟などである（『教程』、一三九―一四〇頁）。

射撃

マリゲーラ：「ゲリラの必要条件であり、行動し、生き延びる基本的な条件は射撃である。ゲリラ戦という特殊な戦争形態においては、しばしば近接戦闘が発生する。敵に発見されないために、先に発砲しなければならないし、的をはずしてはならない」（『教程』、一四三―一四四頁）。

デヴィッド・マーリー：「十七世紀後半に世界規模でさすらい者が増えていった最大の要因は、おそらく火力である。たいていの海賊団は、頭数が足りなくとも、悪知恵と機動力と優れた射撃術があれば、目的は達成できると考えていた。交戦中、たいていの私掠船は、近距離射撃ができるまで待つしかなかったが、サントドミンゴに暮らした名ハンター、バカニーアらは例外だった」（Marley 1997: 62）。

スティーヴン・スネルダーズ：「兄弟たちの精神は自立していたために、彼らは戦闘員としてとても有能であった」（Snelders 2005: 130）。

武装

マリゲーラ：「軽火器の利点は、扱いが簡単で、持ち運びに便利だということである」（『教程』、一四一頁）。

毛沢東：「遊撃団《ゲリラ》の装備に関しては、迅速に攻撃を仕掛けるために簡単な装備でなければならないということを心せよ」(Mao 1962: 59-60)。

スティーヴン・スネルダーズ：「バカニーア的生の基本原理であると同時にバカニーアの誰もが持つ性癖であり、ある意味ではバカニーアのレゾンデートルとでもいっていいが、彼らは火縄銃、らっぱ銃、ピストルなどの小火器にやたら詳しかった。彼らは、五、六人の小さなハンター集団を組んでこうした武器を携行し、島を徘徊したのである」(Snelders 2005: 67)。

補給

毛沢東：「部隊の装備は、欲しいものでも必要なものでもなく、入手可能なもので済ませなければならない」(Mao 1962: 60)。

ゲバラ：「ゲリラ隊資材の最も重要な供給源は、まさに敵の軍備である」(『ゲリラ戦争』、三十八頁)。

コーディングリー＝ファルコナー：「諸国家の冒険者から構成される、この異色混合団の衣服、武器、船に関しては、略奪したもので用を足していた」(Cordingly and Falconer)。

接収

マリゲーラ：「車に関して言えば、ゲリラは必要なものを強奪すべきである。すでに物資が整っていれば、車の強奪によって、さらに多様な獲得の方法が可能になる。現金、武器、弾薬、爆薬なども強奪すべきである。ゲリラは見つけ次第、銀行と武器庫を襲い、弾薬と爆薬を奪うべきだ。こうした作戦は、たった一つだけの目的のために行われるのではない。襲撃の目的が金であっても、守衛が持っている武器も奪わねばならない」(『教程』、一四八頁)。

すでに強調してきたことだが、黄金期海賊は、完璧に「接収」という手段に頼っていた。逆に言えば、気のふれた「紳士海賊」、スティード・ボネットは、金を払って船を買うという「心配りができた」唯一の海賊として有名である(Gosse 1924: 52)。

急所

ジェームズ・コノリーは、革命戦争に関する論考のなかで、ゲリラ戦では「山小道」でどう戦うかが重要だとする。「ストリートは、都市における山小道である。山小道では、前線を狭めることによってしか進軍できないので、敵の絶好の獲物になってしまう」(Connolly 1970: 136)。

トルトゥーガ島の周りが「回りこめないポイントと攻撃を受けやすい隘路で占められていた」(Galvin 1999: 164)という事実は、バカニーアにとって大きな意味があったと、ポール・ガルヴィン著の『略奪類型(*Patterns of Pillage*)』のなかで述べられている。

スピード

レジス・ドブレ:「戦時にはスピードが最も重要である。特に、武装も整わず、経験も浅いゲリラ団が、武装の整った、歴戦の敵勢力と対峙する際には、それは欠かせない」(Debray 1970: 299)。毛沢東も、「戦略的決定は電光石火の速さで」(Mao 1962: 70-71)下さなければならないとする。

コーディングリー＝フォルコナー：「スピードは、海賊船が襲撃を成功させ、速やかな逃亡劇を演じるために最も重要なものであった」(Cordingly and Falconer 1992: 114)。

ダグラス・ボティング：「スピードと奇襲は核心をなすものであった」(Botting 1979: 55)。

奇襲

マリゲーラ：「ゲリラは全般的な弱さと武器の不足を奇襲によって補う」(『教程』、一五一頁)。
毛沢東：「奇襲部隊は一般の戦争には存在しないが、遊撃戦《ゲリラ》においてはそうした戦術を取る機会は多い。遊撃戦《ゲリラ》では早さが肝心だ。遊撃部隊《ゲリラ》は、内密に、神がかったかのごとき速さで移動しなければならない。敵に気付かれてはならず、迅速に行動に入るのだ。計画の実行にぐずぐずしていてはならない。ひよって防御の姿勢に入るのもなしだ。部隊を多くの戦闘地域に拡散させてはならない。基本戦術は、相手の裏をかく攻撃である」(Mao 1962: 70)。
ゲバラ1：「ゲリラ軍の攻撃形態もまた、正規軍のそれとは相違している。ゲリラの場合、奇襲から始まる猛烈で容赦ない攻撃は、急にぴたりとやむのである。重要なのは、奇襲と電光石火の攻撃である」(『ゲリラ戦争』、四十五―四十六頁)。
ゲバラ2：「『攻撃後即遁走』。ある人たちはこれを軽蔑する。まさにその通り。攻撃して撤退する、様子を見る、待ち伏せる、また撃って、撤退する。それを繰り返して、敵に休息の暇を与えない。これらのやり方は、正面会戦を避けようとする逃げの姿勢に見えるかもしれない。しかし、これはゲリラ戦の一般的戦略であり、その究極の目的は、どの戦争におけると同じく、敵の撃滅である」(『ゲリラ戦争』、三十六頁)。

アンガス・コンスタム：「隠密行動と奇襲作戦は、バカニーアが襲撃を仕掛ける際にかぎとなる原理だった」(Konstam 2000: 10)。

ダグラス・ボティング：「彼らは根っからの電撃的奇襲者であったために、その用兵学は、こうした目的にかなうように設計されていた」(Botting 1979: 55)。

コーディングリー＝フォルコナー：「戦闘が生じた際に、海賊がもっとも好んで取った作戦は、隠密行動、奇襲攻撃、だまし討ちだった」(Cordingly and Falconer 1992: 70)。

マリゲーラが要約した以下のくだりは、またしても一字一句、バカニーアや黄金期海賊にも当てはまるものである。

奇襲の技術は、次の四つの基本条件からなる。

A．正確な情報と、注意深い観察を通して、敵の状態を知っていること。反対に敵には攻撃者、攻撃の事実を知られないこと。

B．攻撃する敵の兵力を知る反面、敵には味方の兵力を知られないこと。

C．奇襲によって、味方の兵力を節約、温存し、敵には奇襲をできなくして、状況の成り行きのままにさせること。

D．攻撃の日時、場所を決め、攻撃時間と目標を定めること。これも敵に知られてはならない（『教程』、一五一頁）。

「平滑空間」

毛沢東：「状況が困難な場合、遊撃軍《ゲリラ》は、水の流れるがごとく、そよ風のようなやさしさで移動しなければならない。戦術は、敵を欺き、惑わし、混乱させることとせよ。敵には東や北から攻撃を仕掛けてくるのだと思わせておいて、こちらは西や南から襲うのだ。そして攻撃を加えたら、即刻分散するのだ」（Mao 1962: 74）。

レジス・ドブレ：「最初は雲隠れしているのだが、リーダーが決定した時間と場所に、正確に現われるのだ」（Debray 1970: 300）。

デヴィッド・コーディングリー：「絶えず正式の軍隊と戦火を交えてきた海軍は、重武装した逆徒、ゲリラ、テロリストに対峙したときにも問題に直面した。次の攻撃はいつどこで起こるか、予測しなければならなかったのである」（Cordingly 1995: 242）。

ポール・ガルヴィン：「海賊の動きは、その先達〔であるバカニーア〕の行動よりも予測が難しかったために、捕獲が困難だった」（Galvin 1999: 68）。

地勢

マリゲーラ1：「地理はゲリラにとって味方のようなものである。したがって自分の手のひらのように知っていなくてはならない」（『教程』、一五二頁）。

マリゲーラ2：「ゲリラが知り抜いている入り組んだ土地では、警察にとっては見えない者を捕らえ、捕らえようのない者を制止し、誰か分からないような者と交戦するようなもので、解決のしようがない」（『教程』、一五二頁）。

ゲバラ1：「ゲリラ戦の戦術をより詳細に分析すれば、ゲリラ戦士たちは地勢をよく知っている必要があることが分かる。進入口と逃げ道を確保しなければならず、そこで迅速な作戦行動が取れるかどうか、どこに適当な隠れ場所があるか、なども熟知しておかねばならない」（『ゲリラ戦争』、三十三頁）。

ゲバラ2：「ゲリラ戦士は、作戦行動の舞台を、手のひらをなぞるように熟知していなければならない」（Guevara 1970: 290）。

ピーター・アール1：「昔から、〔海賊たちは〕追跡者より航海をスムーズに行える海域を知っていた。それはしばしば強みとなった」（Earle 2003: 184）。

ピーター・アール2：「あるとき、王国船『マーメイド』号は、海賊ロウが指揮する良質のワインを積載したスループ船を追跡して、間近に迫ろうとしていた。『しかしそのスループ船に乗っていた者の一人が、そこに浅瀬があるということを知っていたので、彼に導かれて、ロウはまんまと逃げ延びることができた。一方、一発かましてやれるほど間近に迫っていたその戦艦は、浅瀬に乗り上げ、マストが折れてしまった』」(ibid.)。

機動力

マリゲーラ1：「ゲリラはつねに機動的でなければならない」(Marighella 1971: 85)。

マリゲーラ2：「敵に出合った場合には、つねに動いていなければならない。一ヶ所にじっと留まっていることは、動かぬ標的と同じで、非常に危険である」(『教程』、一四四頁)。

毛沢東：「『前』と『後ろ』という言葉があるが、遊撃軍《ゲリラ》は、たとえ基地を持っていても、その主な活動部隊は敵の後方部であるということを心せよ。遊撃軍《ゲリラ》にとって、後ろはないのだ」(Mao 1962: 39)。

ゲバラ1：「ゲリラ隊の基本的特性は機動性である。必要であれば、特定の戦場から数分で移動して、数時間のうちに遠くに離れることもできる。この機動性を持って、ゲリラは絶えず前線を移動して、包囲を回避するのである。さらにはそれによって、こちらが逆に敵を包囲することだってありうる」(『ゲリラ戦争』、四十三頁)。

ゲバラ2：「静止したゲリラ戦争などありえない。撤退は迅速に行わなければならない」(Guevara 1970: 290)。

ここで、黄金期海賊の生活を考察したこれまでの節で引用したくだりが、いくつか脳裏によぎってくる。

スティーヴン・スネルダーズ：「海賊はみな、自分たちに帰る場所はないということを知っていた」(Snelders 2005: 198)。

ロバート・C・リッチー：「手当たり次第《アナキスティック》に略奪するということは、一回の航海で数ヶ月、もしくは何年も作戦基地を離れ、海をさまよわなければならなかったということである」(Ritchie 1986: 19)。

デヴィッド・コーディングリー：「海賊船の航路の研究によって、海賊船は大して理由もなく世界各地でてんでバラバラな動きをしていたということが明らかとなる」(Cordingly 1995: 110)。

組織形態

マリゲーラ1：「我々の組織の指揮は、経験豊かな少数精鋭メンバーで構成されている。我々の指揮体系は、特に秩序、支配面において、つねに単純に組み立てられている。したがって、そのメンバーが信認されるためには、大胆かつ責任ある行動において、際立って優れており、また防衛については、独創力、非妥協性、革命的原則の具体的な適応のできる優秀な者でなければならない」(『教程』、七十三頁)。

マリゲーラ2:「ゲリラは軍隊ではなく、意識的に分散した小さな武装集団である」(『教程』、一四七頁)。

毛沢東1:「どのような軍においても、下位の兵士はその司令官に従わなければならない。それは遊撃軍《ゲリラ》においても同じである。しかし遊撃軍《ゲリラ》の規律の原則は、個々の良心である。遊撃軍《ゲリラ》に関しては、強制的規則は不毛なものである」(Mao 1962: 65)。

毛沢東2:「革命軍においてはなんびとも政治的自由があるので、たとえば民族解放という問題については、そうした議論に寛容な態度を示すだけではだめで、積極的に議論に加わらなければならない」(ibid., 66)。

毛沢東3:「司令官も部下と同じ条件の下で生活しなければならない。なぜなら、それでしか戦時に不可欠なものである信頼と賞賛を部下から得られないからである」(ibid.)。

ゲバラ:「配給は、一番新入りのゲリラから隊長に至るまで平等でなければならない。慢性的物資不足という状態に加えて、食事は日常における唯一のイベントであるので、これは大きな重要性を帯びることがらである。部隊は公正さを持って、配給量を正確に測り、少しの不公正もあってはならない」(『ゲリラ戦争』、八十九頁)。

ここでも、黄金期海賊の生活に関するいくつかのくだりが思い起こせる。

デヴィッド・コーディングリー:「海賊社会は民主制を取っていた」(Cordingly 1995: 117)。

マーカス・レディカー1：「協議によって下された決断は神聖不可侵のものであった。どんなに勇気のある船長でも、その力にあえて逆らおうとはしなかった」Rediker 2004: 69)。

マーカス・レディカー2：「海賊が作った社会的組織形態は、流動的なものであった」(ibid., 81)。

フランク・シェリー：「海賊は、たいていの場合、船長は能力主義で選んだ」(Sherry 1986: 128)。

スティーヴン・スネルダーズ：「銃撃防衛能力が高かったり、勇敢だったり、ドスが利いていたり、愛されている船長がいたとしても、ヒエラルキーと権威主義は、すべてつねに疑いの対象だった」(Snelders 2005: 187)。

ロバート・C・リッチー：「略奪者たちは、普段から多数決によって物事を決めるという、自己充足的な小さな民主主義社会に暮らしていた」(Ritchie 1986: 25-26)。

先駆《イニシアティブ》

最後に、ゲリラ教本の多くのくだりは、海賊はあらゆる意味で先鞭《イニシアティブ》をつけたという本書のテーマを、はっきりと証明している。

マリゲーラ1：「地下組織を建設するために、戦闘性に富んだ独創的《イニシアドール》小グループが形成された。この地下組織こそ革命的活動を保証するものであり、その建設がぜひとも進められねばならないものだ。旧左翼政治組織が代議員を会議に召集することによって形成してきたヒエラルキー的構造を取り除くために」(『教程』、六十五―六十六頁)。

マリゲーラ2：「我々の主要な活動は、党の建設ではなく、革命的行動を展開することである」（『教程』、七十四頁）。

マリゲーラ3：「ゲリラには、攻撃し、すぐ退却する以外に任務はない」（『教程』、一五四頁）。

毛沢東1：「防衛戦術は、遊撃戦《ゲリラ》において存在の余地はない」（Mao 1962: 70）。

毛沢東2：「攻撃は、遊撃部隊《ゲリラ》が先鞭《イニシアティブ》を切ってやらなければならない。つまり、遊撃部隊《ゲリラ》は、先手《イニシアティブ》を取れない状況に追い込まれてはだめであり、仕方なく攻撃の決定を下さなければならない状況に追い込まれてはならないのである」（ibid., 75）。

ゲバラ1：「ゲリラ兵士の別の特質は、柔軟性、つまり、いかなる状況にも適応し、起こりうる予期せぬ出来事を逆用して利点に変えることである。融通の利かない正統の戦争とは反対に、ゲリラ戦士は戦闘のさなかでも柔軟に独自の戦術を編み出して、絶えず敵の裏をかく」（『ゲリラ戦争』、四十五頁）。

ゲバラ2：「戦闘員生活の枠内で、歓喜の絶頂を全員にもたらし、新しい力を吹き込むものは、戦闘である。戦闘はゲリラ生活におけるクライマックスであり、敵宿営地が殲滅できるぐらい弱体であると分かったときや、敵縦隊が解放軍勢力の占領地域に向かって単独で直接向かってくるときのような時宜を選んで行う」（『ゲリラ戦争』、八十頁）。

ゲバラ3：「戦闘はゲリラ生活において最も重要なドラマである。それはほんの短い時間を占めるに過ぎないが、それでもなお、その小さな衝突一つ一つが戦闘員にとっての根底であるがゆえに、その華々しい瞬間には尋常でない大切な意味がある」（『ゲリラ戦争』、九十八頁）。

結論。レーニンが、ゲリラ戦とは、「ルンペン・プロレタリアートやアナキストといったふうてんの輩が取るのにふさわしく、かつ唯一の社会闘争の形式」（Lenin 1970: 87）のことであると述べたのは、重要だと思われる。ルンペン・プロレタリアートやアナキストは、黄金期海賊と似ているところがある。黄金期海賊のゲリラ戦術は、「海賊ユートピア」の著者の言葉を信じるならば、圧倒的に効果的だった。「襲撃団の派遣が首尾よくいったために、帝国に危機が生じた。海賊はイギリスの植民地貿易を襲撃し、発生段階の惑星的搾取、奴隷制度、植民地主義のシステムを灰燼に帰したのである」（Anonymous 1999）。これをもってすれば、革命意識のない黄金期海賊でも革命民族と呼ぶことができるのだろうか。

四章六節　革命的でラディカルなプロレタリア海賊？：定義の問題2

革命的であるとはどういうことかという問題は、しばしば単なる言葉をめぐる争いに終始してしまう。アナキスト的なものをめぐる問題も、言葉の定義によるところが大きい。仮に、革命的であるためには包括的政治アジェンダ（行動計画）、つまり社会の組織構造を根本から変えるというアジェンダを意識的に持っていなければならないとするならば、そうしたアジェンダはなさそうである以上、多くの黄金期海賊にその資格はないだろう。だが仮に革命的であることが、社会の組織構造の崩壊という、政治体制が心底恐怖する事態に拍車をかけることを意味するのならば、黄金期海賊には確かに革命性があったし、その行動は革命的なものであったと言って間違いない（Rediker 2004: 101）。もっとも、こうやって確認してみたものの、これにどれほどの意味があるのかはまた別問題である。

すべての歴史研究者が、黄金期海賊には政治意識がなかったといっているわけではない。マーカス・レディカーの主張によれば、

海賊は、民主主義的で平等主義的な独自の自律社会を意識的に形成したのである。それは、商船、海軍船、私掠船で広まっていたしきたりを覆した画期的なものであると同時に、接収、搾取、威圧、奴隷制度に支えられた大西洋資本主義文明に対する対抗文化という意味合いもあった（Linebaugh and Rediker 2000: 172-173）。

海賊は、船乗り時代と無頼時代の生存闘争のなかで培った集団的エートスを通じて、自分たちをめぐる社会関係を認識していた。連中のなすことには理由があった。それを、はっきりと、自信を持って、しつこいくらいに示した。時々一人よがりになることさえあった。社会的ルール、平等主義的社会組織、それに復讐と公正さという理念は、人が「公正に扱われる」ような世界を作ろうと格闘した産物である（Rediker 2004: 101）。

ハンス・ターリーはいくぶん語気を和らげている。「バカニーアや私掠者とは違って、黄金期海賊は、社会の因習から逃れて生きようと思っただけでなく、そうしたしがらみを否定するような生活を選び取ったのだ」（Turley 1999: 30）。

黄金期海賊が、政治意識をもって行動を展開したという仮説を証明するかのような記録もある。ある資料は、トマス・チェックリーなる商船船長を挙げている。彼は、「ロビン・フッドの後継者」を名乗る海賊に船を乗っとられたと語る（Jameson 1923: 304）。ジョンソン船長によれば、死刑宣告を受けたバーソロミュー・ロバーツ海賊団の何人かは、「なんてついてないんだ、俺たちは。ほかにも悪事を働いている連中はいるのに、そいつらに限ってばっくれやがって」（『海賊列伝　上』、四〇四頁）と捨てゼリフをはいたそうでである。大半が「罪のない子どもたち」（『海賊列伝　下』、二一六頁）のものであると分かった途端に、船の略奪品を返した海賊団〔ホワイト海賊団のこと〕もある。さらにジョンソン船長は、かの有名なメアリー・リードの言葉でもっとも社会的意識が表れたもののひとつを記録している。彼女は死刑の賛成派だが、その根拠は、それがないと「未亡人や孤児をかどわかしたり、司法に与ろうにも先立つものがない哀れな人々を虐げる連中が、海で略奪をほしいままにして、海が陸上に匹敵するチンピラの巣窟になってしまう」（『海賊列伝　上』、二二七頁）からである。海賊黄金時代も末を迎えると、拿捕した商船の船長に裁きを下すこともあった（四章十二節を参照）。しまいには、政治権力はものの見事にコケにされた。バーソロミュー・ロバーツ海賊団の襲撃の被害者の証言によれば、「あのふざけた連中（海賊）は、俺ら、カネもってないから、くれたら感謝の意を伝えるよとジョージ王の恩赦をコケにした」（「ボストン・ニュース・レター」一七二〇年八月二二日 Jameson 1923: 315 より引用）ようである。しかし、こうした例をもってしても、「貧乏ヤクザ」を自認する黄金期海賊が、何らかのかたちで政治意識、社会意識を持っていたといえるわけではない。略奪するにしても、丁重に扱わなければならないと思われた被害者がいたのは確かだが、全体としてみるならば、犠牲者は無差別に選ばれたとしか思えない。資料は、黄金期海賊が富める者だけ狙ったとか、貧者に情け深かったと主張できるような論拠を与えない。海賊はむしろ、エリック・ホブズボームが展開した「社会盗賊（*social bandit*）」という構図に適合する。これについては、本章七節で論じる。

バカニーア社会や黄金期海賊社会における意識的政治活動の研究において、もっとも最初に名前が挙げられるのは、一九八四年、「ラディカルな海賊？（Radical Pirates?）」という論文を公表したクリストファー・ヒルである。

この論文のタイトルの末尾に付いているクエスチョン・マークを、ともすればなかったことにしてしまうラディカルな海賊フリークが多いという点は、注目に値する。ヒル自身は、慎重に言葉を選んで論文を締めくくっている。「西インド諸島を、〔イギリス〕革命敗北後の政治的急進派にとっての隠れ家と考えるならば、より綿密な調査が必要とされるかもしれない」（ヒル『十七世紀イギリスの民衆と思想』、二五一頁）。つまりヒルは、論証の結果から断言しているのではなく、単に面白い研究の可能性を指摘しているに留まる。もっとも、「ジョンソン船長が描き出すような海賊のラディカルな思想が資料として残っている可能性も、不可能ではないといえるだろう。いやむしろ、その可能性は高い」（同、二四二頁）。このくだりこそ、多くのラディカルな連中のテンションを支えてきた一文である。

　ヒルの論文の主要な論点を思い出そう。ヒルの主張は、一六五四から一六五五年にかけてのクロムウェルによる西インド諸島遠征部隊の派遣に際して（この最大の歴史的意義は、イギリスがジャマイカを植民地、かつバカニーアの前線基地とするようになったということである）、多くの過激派《ラディカルズ》も一緒に西インド諸島に追放されてきたかもしれないというものである。ここで彼らは、バカニーア一味、海賊一味を構成したり、あるいは、社会に反体制的空気を醸成して、人々をオルグしたかもしれない。とりわけヒルが持ち出すのは、ランターズ（Ranters）やクエーカーといった、キリスト教徒ではあるが反教会的逆徒である。加えて、バカニーア一味のなかにも「ニュー・モデル軍の色あせたレッド・コート」（同、二四一頁）が存在していたとする。ニュー・モデル軍とは、十七世紀中葉のイギリス共和革命期における軍隊である。以上のような論点を、どのように解釈したらいいだろうか。

自由主義的汎神論を奉じるランターズは、本書〔のテーマ〕に見事に一致する。なおかつヒルによれば、「ディオニュソスが追放されつつある世界でディオニュソスを賛美したという点で、彼らはまるで英雄のような偉業を達成した」(Hill 1973: 339) 以上、本書にもってこいである。ただ、ランターズが西インド諸島に流刑となった記録はないうえに(ましてや西インド諸島で社会的に認識可能な実体を形成していたわけではない)、ランターズ・ムーブメントそのものについての信頼に足る資料すら不足している。これを踏まえて、一部の研究者は、そもそもランターズ・ムーブメントそのものが存在しなかったのだと断言している。

内なる精神の至高性。あらゆるモノに備わる神、あるいはあらゆるものを所有する神という汎神論。千年王国を直感したときに感じる震え。倒置法の習熟。十七世紀中葉という精神的高揚の時代に特徴的なこれらの傾向は、ランター団に限ったものではない。したがってこれも、ランター団なる集団がいたとする十分な根拠とはなりえない。状況から考えるに、ランターズは、同好の士の集まった小宗派としても、あるいは大、中、小のムーブメントしても存在していなかったと考えるのが妥当である。つまり、ランター的な精神があったのみである (Davis 1986: 75)。

たとえランターズ・ムーブメントが存在し、カリブ海まで到達していたとしても、それがバカニーアや黄金期海賊に影響を及ぼしたような痕跡はほとんどない。もちろん、決まって引用される例として、マダガスカルの「ランター湾」がある。ここでジェームズ・プランテインなる者が、一七二〇年、「海賊王」に上り詰めている（ヒル『十七世紀イギリスの民衆と思想』、二四八頁）。しかし、これをもって海賊社会におけるランター派の存在の証拠とするのは、ずいぶん心許ないのではないか。というのも、たとえば標準的な辞書はどれも、動詞の「ラント（*rant*）」は、十七世紀、十八世紀には「たわごとをしゃべる」とか「うわごとをいう」の意味だったとしているからである。[*7] したがってランター湾という呼び名は、海賊交易所におあつらえ向きの皮肉たっぷりな名前であるうえに、政治的含意もない。そのうえ、この交易所が開かれたのは、（史実かどうかはともかく）短期間のランターズ・ムーブメントから七十年もたった後だったのである。もうひとつの可能性としては、この名前はオランダ語の「ランテン（*ranten*）」に由来するという考え方があるが、これもラントと同じ意味である。バカニーアや黄金期海賊はイギリス人、フランス人、オランダ人などの多人種が構成していたために、文化間の言語交換は一般的なことであった。それは、ブカニエ／バカニーア、ゼーロヴァー／シーロヴァー（海上浮浪者、転じて海賊の意）、ジョリー・ルージュ／ジョリー・ロジャーなどの例が示している。オランダ人海賊がマダガスカルに存在していたとする記録もある（たとえば Cordingly 1995: 25-26 のなかのジョン・プロ）。だが、ランター湾の由来やその意味するところは、瑣末な問題にとどまる。重要なのは、ジョン・プランテインなる白人海賊が、そこで王を自称したこと、原住民を統治したと自認していること、奴隷貿易に携わっていたこと、そしてどうやら原住民女性の「ハーレム」を囲っていたことを加味すると、彼の名づけた湾の名前を喜んでばかりはいられないのである（『海賊の世界史　下』、一一三―一一六頁）。

クエーカーがカリブ海に入植したのは間違いない。実際バルバドスは、北米海岸のロードアイランドのごとく、いわゆる「新世界」におけるクエーカーの中心地へと発展した。だが、クエーカーの信仰がバカニーア・海賊社会に影響を与えたとする考え方には、説得力に欠けるのではないか。それには複数の理由がある。

一、バカニーアの浜辺のしきたりの形成、つまりバカニーア・海賊文化の形成に影響を与えるにしては、クエーカーの到着は遅すぎたこと。最初のクエーカーがカリブに登場する一六五〇年代にはすでに、このしきたりは強固に確立されていた。

二、クエーカーの初期の著名人であるジョージ・フォックスは、一六七一年の数ヶ月間、バルバドスとジャマイカに滞在していたのだが、彼とバカニーア社会とのあいだに何らかのつながりがあったとするような記録が一切ないこと。

＊7　たとえば以下参照。The Online Etymology Dictionary (http://www.etymonline.com)

三、クエーカーは、たしかに高尚な倫理を奉り、奴隷制度をその初期の段階で非難した代表的グループでもあったのだが、こと経済に関しては、その不公正を見てみぬフリをしたこと。だが黄金期海賊にしてみれば、経済的不公正の粉砕こそありうべき政治的動機だった。実際、バルバドスの意気軒昂な初期クエーカーのある指導者は、「羽振りのいい砂糖プランテーション経営主であり、総督とも親密な仲であった」(Braithwaite 1912: 402) ようである。

四、高尚なるクエーカー的倫理の中心を占めるようになったのは、海賊主義《ピラティズム》ではなく平和主義だったこと。このことは、『海賊列伝』のクエーカー船長ノットの話のなかにはっきりと読み取れる。ノットは「ピストルも、剣も、カトラスも持たない、非常に平和主義的な船」の指揮官だった。ウォルター・ケネディ海賊団の一味数名は、この船をカムフラージュにすれば、アメリカ入植地の沿岸部にたどり着けるだろうと考えた。しかしこの謀議はノットに露見してしまい、縛り首になってしまった(『海賊列伝　上』二八〇―二八二頁)。

五、政治活動家的なクエーカーがたどった運命を考慮すれば、クエーカーと海賊の持つ倫理の違いが極めてはっきりしてくる。彼らのなかには、多くの海賊と同じように、絞首台の露と消える宿命を背負っていた者もいた。しかしそれは、強盗や殺人を犯したからではなく、平和的〔非暴力〕不服従を貫いたからである。たとえばバルバドス生まれのウィリアム・レドラは、四人のボストン殉教者のうちの一人として、メアリ・ダイアー〔の処刑〕から一年後の一六六一年、マサチューセッツ当局者の手によって、クエーカー立ち入り禁止令に違反したかどで絞首刑にされた。私は、西インド諸島におけるクエーカー精神は、こうした点に存在していると思う。それはジョリー・ロジャーの旗の下ではない。

「ニュー・モデル軍の色あせたレッド・コート」に関してクリストファー・ヒルが参照するのは、一九六一年にP・K・ケンプ＝クリストファー・ロイドが上梓した『浜辺の兄弟と呼ばれた南海のバカニーア（*Brethren of the Coast: Buccaneers of the South Seas*）』である。ケンプ＝ロイドは、このコートを着た軍隊が、モーガンのパナマ遠征に同行したと、二度ほど言及している。もっとも二人は一次資料を引用しているわけではない。その本の末尾に並べられた資料のひとつから間接的に類推した結果、そうした言及に及んだものと推測される。いずれにせよ、コートを着ていたバカニーアがいたかどうかなんて、政治的にはどうでもよい。もっとも、一六五四年のクロムウェルによる西インド諸島遠征隊の派遣は、イギリスの植民地史における重要なメルクマールとなっている以上、ニュー・モデル軍のコートが大西洋を渡っていたとしてもおかしくはない。だがこのことと、コートを羽織った連中が政治意識を持っていたかどうか、とりわけその十五年後に政治意識を持っていたかどうかということは、まったくの別問題として考えるべきである。それに、ニュー・モデル軍の政治的遺産というもの自体、かなり議論の分かれるところである。これは極めて重要な点である。レヴェラーズなどの過激派は、確かにニュー・モデル軍のなかで一翼を担ったものの、イアン・ジェントルズの見解によれば、(「無律法自由主義」ではなく)「カルヴァン派ピューリタニズム」こそがニュー・モデル軍の原動力となったようである (Gentles 1992: 118)。オリヴァー・クロムウェルの「一六五六年議会開会演説」(Gibson 1971: 54-62) も、これを裏付けているといえる。クロムウェルはこの演説のなかで、スペイン人を「天敵」であり、「教皇派 (クロムウェルにとっては『反キリスト派』と同義だった) の急先鋒」だとみなしている。いわく、スペイン人とは、「誉れ高く、気の置けない和平の余地などなく」、また、「神が授けた憎しみの感情に振り回されて、我々のなかの、神に由来するものをすべて否定する」奴らである。もっとも分かりやすい例としてアイルランド人を挙げよう。彼らがニュー・モデル軍のラディカルな理想を鵜呑みにできたはずもない。

アイルランド人という視点から見ると、ヒルの論拠にある問題点が浮上してくるのではないだろうか。イギリスのカリブ入植船の大部分を占めていたのは、戦争捕虜として年季奉公に出されたアイルランド人やスコットランド人であった (Rogoziński 1999: 88)。彼らは、英米系バカニーアや海賊にとって、手っ取り早い団員補給源だったはずである。しかし、さる地域における国家的、宗教的対立関係のために、こうした年季奉公人の多くは、海賊団のなかに自分の居場所を見つけたわけではないし、また海賊的に生きたいと思ったわけでもない。〔悲惨な〕境遇を逃れることができた者たちも、往々にしてスペイン人に手を貸すことが多かった。皮肉にも、一六五四年から一六五五年にかけての遠征部隊によってカリブ海に到達した年季奉公人のなかで、もっとも反抗的な一味はスペイン軍に寝返ったと考えられる。むしろイギリス王党派のほうがバカニーアの一座とともに歩もうとしたはずだ。したがって、打ちひしがれた年季奉公人が一味に政治意識を芽生えさせたという考え方は、憶測の域を出ない。[*8]

クリストファー・ヒルによれば、バカニーアや黄金期海賊のなかに政治意識を持っていた者がいたことを示す痕跡がほかにもあるのだが、それもはなはだ疑わしいものにとどまる。[*9] そのうちのひとつが「海賊における理論家」の存在であり、それは「裁判で海賊が聖職者の導きを受けるのを禁止されたという事実から類推できる」(Hill 1996: 118)とする。だが私は、海賊が聖職者の導きの

＊8　ブロムリー(1985)には、フランス人バカニーアに限ってヒルと似たような主張がある。ブロムリーいわく、フランス人入植者のなかには追放された急進派フランス人が多数含まれており、これらが基本的には年季奉公に従事することになったとする。イギリス人の場合と同じように、入植者があまりバカニーアに入団しなくなると、フランス人バカニーアは影響を受けた。しかしヒルのケースと同じで、ブロムリーの主張にも実証的資料は乏しく、むしろかなりの部分を憶測に頼っている。

＊9　ちなみに、ヒルが考える海賊の自由の不可解さも見過ごしてはならない。「海賊の自由は性的関係にも及んだ。船の上に女性がいたことは知られており、妻の共有があったという情報もある。ある海賊団は、奴隷商人から船一隻と交換でアフリカ人女性六十人を手に入れたことがある。その船には、新たに『バチェラーズ・ディライト』[独身の喜び]という名前が授けられた。マーリン・ブラントが指摘するように、売春婦のメタファーとしてもっとも好んで使われる言葉は船であった」(Hill 1996: 120)。ヒルは、この「バチェラーズ・ディライト」の由来に関して、何度も自由という言葉を用いている。

手を受けるのを禁止されたのには、さまざまな理由があったのだろうと想像する。さらにヒルは、「モンマス蜂起に際して西インドの海賊や私掠者が共鳴した」（ヒル『十七世紀イギリスの民衆と思想』、二四二頁）証拠があるとする。これが事実だとしても、十七世紀のプロテスタントによる反カトリック反乱をすべて「ラディカル」なものだとみなさない限り、ニュー・モデル軍と同様で、モンマス蜂起にラディカルな意味合いがあるとはみなしがたい。

ヒルは、十七世紀中葉のイギリスを駆け巡ったラディカルな理念が、海を渡ってカリブ海にまで至ったことを示すような確かな証拠が存在しない原因も、解き明かそうとしている。「西インド諸島の経済が奴隷と屈服した原住民に依存していたために、こうした理念が根付くことはなかった。とりわけ、海賊行為しか生活の手立てがなかったと思われる状況では、根付きようもない」（ヒル『十七世紀イギリスの民衆と思想』、二四〇―二四一頁）。だがこれは、二つの理由から奇妙な見解であるといわざるをえない。理由一、ヒルの論理を逆算すると、海賊になることはラディカルな理念を手放すことを意味しているように読めるが、だとするとヒルの論理の根底そのものが覆ってしまう。つまり、ヒルの立脚点は、こうした理念が海賊行為に影響を与えたという観点にあるからである。理由二、経済状況が悲惨だったのは確かだが、だからといってそれで確固たる政治理念をすべて放棄するとは考えづらい。たとえそうだとしても、政治意識のある者ならば、とかくこのことについて反芻、考察し、（説得力があるかどうかはともかく）正当化しようとするものである。だが、バカニーアや黄金期海賊がそうした論議をした形跡は見当たらない。

実は、海賊の政治意識は、その存在を示す確固たる痕跡に欠けているというより、むしろそんなものはまったくなかったと指し示す記録のほうが数限りなくあるのである（その証拠に、バーソロミュー・ロバーツ船長などの海賊的動機は、ほかの何よりも「世界に対する個人的戦争」〔Sherry 1986: 327〕の遂行だったようである）。黄金期海賊やバカニーアに政治的主張がまったく欠けていることには愕然とさせられる。もちろんそれは、政治意識のある海賊ならば、少なくとも何らかの地点において、自らの偉業をはっきりしたかたちで世界に示したくなるはずだと仮定した上での話ではあるが。しかしそうした主張がなされることはなかったようである。海賊裁判において、前述した社会的不平等にわずかに言及する以上の政治的主張を行ったためしはない。同じことは、彼らの処刑の際にもいえる。たとえば海賊において、ヘイマーケット殉教者の日にオーガスト・スパイズが発した、「てめえらが今日圧殺した声より我らの沈黙のほうが脅威となる日が絶対来るからな」という宣言に匹敵するスピーチはない。これに近いものがあるとしたら、一七一八年、ニュープロヴィデンスにて、多数の昔馴染みの目前で絞首刑になった海賊が発した言葉である。そのときデニス・マカーティは、「かつてだったらこの島の勇敢な連中が、俺がみすみす殺されるのを黙って見過ごしたわけがないのに」（『海賊列伝　下』、四四七頁）と訴えたという。それに、フィリップ・ゴスによれば、ハンフリー・モリスは、見物人のなかに、「かつての仲間が苦境に立たされているのに、助けようともしない」転向した元海賊がいるのを見て取って、「卑怯で意気地なし」だと指弾したようである（Gosse 1924: 228）。ここには、「兄弟的義理人情」が失われたことに対する失望の感情は表れているとはいえ、何らかの政治的理念の存在を読み取れるものではない。

群衆のなかの誰も、暴動的政治意識を表明したわけではないことは確かである。これは、海賊社会における一般的政治意識とは何だったのかを物語っている。なにしろ、ウッズ・ロジャーズが総督ニュープロヴィデンスに到着したときそこに入り浸っていた海賊のうちで、王の赦しを得て、ウッズ・ロジャーズの統治を甘受したのは、約半数の数百人に上ったのである(Konstam 2007: 152-153)。したがって、海賊社会に暮らす大部分の連中は、革命的前衛を自認していたのではなく、状況に流されるままに、あるいはあんまり連《つる》みたくない連中と連《つる》んでしまった結果、海賊行為に及んだのだといえる。

もっとも、ニュー・プロヴィデンスの海賊の半数は、海賊道に見切りを付けようとは思わなかった。だが政治意識からそうしたのか。「この上なく血の気の多い裏切り者《レネゲイド》」(Marley 2007: 133)だった奴らは、他人を救うことより自分の自由(ある意味では極めて政治的な動機となりうる)のほうにより関心があったはずである。とにかく、一部の者は本当に恩赦をもらえるのかどうか、いぶかった。よく知られているように、権力は、恩赦を認めつつも、得意技である厳格な法的解釈を利用して、掃討作戦を続けた(Earle 2003: 123)。一味が発した政治的主張のうちで、私たちの耳に届いてくる唯一の声は、アナキスト的でも革命的なものでもなく、王党派どうしのいざこざの際に漏れ出たものである。黄金期海賊団の船の名前には、まるでジャコバイト派が名づけたようなものもある。「キング・ジェームズ」号、「ロイヤル・ジェームズ」号、「アンズ・リベンジ」号といった名前は(ibid.,

170）、廃位されたスチュアート家に対する敬意の表明であると同時に、スチュアート家を支持するという宣言でもあった（Woodard 2007: 3-4も参照）。

海賊の政治意識という議論のほかに面白い議題としては、海賊は果たして、社会的に恵まれないプロレタリア階級に属していたのかという問題がある。こうした考えをもっともはっきりと支持しているのは、またしてもマーカス・レディカーである。彼は、黄金期海賊を「無頼プロレタリアート」（Rediker 2004: 8）と呼ぶだけでは飽き足らず、海賊の「自主管理と社会秩序」とは、「海上労働者階級文化に脈々と受け継がれてきた、気まぐれ反乱へビ伝統」（Rediker 1997: 29）の産物なんだと解釈している。その上、あろうことか、海賊は「布告なしの階級戦争」（Rediker 2004: 176）を戦い、「階級意識」（Linebaugh and Rediker 2000: 163）を持っていたとまでいうに及ぶ。ラディカルな連中は、ここぞとばかりにこうしたくだりを持ち出しては、満足している。たとえば「海賊ユートピア」の連名著者は、「海賊行為とは、初期大西洋階級闘争におけるひとつの戦術だった」とか、「海賊は、十七世紀、十八世紀の船乗りから生まれた初期プロレタリアートのなかでももっとも国際色豊かで、もっとも攻撃的なセクションを担当していたかもしれない」（Anonymous 1999）としている。

だが彼らの言葉にどれほどの意味があるだろうか。驚くべきことに、階級とは、マルクス主義理論においては、今までにまったく「体系的な定義、整理」（Wright 1985: 6）がなされていない概念のうちのひとつである。しかし多くの解釈では、少なくとも何らかの意味において、経済的生産過程と関連した社会的地位を指すものである。こうした考えに即すと、そうした過程に与らない海賊は、どちらかというと無階級を構成しているように思われる（Turley 1999: 85も参照）。確かに、行動の「根底には、ヨーロッパ社会の階級制度に対する反抗心」（Thomson 1994: 48）があり、そのうえ彼らの社会秩序のなかには「階級的不平等の是正」（Anonymous 1999）の一端がかいま見られたかもしれないが、それは彼らが労働者階級としての革命アジェンダ（計画表）を携えていたからではなく、階級社会そのものを茶毘に付そうとしたからである。そう考えれば、ハンス・ターリーがマーカス・レディカーを指して、「いい過ぎ」（Turley 1999: 172）だとするのも、分からないではない。したがって、記録された歴史を持たない民族としての黄金期海賊は、やはり、欧米プロレタリアートよりも、いわゆる未開社会のほうが類似点を共有していると思われる。「歴史を持つ民族の歴史は、階級闘争の歴史であるといわれる。これが正しいとするならば、歴史を持たない民族の歴史は、反国家闘争の歴史であるといったっていいのではないか」（『国家に抗する社会』、二七二頁）。

おそらく黄金期海賊のなかに、アナキスト意識や革命意識はなかった。にもかかわらず、彼らは、革命の契機とアナキズムの契機を備えていたのである。

四章七節　社会盗賊としての海賊：ホブズボームに捧げるオマージュ

エリック・ホブズボームが提示した社会盗賊（social banditry）という分析枠組みを参照すれば、黄金期海賊業を一種の「社会レジスタンス」（『海賊ユートピア』、三十七頁）として読み解くことができるかもしれない。自覚的な政治運動という尺度で黄金期海賊を捉えようとすると、海賊のなかには革命的なものは何もなかったという印象を抱かずにはいられないが、社会盗賊として分析すれば、その行動の裏に隠された革命的な意義を引き出すことができるかもしれない。

多くの研究者が、黄金期海賊と、ホブズボームが分析する盗賊社会とのあいだにある驚くほどの共通点に言及してきたものである（Kinkor 2001: 195, 204; ヒル「ラディカルな海賊?」; Haude 2008: 595; Wilson 2005: ix; Bromley 1985: 314）。だがその多くは、もののついでに触れているに過ぎない。その理由のひとつは、ホブズボームの分析を、詳細なかたちで黄金期海賊に関連付けようとする際に誰もがぶち当たる障害が、克服されていないからである。要するにホブズボームは、社会盗賊業というものを農村社会に起こる現象として分析しているのである。黄金期海賊は、明らかに農民ではなかった。しかし我々は、黄金期海賊は「海というパノラマで『社会盗賊』を遂行した」（Kinkor 2001: 204）のだとするケニス・J・キンカーに同意せざるを得ない。これを反復するかのように、マーカス・レディカーも、「もちろん海賊は農民ではなかったが、それ以外のあらゆる点においてホブズボームの定式に沿うものであった」（Rediker 1987: 269）という見解を示している。

枠組み

好評を博している研究書、『匪賊の社会史（*Bandits*）』において、ホブズボームは、「本書ではある種の盗賊、つまり世論では単純な犯罪者とはみなされていない連中だけを扱うことにする」（『匪賊の社会史』、十一頁）と、その焦点を絞っている。実はこれは、黄金期海賊のイメージにも当てはまるものでもある。エドワード・ルーシー・スミスも例に漏れず、以下のような疑問を投げかけている。「海賊行為は単なる海上強盗に過ぎないのに、何でそうした忌まわしき犯罪行為が、今に至るまで魅惑のオーラをまとい続けてきたのか。それは、ごまんといるありふれた凶徒と、海賊とを隔てるオーラなのか」（Lucie-Smith 1978: 8）。フィリップ・ゴスのてらいのない言葉には、その理由の核心部分が透けて見えるかもしれない。「海賊は文明の汚点かもしれないし、これを生業とする者は当然根絶すべき犯罪者である。しかし単身遠く危険な場所へ勇敢に乗り出し、確立されたどんな権威にも目もくれず、昂然と運命を切り開こうとする冒険者たちに、人々は変わらぬ共感を持ち続けるだろう」（『海賊の世界史　下』、一九二頁）。

　ゴスが「共感」と呼ぶものがあるかないかは、黄金期海賊と、ほかの時代の海賊とを大きく隔てるものでもあるとゴスは考えている。彼によれば、たとえば十九世紀の海賊（彼らは、黄金期海賊よりも数が多く、稼業もうまくいっていたとする研究者〔Earle 2003: 212〕もいる）は、それ以前のいかなる海賊にもまして悪質だった。彼らより以前の海賊は、悪行や残虐の限りを尽くしながら、なお一片の人間性を残していたし、時に臨んでは勇敢に戦った。だが、新しい海賊は臆病でまったくとりえがなかった。スペイン植民地で蜂起した海軍と西インド諸島のろくでなしからなるこれら海賊は、血に飢えた野蛮人の集団であり、弱い者以外は襲わず、罪のない人々の命に対し、いささかの憐憫も持ち合わせていなかった。まるで家畜をほふる肉屋だった。その結果、おびただしい人殺しと盗みの記録が残っただけで、我々の想像力をかき立てるような出来事もなければ、人物も現われなかった（『海賊の世界史　下』、六十八頁）。

この何十年も後に、ピーター・ランボーン・ウィルソンもこれと非常に似た言葉遣いをしている。「貧しき者を餌食にして、命までも奪う海上強盗を、社会盗賊と呼ぶ筋合いはないし、ましてや『本当の海賊』の称号に値するわけがない」（Wilson 2005: ix）。

黄金期海賊は、「取り巻く民衆にとっての社会盗賊として、英雄になり、戦士になり、復讐者になり、正義の闘士になり、そしておそらくは解放のリーダーにすらなりえた者たちである。それに少なくとも、賞賛の対象となったのは確かであり、援助の手も差し伸べられたのである」（『匪賊の社会史』、十二頁）。このことに関しては、誰が見ても明らかな証拠がある。もちろん、海賊を取り巻く民衆は誰だったのかという問いはある。確かに海賊は、「西インド諸島各地にスパイと同調者を配備して」（Earle 2003: 185）、「商品を預ける際に、交易所の無数の共謀者から便宜を図ってもらっていた」(Jameson 1923: viii)が、こうした連中は、ホブズボームが分析する社会盗賊の隠れ蓑となるような、堅固な農村社会を形成していたわけではない。この問題に関しては、以下で立ち戻ることにする。まずは、ホブズボームが定義する社会盗賊と、黄金期海賊とのあいだにある、もっとも分かりやすい共通点を考えてみよう。ホブズボーム自身の言葉を用いて。

山賊《ブリガンド》は一般的に、山岳とか、道もない平原とか、沼沢地方とか、森林、あるいは迷路のような入り江や水路を持つ三角州地帯などの、人里離れた近づきがたい地域を根城として徒党を増やし、通商ルートや主要幹線に出没するものである。というのも、産業化以前の時代にこうしたルートを経由して旅行しようとなると、長期間の重装備を覚悟しなければならなかったからである(『匪賊の社会史』、十七頁)。

それ〔社会盗賊という現象〕は、後期部族・血族社会から近代産業資本主義社会までのあいだに位置づけられる、あらゆるタイプの社会に発生しているといえる(同、十四頁)。

盗賊行為は、貧窮化がすすみ、経済が危機的となる時期に蔓延する傾向があった(同、十八頁)。

盗賊団は、貧民を縛っている社会秩序からはみ出した自由兄弟の盟約団なのであって、臣民の共同体ではない。しかし、だからといってそれは社会の埒外にあるわけではない。必要を満たし、活動を行い、生きていくためには、通常の経済的、社会的、政治的制度との関係を持たざるを得ない（同、一二四頁）。

したがって、盗賊には仲買人が必要ということになる。こうした仲買人は、盗賊をローカル経済と結び付けているだけでなく、広域商業ネットワークとも結び付けているのである（同、一二六頁）。

彼らに社会組織のモデルとしたものがあったとすれば、それは女人禁制兄弟団であろう（同、一一六頁）。〔この引用で言及されているのは、バルカン半島のハイドゥック族である。それは、ホブズボームが分析する盗賊の代表例である。さらにホブズボームは、まるでメアリー・リードとアン・ボニーの逸話を彷彿とさせるがごとく、ハイドゥック社会の一員となった女性についての面白い解釈を披露している。「この逃亡女子連中は、ハイドゥック生活を送っている際には男になった」（同、一一七頁）。〕

盗賊たることは、自由を意味する（同、一二九頁）。

ホブズボームの論述をこまめに調べれば、ほかにもいくらでも共通点を見つけることができる。

たとえばホブズボームは、盗賊とは、「右端には国家と農奴制があり、左端には解放地区と自由があるという、激動する境界線上」（同、一二二、一二三頁）をまたぎつつ、「領主権や農奴制や政府の力がまだ及ばぬ自由空間」（同、三十八頁）を闊歩した者たちであったとみなしている。盗賊一味を主に構成していたのがどういう者であったのかについて着目してみると面白い。「逃散農奴や破産した自由民、それに国営工場・領主経営工場・牢獄・神学校・軍隊からの逃亡者、社会に居場所がない連中。このような社会的にマージナル（周辺的）な徒党の大部分を占めていたのは、兵士、脱走者、元徴兵だった」（同、三十八頁）。ホブズボームが「ある意味では最も重要な潜在的盗賊のカテゴリー」として挙げるのは、

隷属民としての役割を甘受して、従順で受動的に暮らすことを潔しとしない者。強情で不逞のやから。個人的反逆者。「自力で名声を獲得した者」。彼らは、社会的強者による不正な行為や武力を用いた迫害に直面しても、屈従することなくレジスタンスと違法行為を貫き通す奴らである。彼らは不屈の男である。彼らは、これ見よがしに闊歩し、携帯が許可されていなくても武器や棍棒を携え、粋な服でこぎれいにめかしこみながら、シャレた身振りで男らしさを示そうとする。その一挙手一投足が男らしさの証なのである[*10]（同、四十—四十一頁）。

以上を踏まえ、ホブズボームは、黄金期海賊史にも一字一句当てはまりそうな社会盗賊の社会・

政治的共通パターンを展開する。

国家が非能率的で、弱体かつ実効支配している地域が狭いために、地方勢力を抑えることができなくなっている場合、国家はそうした地方勢力と手を結ばざるを得なくなるものである。盗賊の勢力が強かったとしたら、軍部だけでなく盗賊も懐柔しておかなければならない。盗賊行為が猖獗《しょうけつ》を極めている時代に生きる者なら誰でも知っていることだが、そうした時代の地方官吏は、盗賊団長と親密な関係を築かねばならないのである。万事うまくいっているように見えるが、ひとつだけ権力側にとって困った事態が生じていくことがある。それはつまり、盗賊が民衆の理想像である「高潔強盗」、すなわち貧者の権利の闘士としての社会意識を持ち始めた場合である。もはや表立って銃口を向けられない。そうなると、当局は、以前にもまして連中を社会革命家扱いし、やがてはひっとらえて縛り上げるのである。こうした事態に至るのに、平均して二、三年はかからない。ロビン・フッド稼業の平均勤続年数はこんなものである（同、七十—七十二頁）。

＊10　本論とは関係ないと思われるので、引用からは「農民（peasant）」という言葉は削ってある。農民ではない黄金期海賊が、どのようにしたらこうした分析に適合するのかという問題に関しては、以下で議論することになる。

盗賊の三つの型

ホブズボームは、盗賊の主要な類型三つを定義する。「第一は高潔強盗もしくはロビン・フッド、二つ目は未開社会におけるレジスタンス部隊、もしくはゲリラ隊で、ここではハイドゥックと呼ぶことにする。第三はテロルを加える復讐者」（同、十五―十六頁）である。黄金期海賊は、この三つのいずれにも適合した。

ロビン・フッド

これまでに確認したように、少なくともひとつの黄金期海賊団は、ロビン・フッドの後継者を自称している（Jameson 1923: 304）。マーカス・レディカーによれば、ヘンリ・エヴリは「海のロビン・フッド」（Rediker 2004: 38, 173）と呼ばれたようである。ホブズボームの定義によれば、ロビン・フッド型盗賊は「自由と平等の社会を打ち立てようとしているのではない」（『匪賊の社会史』、七十四頁）。その役目はむしろ、「悪を成敗し、社会の公平と正義を知らしめて、〔弱者の〕闘士となること」（同、五十頁）である。こうした傾向は、我々の知る黄金期海賊の現実の活動と、伝説の両方において確認できるのではないか。海賊は、メンバー全員のための何らかの社会を作ろうとしていたわけではなく、独立して生き、腹をくくって、敵に鉄槌を下そうとしたのである。黄金期海賊が、エドワード・ルーシー・スミスの言葉で「平等のシンボルとしての水平器《レヴェラー》」（Lucie-Smith 1978: 9）になるのは、こうした意味においてである。

ゲリラ

ホブズボームによれば、「ゲリラ戦においては、実質的に社会盗賊と似たような戦略を用いざるを得ない」(『匪賊の社会史』、一六八頁)。その一例として、ホブズボームは、バルカン半島のハイドゥックを取り上げる。困窮した農民であるハイドゥックは、民兵を組織してオスマンの支配に抗するとともに、それを利用して生計も立てていた。このハイドゥックを通して、ゲリラとしての盗賊を詳細に分析する。ハイドゥックは「自分のことを、何よりもまず自由人、つまり事実上、領主や王にも等しい存在だと考えていた。こうした意味で、ハイドゥックは個人的な解放感、もっといえば勝者の気分に浸っていたのである」(同、一一五頁)。だが「だからといって、あらゆる権力にひとしなみに反乱を企てたわけではない」。ハイドゥックは、自分たちの自由が干渉されない限りで権力を認める用意があったし、ともすれば和解すらする用意があった。ホブズボームによれば、「ハンガリーの諸地域と同じように、ハイドゥックの住む地域でも、親交を深めた領主には、自由人としての地位を承認してもらう交換条件として、軍事力を提供したこともあった」ようである(同、一〇六頁)。同じことは、(間違いなく)バカニーアにもいえることだし、(多数の腐敗官僚と取引をした)黄金期海賊にもいえることである。社会組織という点に関しては、ハイドゥックは、バカニーアや黄金期海賊と、その平等主義を共有していた。「ハイドゥックにとって、自由とは同時に平等も意味するものであった。その興味深い例が見られる。たとえば、アウドの国王が、ロシア皇帝のコサック部隊やオーストリア皇帝のハイドゥック部隊よろしく、バダーク族の連隊を編成しようとしたとき、将校クラスがヒラと同じ任務に服そうとしなかったために、ヒラのバダーク族による暴動が発生した」（同、一一五頁）。またホブズボームいわく、ゲリラ的組織と戦術を用いるハイドゥックは、一種の「組織的な恒久盗賊団」となった結果、「潜在的には高潔強盗よりも『政治性』が高かった」（同、一一四頁）とされるが、ここにも〔海賊との〕大きな共通点が見られる。言い換えれば、「ハイドゥック盗賊団は、無数の個人にすぎないロビン・フッドたちよりもはるかに覚悟と熱意を心に秘めながら、強盗という方法を通して、組織的な反公権力闘争を続けていたといわざるを得ない」（同、一一四頁）。ホブズボームは、ハイドゥックの盗賊業とは「未開社会における盗賊業が頂点に達した結果であり、したがってそれは、自覚的永久蜂起の根幹のようなものとなっているといっていいかもしれない」（同、一〇七頁。ここでも農民という言葉は省いてある）と考えている。

復讐者

ホブズボームは、第三の盗賊の類型を持ち出す際に、以下のような書き出しではじめている。

一見して奇妙に思えるのは、盗賊は、ときには単なる道徳の喪失というようなものでは到底説明がつかないような暴力行為、残虐な行為に及ぶこともあるのに、民衆にとっては、その暴力すら盗賊イメージに含まれていることである。盗賊は、一方ではその行動様式から恐怖を引き起こし、一方では英雄ともなりうるという両義的な存在なのではなく、むしろある意味では、そうした恐怖を引き起こすからこそ英雄なのである。盗賊は悪を成敗する者ではない。むしろ、復讐者という意味で、自分が持っている力を見せつける者たちである。つまり人は、正義の代行者としての盗賊に魅せられているわけではなく、弱々しき貧者でさえも一泡吹かせてやれるということを身をもって示した盗賊に魅せられているのである（同、七十八頁）。

黄金期海賊も、この姿にぴたりと一致するのではないか。実際、マーカス・レディカーも、それを裏付けるかのように断言している。「海賊とは、言ってみればテロリストのようなものだった。だが、にもかかわらず、我々はそのように考えたりはしない。海賊は、時を経て文化ヒーロー、というよりたぶんアンチヒーローとなっている。それに少なくとも、拡大を続けるアメリカ・ポップカルチャーが全世界にばら撒いた、夢とパワーのモチーフであるのは間違いない。海賊文化とは、弱者が強者に暴力を加えるという文化だった」（Rediker 2004: 5-6）。クリストファー・ヒルも、知ってか知らずか、ホブズボームの言葉をそっくりそのまま用いている。「海賊のなかには、平等主義的復讐者と自認していた者もいたはずだ」（ヒル『十七世紀イギリスの民衆と思想』、二二八頁）。ホブズボームはこれについて、「殺人と拷問は、絶対的力を誇示するための、もっとも原始的でもっとも個人的な手段である」（『匪賊の社会史』、八十九頁）と述べる。だからこそ、「仇討ちをする際に、残虐な行為に手を染めない者はいない。仇討ちは、高潔極まりない盗賊にとってすら、至極正当な行為である」（同、八十七頁）。仇討ちは、黄金期海賊の正義概念の中心部分にあるものであるが、これについては四章十二節で扱うことにする。

ホブズボームの分析を黄金期海賊に当てはめようとする際に立ちはだかる、大きな障害を切り抜けることは、果たして可能なのだろうか。結局ホブズボームにとっての盗賊とは、農村社会に根城があった者を意味する。農民性の意味を拡大したり、農村社会を別の社会と入れ替えるだけでは十分ではないはずだ。それに黄金期海賊には、「農村社会の」代理となるような社会自体なかったはずである。黄金期海賊は、何らかの共同体を代表することはなかった。あらゆる社会からつまはじきにされた海賊は、全世界にけんかを売ったのだから。

でも本当にそうなのか。人は何世紀ものあいだ、海賊を敵とみなすどころか、シンボルとして共感を感じている。そうしたシンボルは、自由人、強者、気高き者、水平者《レヴェラー》、復讐者、反抗者といったホブズボームの社会盗賊のイメージと密接なつながりがある。実際これこそ、権力のおきてに真っ向から立ち向かったほかのどんなのけ者集団よりも、黄金期海賊にこそふさわしい称号である。逃げ足の速さ、船と海という力強いメタファー、物語の舞台となったエキゾチックな土地、身をもって示した平等と民主主義の理念。さまざまな理由によって、黄金期海賊は盗賊の西洋代表となったのである。黄金期海賊は盗賊の典型《アーキタイプ》である。私たちはみな、何らかのかたちで（ホブズボームの別の言葉を用いるならば）そうした社会反乱者、未開的反乱者を語れるし、共感せざるを得ない。ホブズボーム自身、「盗賊とは、一人の人間であるだけでなく、シンボルでもある」（同、二〇一頁）のだと認めている。おそらく我々はみな、黄金期海賊を取り巻く民衆だといえる。ホブズボームによれば、「世界に通じる社会盗賊の模範たるロビン・フッドをこの世に送り出したイギリスでは、十七世紀初頭以降、そうした社会盗賊の記録が文献上登場しなくなる」（同、一五頁）ようだ。それは、バカニーアや黄金期海賊がその任を引き受けたからなのだろうか。

ホブズボーム自身認めているように、農村社会の基盤そのものを切り崩すような産業化の過程が進行していった結果、社会盗賊の農村社会とのタイトな関係が緩まっていくのは避けられないことであった。彼自身の言葉を借りれば、「広い意味での『近代化』、つまり、経済発展、交通・通信網の整備、それから行政能力の向上によって、社会盗賊を含むあらゆる盗賊業は、その存立の基盤を奪われてしまった」（同、十五頁）。しかし人々の心のなかには、社会盗賊というシンボルを求める思いが生き続けた。ということは、これ以降、社会盗賊の役割は、象徴としてのものに移行していったのか。ホブズボームは、農村に生きる社会盗賊と、「都市民と浮浪者が形成する犯罪地下世界」（同、四十四頁）とを比較する。[*11]

したがって犯罪者一味は、社会盗賊とは違って、地元に根ざしてはいなかった。連中は、社会盗賊でも自由にうろつけない立ち入り禁止区画によって、周りを囲まれているわけではなかった。

＊11　ヒルも、以降の「犯罪地下世界」という分析枠組みは、ホブズボームの農村盗賊業より黄金期海賊業に当てはめるほうがよりふさわしいと指摘している（『十七世紀イギリスの民衆と思想』、二五一頁）。

連中は、時には大陸の半分まで覆う規模の、ゆるくも巨大なアングラ・ネットワークの一環をなし、また、農村盗賊が恐れ嫌うような未知の世界である都市にまで分け入っていったはずである。浮浪者、遊牧民、犯罪者らにとって、社会盗賊の生息圏なんて、たいていは単なる週市場や定期市の開催地であるに過ぎず、時々襲撃を受けるだけだった。もっともそこも、(たとえば複数の国境に近く、戦略的に有用である場合)大仕事の作戦本部としてお誂えの立地となることはあった。このように都市地下社会と農村社会では大きな違いが見られるとはいえ、〔都市〕強盗団を、社会盗賊研究の範疇からはずしていしまうわけにはいかない。なぜならまず第一に、何らかの事情で社会盗賊行為が風前の灯であるか、途絶えてしまったような地域では、しかるべき強盗団がロビン・フッド的に祭り上げられるからである。特にそうした連中が、貧者の冷たい視線の的である、商人やリッチな旅行者などから搾り取るのにばかり精を出したということなら、余計にそうした傾向は強まる(同、四十六頁)。

この分析に従うならば、黄金期海賊は、この役を担うに「しかるべき強盗団」だったはずだ。もっとも黄金期海賊は、この役を担うには担ったのだが、やりすぎた結果、農民や貧者どころか、私たちすべてにとっての強盗団となったのだ。これは、黄金期海賊の魅力の普遍性を加味すれば、誰もが納得せざるを得ない主張だといえるのではないだろうか。ホブズボームの説によれば、シンボルとしての社会盗賊しか生き残らなかったとしても、その影響力が弱まるわけではない。現に、多数の架空ヒーローが民衆と文化に実際に影響を及ぼしている。バービーしかり、スパイダーマンしかり、イースター・バニーしかり。

（象徴的）社会盗賊としての黄金期海賊の政治的意義とはなにか。というか、果たしてそんなものがあるのか。

「社会盗賊にはちゃんとした組織や思想なんてほとんどなかった」し、それは「近代の社会運動にはまったく適合しない」し、（「もっとも組織立った社会盗賊ですら、民族ゲリラ戦もロクに遂行しなかった」という意味で）「無意味」（Hobsbawm 1971: 5）だった上に、「革命的とはいえない、ささやかなプロテスト」（ibid., 24）にすぎなかったとするホブズボームは、ラディカルな論陣からしばしば批判される。批判する側が――おそらく正当にも――指摘するのは、こうした憶測には、より正統派の左翼（「権威主義的」ともいいうる）を志向する、ホブズボーム自身のイデオロギー的バイアスがかかっているという点である。

だが、その社会盗賊の政治分析（のうちのイデオロギーくさくない部分）を黄金期海賊に関連付けてみる限り、ホブズボームの弁ももっともである。黄金期海賊には、「ちゃんとした組織や思想なんてほとんどなかった」し、それは「社会運動」と呼びうるものではなかったし、その上、オルタナティブな社会秩序を長期間営めたかという観点に照らせば、「無意味」に終わった。ハイドゥックと同様に、黄金期海賊も、「一般的に、階級意識に目覚めたから立ち上がったわけではなかった」（『匪賊の社会史』、一〇八頁）。

しかし、「盗賊業とは、組織的社会プロテストのうちでも極めて形態をとったもののことであり、もしかすると、我々が知っているうちでもっとも原初的なもの」(Hobsbawm 1971: 13) だったとしたら、むしろそれでいいのではないか。イデオロギーや組織構造や階級意識がないのは間違いなくすがすがしいし、下手するこれこそが一種の解放なのかもしれない。社会運動って、正直言うとタルくはないか？ 有効性？ それなら、海賊ユートピアというかたちをとった一時的自律空間のほうが、政党催眠政治なんかより圧倒的に有効ではないか？ おそらく、毛沢東が「無頼者」や「脱階級分子」を紅軍に組み込んだために混入した「遍歴暴動一座のメンタリティ」は、「どれだけ徹底した教育を施そうとも、拭い去る」(『匪賊の社会史』、一六二頁) ことはできなかったのではないか。おそらく革命的であるための最も重要な条件は、誰も完璧には「圧制をなくす」ことはできない以上、「正義は可能であることを示し、そして貧しき者でも無力にひざまずき、屈従する必要はないということを示す」(同、七十五頁) ことにあるのではないだろうか。おそらく、「社会組織や政治組織についての新しいヴィジョンやプランが期待できそうなイデオローグや預言者になるよりも、アクティヴィスト」(同、二二頁) になったほうがいいのではないだろうか。

私にはこれに断言することはできない。だがすくなくとも、ホブズボームの裁定は、ある面においてはちと手厳しすぎると思う。たとえば、「盗賊は、変化していく社会のなかで、どのような役割を果たしたというのか。個人としての盗賊は、政治的な反乱や社会的な反乱に及んだわけではなく、ましてや革命家などではなかった。集団としての盗賊団の出現も、飢饉、ペスト、戦争といった社会的危機と緊張の発生を示す症状の一つに過ぎなかった」(同、二二二頁)と述べているが、政治権力や教会権力などどこ吹く風で、支配的社会秩序から抜け出て、オルタナティブな社会秩序を形成した人々を、社会発展の矛盾としての「症状」に切り縮めた上に、そうした行為のなかに示された革命性を無条件的に剥奪するのは、礼を失した行為であるし、見下しているとまで言ってもいいかもしれない。もっとも、ホブズボームの言葉のなかにも、納得できる箇所はあるし、それは黄金期海賊にも当てはまりそうである。

盗賊は悪を成敗し、不義を改めるとともに、その下手人に報復を加えた結果、無意識的にではあるが、万遍なく適用されうる公平な人間関係の基準を創出した。それはとりわけ、富める者と貧しき者、強者と弱者のあいだの公平な関係を意味した。しかしこの実質は、ささやかなものであった。というのも、金持ちの貧乏人搾取には目をつぶったこともあったし(ただし伝統的に「フェア」だとみなされるレベルを超えることはない)、強者の弱者抑圧は見なかったことにすることもあった(これも公平だとみなされるレベルを超えることはなく、また、社会的義務、道徳的義務を忘れることもなかった)からである。要求は、領主よ出て行けというものではなかった(同、二一四頁)。

「英雄としての盗賊には、平等の世界を作ることを期待されているわけではなかった。連中のやったことといったら、悪を成敗したり、あるいは強者と弱者がひっくり返ることもあるよと示しただけに過ぎない」(Hobsbawm 1971: 24)。これこそまさしく黄金期海賊である。また、以下のくだりも黄金期海賊に当てはまる(もっとも黄金期海賊はキャデラックを運転しなかったかもしれないが)。「たとえば世界ボクシングチャンピオンになったスラム街の少年は、金ぴかキャデラックでブイブイいわせたり、歯にダイヤモンドを埋め込んで羽振りの良さを示そうとする。実は、一見矛盾しているように見えるけれども、こうした濫費行為こそが、少年と少年を褒め称える者とを結びつけるものであって、両者を分かつものではない。盗賊の濫費行為も同じである。ただしそのためには、民衆が期待する英雄の定めからあまりに引き離れすぎてしまってはいけない」(ibid., 22-23)。「盗賊業に黄金期海賊やバカニーアと照らし合わせると、ホブズボームの結論には同意せざるを得ない。盗賊は、貧者を代表する闘士であるばかりか、金持ち一座の一員とも磨きがかかればかかるほど、なるのである」(『匪賊の社会史』、一三四頁)。

しかし、社会盗賊行為のなかに示された革命性を見誤ったホブズボームは、それを自身の考える政治的レジスタンスの概念に対立するものだと決め付けているように思われる。その証拠として、「政治的組織」の強さを称えているくだりがあるし、社会盗賊のような「新しい闘争方法を断固として突っぱねる」やからには、「未来などない」(Hobsbawm 1971: 28)と言い放ってもいる。言い換えれば、「社会盗賊行為には革命に近いものがある」(『匪賊の社会史』、一五〇頁)と認めるこの同じホブズボームが、一方では、その言葉の意味するところをとらえようとしていないのである。だがホブズボームは、社会盗賊とは、「死と隣り合わせの危険な宿無し森林生活にも、自由、平等、博愛の精神が息づいているということを独自の方法で示した」（『匪賊の社会史』、二二頁）者たちであると考えている。これこそ革命的だと呼びうるものではないだろうか。『素朴な反逆者たち』には、「生き長らえたのは、盗賊が追い求めた理想だけであり、民衆の歌のなかで称えられた理想だけである。だがそれがあるからこそ、人はいまでも炉端を囲みつつ、公正な社会を思い描く。そこには、鷹のように勇敢で気高い闘士が暮らしていたのだ」（Hobsbawm 1971: 28）というくだりもある。繰り返しになるが、ここに示された喚起の力が、革命的なものに欠けているとどうしていえるだろうか。

　黄金期海賊を社会盗賊として読み解くと、その革命的契機、潜勢力がより明確なものになるように思われる。森林だけではなく、海も野生生活の場である以上、それも可能である。社会盗賊となった海賊が革命家と呼ばれうるに足るかは、定義の問題である。そんなのは私たちにとってどうでもいいことだ。黄金期海賊は過去のものとなった。しかし、連中の示した契機と潜勢力は、そうではない。

四章八節　もうひとつのリバタリア読解

ラディカル海賊左派は、ジョンソン船長の『海賊列伝』の第二巻に語られる、リバタリアというミソン船長のユートピア社会に心をときめかせてきた。今のところ、これを超えるような物語は存在しない。ジョンソン船長は、このストーリーを「ミソン船団」と「テュー海賊団」の二つに分けて綴っている。リバタリア設立の一部始終は、「テュー海賊団」に語られている。今日では、この話はフィクションであるというのが共通の見解である。[*12] もちろん、政治派海賊学者にとっては、そんなことはどこ吹く風で、リバタリアの政治的意義の研究に余念がない。ピーター・ランボーン・ウィルソンは面白い指摘をしている。彼の考えでは、この話が出版当時には事実だと受け止められたのは、「特有の信憑性」があって、「存在していてもおかしくない」と考えられたからであり、そうである以上は、これこそを議論の土台とするべきだと主張する[*13]（『海賊ユートピア』、二四六―二四八頁）。ほかの海賊研究者には、リバタリアは「黄金期の海賊組織の現実に根ざしていた」（Land 2007: 183）とする者もあれば、「ジョンソン船長の『ミソン船長』の章は史劇である、つまりミソンなる人物はジョンソン船長の想像力の賜物である以上、ミソンの信奉した自由とは、文学（フィクション）としての現実にすぎない」（Turley 1999: 80）とする者もいる。マーカス・レディカーは、以下のように展開する。

リバタリアはフィクションだったのか。ミソンなる人物やリバタリアなる土地はどうやら存在しなかった以上、文字通りの答えとしては、イエスとなる。しかし、歴史的かつ政治的により深いところまで探れば、ミソンやリバタリアは単なるフィクションなどではなかった。リバタリアは、大西洋労働者階級の生々しいしきたり、生活、そして夢が、フィクションというかたちで表現されたものであった。そうした無数の連中に対する共感と観察が、物語集というかたちで結実したのが『海賊列伝』であった。十八世紀初頭の海賊船における何らかのユートピア的生活様式をつぎはぎしながら語られたリバタリアは、客観的な史実に基づいていたのである(Rediker 1999: 31)。

クリス・ランドは、説得力のある結論を下している。「おそらく、『ミソン船長』の章が史実であるかどうかは、それが後世の蜂起的想像力に及ぼした影響に比べれば、たいした問題ではない」(Land 2007: 183)。(驚くべきことでもないが)メガネサル好きのジャンキー船長、ミッションを主人公に

＊12　この議論には、一九七二年版の『海賊列伝(*A General History of the Pyrates*)』に加えられたマニュエル・ションホーンの「注釈と解説」が、決定的に重要である。

＊13　ヒルも似たように展開する。「しばしばデフォー作者説がささやかれる『海賊列伝』は、現実の海賊の行動や発言に関する証拠とは必ずしもならない。しかしそれは、世間が受け入れ可能な事柄の証拠にはなっている」(Hill 1996: 115)。

したウィリアム・バロウズの小説、『ゴースト（*Ghost of Chance*）』（山形浩生訳、河出書房新社、１９９６）は、まさしくそのひとつの例である。

マーカス・レディカーも、リバタリアの刺激的なユートピア性には、社会を転覆する力学が込められていると考えている。そうした力学は、今日の古典となったピーター・ラインボーとの共著、『多頭のヒドラ（*The Many-Headed Hydra*）』において、ヒドラ政（*Hydrarchy*）という名前が与えられた。

ヒドラ政とリバタリアを議論する際に浮上してくるのは、群集の転覆への欲望と、転覆としての生活様式が、水面下、あるいは海面上のどのような経路をたどって、長い年月受け継がれていったのかという問題である。実は、海賊のオルタナティブな社会秩序は、イギリスや大陸ヨーロッパで「逸楽の地」と呼ばれた農村ユートピアの伝統が、海に進出したものだと考えてよいかもしれない。労働は軽視され、食べ物は豊富で、健康第一で、社会格差は是正され、世界観は転倒しており、富は再分割され、安らかで自由な桃源郷。こうした中世の原始共産主義的な想像世界は、リバタリアというかたちで出現した。そしてそれは、少なくとも部分的には、海賊船にも実現した。しかしヒドラ政とリバタリアは、失われた時代の桃源郷の夢を模写していただけではなく、ラディカル民主主義を体現することになる未来の群集運動の息吹も宿していたのである。ヒドラ政とリバタリアは、イギリス革命で敗北した共和主義者と、一〇〇年以上後の革命時代を勝利した共和主義者とをつなぐ、群集的媒介項なのかもしれない。もっとも、綿々とユートピアの夢が紡がれ続けていったとはいえ、結局はそのために、大西洋海賊行為が、一七五〇年以降の一〇〇年間で、容赦なき鎮圧の的とされていったともいえる。しかし逆に言えば、〔フランス〕革命時代も、着々とユートピアをこの世に実現し続けてきたそれまでの群集闘争の賜物なのかもしれない。確かに海賊は、絞首台の上で事切れて、敗北した。が、ヒドラ政とリバタリアには、まだ誰も気づいていないような勝利の痕跡がもっとあるはずだ（Rediker 1997: 41-42）。

こうしたユートピアの夢とその遺産を的確、かつものの見事に表現しているのは、ミソン物語についてのすてきな小著を著したラリー・ローのイントロダクションである。

ロビン・フッドと同様に、ミソン物語も希望的思考に満ちている。たしかにその願いは過去のものだが、二五〇年ものあいだ、ミソン物語は、協業と相互扶助に基づく社会のビジョンを称えてきた。年長者や障害者に優しく、悪人に慈悲深い社会、自分たちのことはすべて自らで段取りをつけるので、お金も警察も必要ない社会。ミソン物語は、こうした社会に最大限の賛辞を送ってきたのである（Law 1980: 8）。

スティーヴン・スネルダーズによれば、こうしたビジョンはカリブのバカニーア文化に端を発するものである。

ヨーロッパの傭兵制度によって虐げられた船乗りから、不満の声が漏れ出てくるようになると、浜辺の兄弟［バカニーア］の群れる場は、落伍者、脱走者、追放者などの社会的敗者にとっての聖域となり、そこから自由と独立の神話が生まれ、それは最終的にリバタリアの夢へと発展した。彼らは、一〇〇年以上後のアンシャン・レジームを打破した自由、平等、博愛という理念を、乱暴に握り締めていたのである（Snelders 2005: 102）。

リバタリアが実在したかどうかなんてたいした問題にならないという考えには、説得力がありそうだ。重要なのは、物語の政治的意義と強度である。しかし奇妙なことに、物語をよくよく見てみると、あれほどまでに熱を上げてもてはやされてきたラディカルな側面が、かすんできてしまうのである。

物語は語る。豊かな家柄の若いフランス人であるミソンは、由緒正しきキリスト教の教育を受けるためにローマへ旅立つ。程なくしてカトリック教会に失望した彼は、口の達者で、同じように教会に失望したイタリア人学生と知り合う。名をカラッチョーリといった彼は、ミソンの生涯のパートナー、かつ理論的師匠となっていく。二人はともに船出して、カリブ海に至るのだが、そこで［二人が乗っていた戦艦の］艦長以下、副艦長、副官三名がイギリスの戦艦との戦闘において死亡し、ミソンが船長に選ばれる（『海賊列伝　下』、七十九頁）。最終的にミソンは、マダガスカルまで一味を引き連れていく。そのあいだじゅうも、個人の自由や人類の平等に関連した高尚な大義を雄弁にまくし立てて、一味を教化していく。ミソンはマダガスカルで、(実在していたのがほぼ確実な)トマス・テュー船長に出会い、一味に加わらないかと誘う。ユートピアとしてのリバタリア入植地が設立されるが、やがてマダガスカル原住民によって破壊される。フランスへ向けて船を向け、将来について思いをめぐらしていたさなか、ミソン海賊団は嵐に飲まれ、海の藻屑となった。

この話には、ラディカル海賊業界がぜんぜん気にも留めてこなかった部分、あるいは軽視したり解釈を誤ってきた部分があると考えられる。

一、ミソンとカラッチョーリが、自分たちは海賊なんかにはなりたくないとはっきり言っている点。ジョンソン船長の話では、

カラッチョーリはこう言って反対した。「我々は海賊ではなく、神と自然が与えてくれた自由を擁護することを決意した仲間であり、誰にも服従せず、全体の利益のために奉仕するのだ。政府がその役割を知り、人民の権利と自由として機能し、裁きが公正に行われているか注意し、金持ち権力者が弱者を抑圧するのを防いでくれるならば、そのような政府に服従することも確かに必要だろう」(下、八十一頁)。

だからこそカラッチョーリはジョリー・ロジャーを旗とすることにも反対する。だから、我々はズボラで無原則な海賊とは違うのだ。海賊の旗を使うのはやめよう。我々の主義は雄々しく公正で、汚れなく高貴である。我々は自由を主義とする。だから、私は白地に「自由」の字を染めて、我々の旗とすることを提案する。さらに標語が欲しいなら、我々の正しさと決意の表明として、「神と自由のために（*A Deo a Libertate*）」とするのがよいと思う（下、八十二―八十三頁）。

カラッチョーリは、大マジメで言い放っている。実はここから、なぜジョンソン船長が『海賊列伝』にミソンのエピソードを挿入したのか、その理由が明らかとなる。つまりそれは、海賊船長の所業に対する道徳的反感を示し、警告を与え、利己主義を戒めるためである。したがって、「清廉潔白な船長である」ミソン船長を黄金期海賊の華々しい典型例として持ち出してくると、話が根本的に崩壊してくる。黄金期海賊とミソン船長を同時に称えるのはできないはずだ。むしろ選択をしなければならない。黒旗を掲げた悪党一味の革命的な義を信じるか、それとも白旗を掲げて原則を忠実に守る紳士の革命的な徳を信じるか。王手飛車取りなんていうウマい話はないのだから。

二、カラッチョーリやミソン船長の信条や主義はどれほど革命的だったのだろうか。右のくだりから分かるのは、二人は統治者の存在自体に反対しているわけでもなく（カラッチョーリはよき支配者を「真の父親」（下、八十一頁）だと褒め称えている）、「金持ち権力者」と「弱者」という階層分断の存在にも反対しているわけではない。もちろんそれには前提として、不当な弾圧を「防ぐ制度」がなければならないのだが（とはいっても経済的に不公正な社会でそんなことがありえるのだろうか）。ではミソンとカラッチョーリの進歩性はどこにあるのか。

ひとつには、ミソンは民主主義者である。「そして、この意見に対して反対する者の考えとその理由を皆に説明したミソンは、一人ひとりが考えを明確にし、全体にとって最もよいと思うほうに票を投じるよう要請した。「私は自分の考えを押し付けるつもりはない。だから諸君が私の考えに反対したとしても、それを悪く思ったりはしない」（下、九十五頁）。ミソンは「誰も強制」（下、八十頁）しなかった。ミソンは奴隷制に反対する。「私はここで勇敢な仲間たちの気持ちを代弁しようと思う。私は自分の首に重々しい奴隷制のくびきがかかっているのに気付かず、他人を奴隷のように扱い、自分の自由を行使していたのだ」（下、九十六頁）。ミソンは財産の共有を支持する。「すべては共有されるべきであり、特定の個人の欲望は公衆を欺くものだと言った」[*14]（下、八十三頁）。ミソンはヒューマニストである。

＊14　これは、必ずしもミソンが乗組員からの特別の贈り物を受け取らないということを意味するわけではない（同頁）。

そこで諸君全員は一人ひとり兄弟愛を持ってもらいたい。個人的な敵意や遺恨は一切捨てて欲しい。そして、全員の確固とした一致と調和を築いてもらいたい。語るも忌まわしい圧制のくびきを振り払うのであるから、誰も専制君主のひそみに倣って正義に背を向けることのないように希望する。公正が踏みにじられたら、困窮、混乱、そして相互不信がはびこるのは目に見えているからだ（下、八十三―八十四頁）。

ミソンは死刑に反対する。「野蛮な手段に訴えて安全を計るようなことは、私はしたくない」（下、一六四頁）。ミソンは捕虜を公正に扱う。「ミソンは捕虜一人ひとりの境遇を聞き、彼らが失ったものはすべて返した」（下、一六四頁）。ミソンは恩情と寛大という徳を持っている。「彼はおよそ残酷なことが嫌いだった。必要もなく血の復讐をするのは、卑しく臆病な精神の表れだと考えていた」（下、一〇八頁）。こうした性格を背景にして、ミソン独特の海上強奪マニュアルができた。

「したがって、野蛮な考えからではなく、自己保存のために、我々の入港を拒否する者、そして必需品を要求しても直ちに応じないすべての者に対し、私は宣戦を布告する。特に、ヨーロッパ諸国の船はすべて、容赦なく敵とみなす」。さらに言葉を継いで、こう言った。「ここに私は宣戦を布告するが、同時に、捕虜に対しては人道的に、寛大に対処することを、同士である諸君にお願いする。これは、高貴な精神を示すということももちろんだが、不幸にも我々が仲間割れや肝っ玉の小ささなどが原因して、敵に命乞いをしなければならなくなった場合にも、酷い仕打ちを受けないですむと思うからだ」（下、八十四頁）。

もちろんこれらの側面はすべて非常に高尚なものである。時代背景を考えると驚嘆に値する。それにいくつかの部分——特に最後の宣言——は、ラディカルだといって間違いない。だが、だからといって、ミソンが革命家だったといえるのか。むしろ、聖人と社会改革者とロビン・フッドの三位一体だったのでは？　だとしたらそうした人物は革命的だったのか。おそらく、ミソンの決意したリバタリア建設が答えを与えてくれるであろう。

三、リバタリアの目的に疑問の余地はない。リバタリアの意図は、政府と法の強制を伴う社会秩序の創設である。言い換えれば、リバタリア建設の目的は、海軍力やもろもろを備えた国家を設立することである。ジョンソン船長自身、「多くの立派な法律が制定され、国家の台帳に記載された」とあからさまに認めている。そしてカラッチョーリは、「国務長官」の座に着く。政府は「自己維持のために必要」だとされた。強制的な法が必要なのは、それがないと「つねに弱い者が抑圧され、あらゆることがえてして混乱に陥る」からである。政府と法は、「感情的になると、正義が見えなくなって、自分のことだけをよく考え」（下、一七四—一七六頁）てしまう人間の性《さが》に対処するためのものであった。ここにおいて、ミソンの考えが、かの近代国民国家理論の創始者であるトマス・ホッブズの〔万人闘争という〕仮説に立脚していることが明白になる。したがってリバタリアも、ヒューマニズムの衣を羽織ったリヴァイアサンに過ぎない。そうしたリヴァイアサンの群れは、今日の政治空間を縁取っている。そんなものが本当に「労働者階級の夢」(Rediker 1997: 36) なのか?

よく指摘されるのが、リバタリアは共産主義的で、反資本主義的だったという点である(『図説海賊大全』、二五七頁)。だがジョンソン船長の描くリバタリア経済の概略を読めば、この説は破綻しているのではないか。「財産や家畜は全員が平等に所有するようにする。また、今後個人が囲《エンクローズ》いをした土地は、その者の財産とみなし、売りに出されない限り他人がその土地に権利を主張してはいけない」(『海賊列伝　下』、一七五頁)。したがって、「財産や家畜が等しく分配される一方で、住民は各々土地に囲《エンクローズ》いをしたり、あるいはほかの人の土地囲《エンクローズ》いを手助けしたりした」(下、一七六―一七七頁)。これはまるで、昔懐かしの典型的プチブル自由主義に聞こえないだろうか?

リバタリアでもっともラディカルなのは、その国政議会であった。「国籍や肌の色に関係なく、もっとも有能な者」が議員に選ばれた。それと、「言語が次第に交じり合って、一つの言語になった」(下、一七六頁)ことも画期的であった。それは、ミソンが入植地にリバタリアという名前をつけたこととも呼応している。というのも、ミソンは、リバタリアの「住民をリベリと名づけて、フランス人、イギリス人、オランダ人、アフリカ人などの個々の名称とは一線を画そうと考えた」(下一一五―一一六頁)からである。しかしリバタリアは国家であった。あらゆる国家は、議会(評議会)を備えていようが、強制力の機構であるのにはかわりがない。ソヴィエトだって、しょせんその意味は評議会なのである。

リバタリアの国政議会が厳格に強制力を執行したという事実は、リバタリア談の以降のエピソードで明らかにされていく。リバタリア設立の数ヶ月前、テュー海賊団の元操舵手は、船長テューに造反した一味を引き連れ、彼ら独自でマダガスカル入植地を設立していた。〔その後リバタリア入植地が設立され〕リバタリアの国政議会がその連中を仲間に加えてはどうかという発議を議論していた際、「評議員らは、船長を見捨てたということは彼らに謀反の心があったことの証拠であり、ほかの者にも規律を乱すような考えを鼓吹するかもしれないと言って、これを退けた」(一七七頁)。いつから海賊ラディカルの思い描く夢のなかに、「謀反の心」や「規律を乱すような考え」が数え上げられなくなったのだろうか?

スティーヴン・スネルダーズは、リバタリア談のこうした側面を考察する唯一のラディカル海賊学者である(ピーター・ランボーン・ウィルソン〔『海賊ユートピア』、二四五頁〕も、テュー海賊団の元操舵手が組織したこの「アナキスト分派」に触れているが、それも物のついでに過ぎない)。スネルダーズは分析する。

ミソンの章と、海賊船での組織構造を比べてみると、後者のすべてを根本的に拒否する海賊は、リバタリアの原初的民主主義というより、ジョリー・ロジャーのポリティクスこそを体現しているということがわかる。というのも、リバタリアは、あたかもロックの契約説を参照しながら、自由主義的国家を設立し、私的所有権と形式上の民主主義を保護しようとするからである。むしろ、〔議会制〕民主主義としての海賊ユートピアに満足せず、あらゆる法体系を否定したアナキスト海賊こそ、本当の意味で海賊的エートスを体現していたのではないだろうか(Snelders 2005: 190)。

だが、ジョンソン船長のテクストからそうした主張の根拠を取り出すのは困難である。この主張は、リバタリアの無批判な賞賛と同程度に妙な考えではないだろうか。それに彼の抜群の名著、『悪魔のアナーキー(*The Devil's Anarchy*)』で下された結論にも、困惑せざるを得ない。ジョンソン船長によれば、議会は謀反を起こした海賊の参入を却下するものの、テュー船長は、リバタリアについての情報を伝えるためならば、連中に会うことが許可されたようだ。議会は、「彼らが心からリバタリアの住民になることを望み、操舵手を見限る意志があり、かつ提督〔テュー〕自らが彼らに穏やかな行動をとらせると宣誓するならば、それが提督の望みである以上、特別の配慮をしてもいいといった」(下、一七七頁)。テューは〔元操舵手の〕入植地に向かうと、元操舵手に「丁重に」迎えられ、リバタリアのことを話した(なぜテューが、議会によって、一味の参入の条件として見限るべきだとされた人物に事情を話したのかは、定かではない)。元操舵手いわく、「今の状況を変えても何も得るところはない。ここには暮らしてゆくのに必要なものはすべてあるし、自由で外の世界からは独立している。それを、たとえ緩やかなものであったとしても、強制力の装置としての政府に再び仕えるなんてきちがい沙汰だ」（下、一七八頁）。ここまでの話ならば、スネルダーズの考えともつじつまが合う。[*15]

しかし元操舵手が話し続けるにつれて、状況は変わってくる。

「だがもしあんた〔テュー船長〕がアメリカかヨーロッパに渡って、ここに入植地を作ればどれだけイギリス人のためになるか説明し、海賊という汚名をそそいでくれたら、わが母国のために、俺たちは喜んで政府の使者に投降しましょう。しかし俺たちが、自分らよりもっと力のある海賊の配下になるなんて、ばかげた話だ」（下、一七九頁）。

言い換えれば、スネルダーズが「本当の意味で海賊的エートスを体現」していたとする村が、「海賊という汚名」を返上しようとするばかりか、イギリスの在外植民地となるのにすら前向きである。それはなによりも、「この島に植民地を建設すれば、海賊たちを牽制できるし、また東インド会社の船も、この島を新鮮な食糧、あるいは塩漬けにした食糧の補給基地に」（下、一八一頁）できるからである。このくだりは、テューの出立の前に元操舵手が渡した手紙のなかに書かれている。それは、

＊15　リバタリア物語をラディカルに翻案するローは、ジョンソン船長のように突然ぶつりと切れるのではなく、短く厳選したエンディングを用意してある。

テューがアメリカに戻ったらイギリス政府関係者に渡して欲しいと言付けていたものであった。この手紙は、さまざまな論拠を挙げて、この入植地を植民地とするように説いている。たとえば、上述したように海賊の汚名を嫌っただけでなく、こんなそろばん勘定までもしている。

バルバドスでは、黒人奴隷は一人頭三〇、四〇、あるいは五〇ポンドするが、マダガスカルでは一〇シリング相当のヨーロッパ商品で黒人奴隷を買える。私たちは、着古したコート一枚で頑健な奴隷一人を買ったことがある（下、一八〇頁）。

バルバドスでは、食料は非常に高い。しかしここでは、自分たちや奴隷の食糧はただで手に入るので、ここの奴隷は、食費が高くて半分飢えているようなバルバドスの奴隷よりずっとよく働く（同頁）。

要するに、リバタリア物語は、二つの政治的色彩で彩られているといえる。つまり、自由主義的民主制国家（これがユートピアだとしても、それはトマス・モアのユートピアと大して違いはない〔lucie-Smith 1978: 24も参照〕）という側面と、荒削りの在外植民地という側面である。どちらを選ぶのも、ラディカル政治学にとってあまり魅力的だとは思えない。

四章九節　安全港、海岸居留地、海賊ユートピア：海賊にとっての大地

フィクションであるのがほぼ間違いないリバタリアなどよりも、実在の確かな海賊居留地を解明したほうが、海賊の政治的側面の探求に資する部分が大きいであろう。こうした居留地が権力を震え上がらせたのは、確かなことである。ラインボー＝レディカーによれば、「権力者のなかには、海賊が、『容易には手出しできない共和国のようなものを作ってしまう』のではないかと恐れる向きもあった。植民地事業に携わる大都市商人や役人は、マダガスカルや、シエラ・レオネや、バーミューダや、ノース・カロライナや、カンペチェ湾や、ホンジュラスで分派主義が起こりつつあるのを警戒していた」(Linebaugh and Rediker 2000: 167-168) ようである。[*16] スネルダーズは、こうした地域のことを「非合法自治空間」(Snelders 2005: 151) とか「文明の境界地区」(ibid., 172) と呼んでいるが、適切な表現である。「擬似国家」(Thomson 1994: 46) などとするよりはるかにふさわしい。

＊16　全体像を得るのに役立つものとして、ガルヴィン (1999) のなかの「海賊基地、海賊アジト」もある。

カリブ海

バカニーアや黄金期海賊は、一六二〇年から一七二〇年代にかけて、多種多様の陸上拠点を利用してきた。プロヴィデンス島は、一六三〇年代、イギリスの初期私掠基地だった。マルティニーク島は、その数十年後にフランス人バカニーアの拠点となった。ヴァージン諸島は（そのなかでも特にセントトマスは）、十七世紀、たびたび諸国の海賊の集結地点となった。しかし最も重要な拠点はイスパニオラ島であり、初期バカニーアの溜まり場となっていた。そのなかでも「バカニーアの『アクロポリス』」（Galvin 1999: 109）たるトルトゥーガは、イスパニオラ島の北西端の海峡を越えたところに位置し、狩りから海上強盗に鞍替えしたバカニーアの多くが集ってきたところである。トルトゥーガにいたバカニーアの多くは、一六六〇年代になると、イスパニオラ島西部のプティ・ゴアーヴに戻ってきた。ジャマイカのポート・ロイヤルは、一六五五年にイギリスがここを占領して以降、デヴィッド・コーディングリー、ジョン・フォルコナーの言葉を借りれば、「バカニーアのパラダイス」（Cordingly and Falconer 1992: 36）になった。カンペチェ湾とホンジュラス湾は、十七世紀後半に、ログウッド伐採で生計を立てるかの有名な連中の拠点となった。ニュー・プロヴィデンスは、一七一六年から一七一八年のわずか二年間であるが、黄金期海賊の「聖域」（Sherry 1986: 203）となった。

イスパニオラ島

バカニーア最盛期のイスパニオラ島西部での日常生活の様子を見てみるならば、そこから未開のエル・ドラード（黄金郷）といった趣は感じられない。カリブ海に早くからやってきた宣教師の一人であるデュ・テルトルによれば、「諸国の下層民が集結して収拾がつかなくなっており、誰も指導者の存在を認めようと」しなかったようだ。

一般的に連中は、住まいや逗留の地を定めず、家畜のいる場所に集結するのみである。いくつかの納屋は葉で覆われて、雨を防いでおり、殺した獣の皮を貯蔵しておくことができる。それを元手に、通りがかった船から、ワイン、ブランデー、リンネル、武器、火薬、弾薬、食器と交換する。これが、バカニーアが必要としていた所持品のすべてだった（Snelders 2005: 69-70）。

デュ・テルトルはこんなことも漏らしている。「だれでもこんなのを見たら、丸八日間体を洗わずに屠殺場から出てきた肉屋の卑しい召使いと見間違えるだろう」(Konstam 2000: 14)。クラーク・ラッセルも臨場感あふれる表現をしている。

現在はサント・ドミンゴと呼ばれる、当時のイスパニオラ島は、野蛮で獰猛、不潔で敵意みなぎるやからが、世にも奇妙な徒党を組み、大手を振って歩く場所だった。連中は粗末な亜麻製のシャツとズボンで身を包んだが、動物を殺すために、生地は赤く染め上がった。丸帽子をかぶり、猪《しし》革のブーツで足を覆い、生革ベルトの鞘にはサーベルとナイフを収めた。狩りを生業とするために、未開人のような生活習慣を持っていた。屋外で寝食をしたのだが、そのテーブルは石であり、枕は丸太で、屋根は、ぎらぎらと太陽の照りつけるアンティルの空であった（Gosse 1924: 143）。

このハンター軍団は、スペイン人によってイスパニオラ島を追われた。スペイン人が一六三〇年代に獲物を取りつくしたからである。多くのバカニーアは、イスパニオラ島の北西端にある小さな海峡を越えて、トルトゥーガ島を目指した。

トルトゥーガ

トルトゥーガには、一六二〇年代から入植者がやってきて、本格的に住んでいた（多くは交易商人）。以降この島は、激動の植民地史をたどっていくことになる。イギリス人とフランス人とスペイン人が獲得競争を続けたが、最終的には一六四二年にフランス側の手に落ち、総督ジャン・ル・ヴァスールがこの島を要塞化した結果、難攻不落の海上略奪基地へと変貌を遂げた。スペインの攻撃をたびたび受けながらも、フランス移民とバカニーアは、一六七〇年代までここを拠点とした（もっとも、しばしば維持できなることもあった）。だが、その後バカニーアは、イスパニオラ島の前途有望なプティ・ゴアーヴ居留地へ拠点を移した。

フィリップ・ゴスは、トルトゥーガは「バカニーア共和国であり、海の男が自ら法を作り、サトウキビとヤムイモの畑を耕した地である」（Gosse 1924: 19）と述べているが、ジョン・メイズフィールドは、トルトゥーガのバカニーアは「すぐに数が増えすぎたので、仮に皆で独立国家を建てようと思い立とうものなら、すぐにできてしまっていただろう」(Masefield 1906: 117) と考えている。バジル・フュラー＝ロナルド・レズリー・メルヴィルが描く最盛期トルトゥーガの様子からは、当時の光景が目にありありと浮かんでくる。

浜辺の兄弟〔バカニーア〕は、理想主義と残虐性が入り混じった、奇妙な生活を送っていた。次第に彼らの港は繁栄の軌道に乗っていった。防御力も申し分ない、よきアジトとなった。止め処なく流入してくる富のおかげで、トルトゥーガの生活水準は上がる一方だった。しかしまだ港には、ここを豪奢に作り変えてしまおうと思う者はいなかった。驚くべきことに、バカニーアは安らぎの生活を拒み続けていた。根性なしになってしまうのを恐れていたのである。トルトゥーガは、かつては取るに足らない島だったのだが、もはや危険な隠れ家の域に達し、遠く離れたホワイトホールの大臣たちの頭痛の種になった。スペイン貴族も苛立ちが募り、恨み節を吐くしかなかった。トルトゥーガ成功の秘訣は、村人間《かん》の真の「兄弟愛」にあった。連中の育ちをかんがみれば、やつらがあの懐かしい「団結は力、分裂は敗北」という決まり文句にこめられた本当の意味を理解していたのは、驚嘆に値する。バカニーアはお互いに対する義理を重んじた。これこそ、我々は賛嘆を禁じえないのである (Fuller and Leslie-Melville 1935: 80)。

プティ・ゴアーヴ

イスパニオラ島の南西に位置するプティ・ゴアーヴは、一六七〇年代から一六九〇年代にかけて衰退の一途をたどっていくフランス人バカニーアの基地となった。「放浪者と逆徒」(Besson 1929: 177)の中心地として描かれたそこは、何百人ものバカニーアが一六八〇年代後半まで住処としたところだった(Konstam 2000: 53)。しかし一七〇〇年には、「フランスの植民地のなかでも、停滞した活気のない」(ibid.)街に様変わりしていた。

ポート・ロイヤル

チャールズ二世の一六六〇年の王政復古の結果、ジャマイカで私掠免許状がひっきりなしに発行されるようになると、港町ポート・ロイヤルはイギリス人バカニーアの一大中心地へと発展した。イスパニオラ島やトルトゥーガから、多くのバカニーアがこの新しいイギリス植民地に集ってきた。一六六五年になるころには、二〇〇〇人強がこの港から略奪業を行っていた(Rogozinski 1999: 94)。だが一六八〇年代にイギリスが私掠から手を引くと、バカニーア社会は終わりを迎えた。にもかかわらず、ポート・ロイヤルの「急速な発展」のスピードは、鈍ることがなかった。「街は、一六九二年六月の地震〔と津波〕によって跡形もなく飲まれてしまうことになるのだが、その直前の段階で、同時期のニューヨークのほぼ二倍に匹敵する規模だった」(Lucie-Smith 1978: 158, 160)。この地震は神が引き起こしたものだと思った者も多かった。それほどまでに、ポート・ロイヤルには

「けたたましい評判」(Cordingly and Falconer 1992: 38) が立っていた。「ある清廉潔白な旅行家は、ポート・ロイヤルを『新世界のソドム』と評した。『きゃつらを構成しているのは海賊と人殺しと娼婦と全世界のクズどもだ』とある聖職者は断言した」(Konstam 2000: 52)。ほかのポート・ロイヤルの代名詞としては、「アメリカでもっとも邪悪な町」(Earle 2003: 91)、「陛下支配地のなかでもっとも腐敗してみだらな町」(Burg 1995: 94)、「この時代のゴモラ」(Fuller and Leslie-Melville 1935: 84)、「浮浪者の受け皿、破産した者の駆け込み寺、刑務所で抱えきれない連中を流し込むための便器」(Fuller and Leslie-Melville 1935: 85 に引用される、『ロンドン・スパイ』〔1698〕の著者、ネッド・ウォード) などがあった。ネヴィル・ウィリアムズは、こと細かに記している。

ポート・ロイヤルは急速に発展し、その酒池肉林ぶりをとがめる者はいなかった。出身階層もさまざまな船乗りたちは、その快楽ぶりに、ついつい財布の紐も緩みがちになった。酒場の数はロンドンより多く、売春宿の数はパリとほぼ同じぐらいで、突然ポックリ逝ってしまう者の数は全スコットランドより多かった。それほど収穫に恵まれなかったとしても、ひとたびポート・ロイヤルに戻ってくると、まるで全財産を投げ打つかの勢いで、湯水のごとく浪費するのだった (Williams 1961: 126)。

カンペチェ湾／ホンジュラス湾

カンペチェ湾とホンジュラス湾は、一六七〇年代、ログウッドを伐採するイギリス人の中心地となった。ログウッドのきこりは、重要な交易パートナーでもあったバカニーアと密接な関係があった。ログウッドのきこりは、その多くが元バカニーアだったり、もしくは副職としてバカニーアを生業としていた。ログウッドは服の染色に使われた。ダンピアの試算では、総計しても「二六〇から二七〇人」(Dampier 1906: 155) しかいなかったとされるきこりは、それなりに稼ぎ、生活はイスパニオラ島の初期バカニーアのものに似ていた。「ログウッドのきこりの生き方は、さながらイスパニオラ島で家畜を追っていた初期バカニーアを髣髴とさせた。どちらも無骨な野郎どもで、原始的でつましい暮らしをしているが、文明社会の束縛からは自由になっていると人々は想像した」(Cordingly 1995: 176)。実際、ログウッドのきこりも、副業として狩りの旅に出ることもあった。以前にも触れたことではあるが、先住民の村の略奪に赴くこともあった。にもかかわらず、ラインボー＝レディカーは、一種の「原始共産主義」(Linebaugh and Rediker 2000: 268) を運用していた以上、彼らは「ヒドラ政が陸に拡大したもの」のひとつだとみなしている。だが、男くさく過酷な辺境社会だと記したダンピアのメモをのぞいて、彼らの村生活の記録がほとんどない以上、この考えは机上の空論だと思う (Bolland 1977: 21)。

ニュー・プロヴィデンス

一七一六年から一七一八年のわずか二年間で、バハマ諸島のニュー・プロヴィデンス島は、ある歴史家の言葉を借りれば、「新世界の海賊 京《キャピタル》」(Fuller and Leslie-Melville 1935: 104)になった。この島は、一六九〇年代にはすでに海賊基地になっていた。だが、海賊一味が、完璧な海賊港だと考えられたこの島に大挙して押し寄せるようになるには、(スペイン継承戦争の終結を契機とした)一七一三年の海賊復興を待たなければならなかった。連中はここで、「海賊アジト」(Cordingly 1995: 178)、「チンピラ群落」(ibid., 239)、「なんちゃって共和国」(Sherry 1986: 208)、もしくは「アウトロー国家」(Woodard 2007: 131)を作り上げた。このようなけったいな言葉遣いを好んで用いるのが、やはり我々海賊研究者だ。スティーヴン・スネルダーズの概算では、「一七一六年から一七一八年のあいだで、海賊兄弟は、数としてはかつての浜辺の兄弟に匹敵するほどになった」(Snelders 2005: 172)。ネヴィル・ウィリアムズによれば、「数ヶ月もたたないうちに、この『海賊共和国』には、失うものなど何もない野郎どもが約二〇〇〇人も集っていた。ニュー・プロヴィデンスは、安全に片舷航行ができ、水の補給が受けられるという意味で、無頼者にとっての隠れ家であり、また絶好の前線基地でもあった」(Williams 191: 150)。

デヴィッド・F・マーリーは、なぜニュー・プロヴィデンスがここまで恐るべき海賊基地となったのか、その理由をこう解き明かす。「港は浅く、入り組んでいるため、重武装戦艦は容易に立ち入ることができない。また、街を見下ろす丘に囲まれているため、通過する船を見つけるのに非常に都合がいい。くわえて、島の礁はロブスターや魚や海亀の生息地であり、内陸の密林には水質のいい泉がある上に、果樹や狩猟の獲物であふれている」(Marley 1997: 130)。ダグラス・ボティングの格調高い言葉によると、ニュー・プロヴィデンスは、「とかく目移りする無頼船乗りの心を魅するに、さもふさわしい港」だった。さらに、「拳と剣《カトラス》の法を除いて、ナッソー〔ニュー・プロヴィデンスの現在の名称〕に法はなかった。こうした意味で、海賊は真の解放を味わい、社会的抑制という拘束具を振りほどいていたのである」(Botting 1979: 128)。

ジェニファー・G・マークスによれば、「売春婦や浮浪者、小汚い野良犬、ネズミなんかも増えて、島はひっきりなしに沸きかえっていた。商人や貿易業者もその食指を伸ばした。彼らは無頼海賊連中に必要品を用立てし、その代わりに略奪品を購入すると、その多くを、ほかの植民地に抜け荷で横流しした」(『海賊大全』、二一七頁)。またもやフランク・シェリーは、鮮烈な筆遣いをしている。長くはなるが引用しよう。

かつては人もまばらな水辺の小村だったナッソー〔ニュー・プロヴィデンス〕の町は、一七一六年には、再び組織された海賊徒党の一大中心地となっていた。ナッソーには、ここを本拠地とした海賊団の価値観とスタイルが息づいていた。快楽におぼれつつ、カオスが支配する、つかの間のこの世の街であった。まるで貧民窟かのごとく、流木と帆布でつぎはぎされたヤシ葺きの商店、掘っ立て小屋、売春宿、酒場が、半円形を成しながら、港の砂浜に滑稽なほど林立していた。拿捕した船の残骸は、浜辺で腐るに任され、船のリブ（肋材）は、干からびた死骸のように、ぎらぎらと照りつける太陽にさらされた。海賊のスループ船や、拿捕した商船数十隻が、港を埋め尽くした。折り重なったマストを街から見上げると、それは葉だけがない森のようだった。西洋世界の海賊は、メトロポリスとなったこのシマを我が物顔で歩きつつ、酒を飲んでは議論を戦わせ、賭け事で大枚をはたいては、娼婦の体に盗んだコインを投げ打った。彼女たちも、波乱万丈を過ごすこの街の一員となっていた。金が尽きれば、再び海へ赴く必要があった。肉を焼いたときのにおい、煙、腐った人間の悪臭、ラム、不潔な体の悪臭、腐った生ゴミ。ナッソーでは、これらが熱帯の太陽の下に入り混じり、そのにおいは、島の影が見えないようなはるか遠くにもにおってきたそうだ。野性的港町、ニュー・プロヴィデンスは、多くの点で、海賊港《ヘイヴン》かつ海賊天国《ヘヴン》でもあった。海賊法以外に縛られる法はなく、そのため、無頼兄弟の心を占めていた野性的な快楽は、まったく抑えられることがなかった（Sherry 1986: 207-208）。

「海賊法」という点に触れるならば、島は、「巨大な海賊船かのごとく、船長と操舵手の評議会によって統治されていた」（Lucie-Smith 1978: 214）とされるが、そこまで組織立っていたとする証拠はほとんどない。一方、ニュー・プロヴィデンスから生まれた「海賊天国」というイメージは、海賊神話のひとつとなった。「あらゆる海賊にとっての望みは、死後に天国に行くことではなく、この島の天国に戻ることだったようだ。そよぐ微風のなか、穏やかに揺れる椰子の木の下でハンモックに横になってくつろぐ。売春婦はたくさんいるし、賭け事は四六時中楽しめる。仲間の海賊たちとともに騒ぎまわれるし、しかも無制限に酒が飲めるのだ」（『図説　海賊大全』二一八頁）。

しかし、海賊天国という考えを否定する向きもある。ネヴィル・ウィリアムズによれば、海賊が基地としたニュー・プロヴィデンスでの生活について、幻想を抱いてはいけない。このあまりにひどい貧民窟は、ホガース〔当時のイギリスの風刺画家〕でもなければ裁きを下せなかっただろう。連中は金遣いが荒く、手に入れた金のほとんどは、酒や混血女性に消えていった。隠し財宝なんて神話に過ぎない。というのも、酒場と売春宿がピース・オブ・エイト銀貨を根こそぎかっさらったからである（Williams 1961: 153）。

デヴィッド・ミッチェルも同じように考えている。「ナッソー〔ニュー・プロヴィデンス〕は、流木と、シュロの葉と、スパーにかけられていた古い帆で作られた小屋が立ち並ぶ、貧民窟であった。ほかの小屋があるとしたら、それは飲み屋か、あるいは黒人やムラート〔白人と黒人の混血〕の娼婦がいる売春宿であった。温和な気候に恵まれたこの街は、ホガースの『ジン通り（*Gin Lane*）』を彷彿とさせた。もしくは復活してさらにふしだらになったポート・ロイヤルだったのかもしれない」（Mitchell 1976: 84. Galvin 1999: 107 のなかの引用）。

中立的に書いているポール・ガルヴィンを最後に引用しよう。

海賊的博愛が息づくニュー・プロヴィデンスは、しばしばまるでユートピアのような港として描かれ、あるいは超民主主義的港、アナキズム原理の港として考えられたきた。すなわち、野蛮で高貴な「海賊共和国」であると（ここには主観的な夢が語られているとしか思えないと考える人もいるかもしれない）。この神話にもひとかどの真実はあるが、海賊居留地〔ニュー・プロヴィデンス〕の現実とは、ウッドベリーがいうところの「海洋ルンペン・ジャングル」に近かったはずだ。つまり、「文字通り流動的な人口を受け入れる一時的な逗留地であり、休息地点」だったと思われる（Galvin 1999: 107）。

一七一八年にウッズ・ロジャーズがやってきたことによって、海賊たちはこの島を大手を振って歩くことができなくなった。

マダガスカル

おそらく、マダガスカル〔の海賊拠点〕ほど夢を与えてきた海賊要塞はほかにはないし、ニュー・プロヴィデンスですらそれには及ばない。マダガスカル島は、インド洋航海に向かうアメリカやカリブの海賊にとっての中心拠点となっていた。

かつてバカニーアだったアダム・ボールドリッジは、一六九一年、マダガスカル北東の沖合いに位置する聖メアリ島に交易所を開いた。これは〔マダガスカルの発展にとって〕決定的に重要な出来事だった。海賊も奴隷商人も、すぐにこの交易所を活用するようになった。数年後にエイブラハム・サミュエルも、マダガスカル南端部のドーフィン砦に似たような交易所を開いた。けれども聖メアリ島のほうが海賊コミュニティの中心の座を維持した。デヴィッド・F・マーリーによれば、一六九〇年代後半のマダガスカルには、およそ一五〇〇人のヨーロッパ人が住んでいたようである（Marley 1997: 117）。コーディングリー＝フォルコナーの試算は、もっと控えめである。二人によれば、マダガスカルに住む海賊の数は、どんなときも数百人規模を超えることはなかったようである（Cordingly and Falconer 1992: 80）。ピーター・アールによれば、「海賊の数が最大数に上った一六九五年以降、インド洋を哨戒する海賊船が六隻を越えることはほとんどなかったし、海や陸でよろしくやる海賊一味の数が六、七〇〇人を超えることもなかったが、こんな連中が、世界にとって多大なる厄介ごととなったのである」（Earle 2003: 122）。

数はたいしたことはないのに、マダガスカルの海賊が衆目を集めたのには、コーディングリー＝フォルコナーによれば、こんなわけがあった。

人々の想像のなかで、島にまつわるなぞ（大きさの割にほとんど知られていなかった）と、その異国性と、海賊以外のヨーロッパ人の不在という事実にいろいろと尾ヒレがついた結果、「海賊島」というイメージが膨らんでいった。全原住民部族を束ねながら、熱帯の輝きに生きる海賊のお頭というううわさがヨーロッパに広まっていき、海賊たちは、実際には見たことも聞いたこともないようなライフスタイルと富に与ることとなったのである（Cordingly and Falconer 1992: 80）。

うわさの衝撃性は、イギリス当局の気を引くには十分であった。イギリス議会は、一七〇四年に懸念を表明している。マダガスカル海賊の「数が増え続けていくと、略奪団となってしまい、その結果、アフリカ貿易の害となるだろう。したがって、母国も恋しがっているはずだし、引き戻したほうがよい。さもなくば、連中が現地で作った子どもが『イギリス系外国人』になってしまう」（一七〇四年議会の提議。Botting 1979: 80より引用）。

現実には、聖メアリ島は、最盛期でも、「極めて少数の海賊しか定住はしていなかった。航海の途中に立ち寄ったり、帰国船を待ったりする者がいた。人口流動は激しかった。海賊船が立ち寄るときには爆発的に数が増えた」（Earle 2003: 129）。ロバート・C・リッチーいわく、「島の海賊居留地の根底は、あらゆる点でグラグラだった。あったのは、家数件と、低い柵と、数個の大砲のみであった」（Ritchie 1986: 112-113）。でも二〇世紀になっても、一部の海賊史学者、そのなかでも特筆すべきフランク・シェリーなどは、夢の島、マダガスカルというフレームを捨て去っていない。シェリーは明言している。「十七世紀後半から十八世紀初頭にかけて、この地球上に唯一ひとつだけ真の民主主義が存在した。それこそ、マダガスカルの海賊連帯《ブラザーフッド》である」（Sherry 1986: 122）。さらにフランク・シェリーは、この社会を「艦隊」を手にした「海洋国家」（ibid., 96）と呼ぶ。それは、「世界が初めて経験したものであり、国際的視野を持ち、財政的にも潤沢で、人口も多く自律的かつ、明らかに力を持っていた」（ibid., 94）。

力を持っていたかもしれない。だがどのような点で? マダガスカルの海賊が奴隷貿易に携わっていたという記録だけでは、連中を覆うかすみがかったロマンは晴れないかもしれないが、『海賊列伝』で「住民の上に立つ主君」の生活を描き出す、ジョンソン船長の以下のくだりを読んだらどうなるだろうか。長くはなるが、それによると、

海賊一味がこの島に落ち着いた当初、部族の首長たちは彼らとの同盟を求めてきた。海賊たちは、ときにはこちらの部族と、またときには別の部族と同盟を結んだ。原住民たちは火器を持たず、またその使い方も知らなかったから、海賊と同盟を結んだ部族が常に勝者となった。このようにして、海賊たちは原住民にとって大変な脅威となり、戦争している部族の一方に二、三人でも海賊の姿が認められると、他方は相手に一撃も加えずに逃げ出してしまう有様だった。海賊たちは恐れられ、権力を振るうようになった。彼らは戦争の捕虜をすべて自分たちの奴隷にした。そして原住民の女性たちのうちから、もっとも見目麗しき者を選んで妻にした。しかも一人二人ではなく、好きなだけ妻にしたから、彼ら一人ひとりが、まるでトルコ皇帝のように、ハーレムを持っているようであった。彼らは奴隷に米を耕作させ、漁をさせ、狩りをさせ、そのほかさまざまに使役した。このほかにも、強力な部族集団から身を守るために海賊の保護下で生活している原住民も大勢いた。このような連中はすすんで彼らに忠誠を誓った。しばらくして、海賊たちは妻や奴隷、そして従者を引き連れ、離れ離れに住むようになった。権力や富が争い

を引き起こすのは自然の成り行きであった。彼らも時に争い、攻撃を仕掛けあった。彼らの多くがこのような内紛で死んだ。君主を特徴付けるものが権力と支配であるなら、このならず者海賊たちは、どの点をとっても王たるにふさわしかった。その一方で、彼らは、暴君がそうであるように、恐怖心をもって暮らしていた。これは、彼らが住居を守るために払った用心深さによく表れている(上、六十六―六十九頁)。

ジョンソン船長の言葉を信じるとすると、真の民主主義というロマンチックなイメージはもろくも全壊してしまう。たとえ奴隷貿易を見なかったことにしても無駄である。また、ボールドリッジの交易所が、最後にはマダガスカル原住民の攻撃によって破壊されてしまったのも、むべなるかなである。もっとも、すぐ後に、エドワード・ウェルシュなる人物の指揮下に交易所が再興されるも、ボールドリッジの交易所ほどはうまくいかず、伝説的名声を獲得することもなかった(Ritchie 1986: 116)。

聖メアリ島での生活のなかで、海賊がどのような自由を享受していたのか理解するためには、民主主義や共和国といったことにうつつをぬかすより、おそらく次のくだりを読んだほうが早い。「この異国的海賊村での生活は、残念なことに、自由を愛する海賊に召し仕える奴隷、多くの女性、地元産の牛肉と米、奴隷商人の所有する酒や、原住民が砂糖と蜂蜜を発酵させて作った、『トケ』と呼ばれる一種の強いミード酒があってはじめて、心地よいものとなった」(Earle 2003: 130)。

海賊アジトとしてのマダガスカルの重要性は、スペイン継承戦争期間中(一七〇一―一七一三)

の私掠行為の大々的展開がもたらしたにわか景気が、〔純粋〕海賊行為の遂行に大きな歯止めをかけたために、落ち込んでいった。コーディングリー＝フォルコナーは、以下のようにまとめている。

イギリス人私掠者であるウッズ・ロジャーズは、一七一一年、喜望峰において、マダガスカルで数年を過ごしたことのある元海賊二人からこんな話を聞いた。そこには六十人から七十人の海賊しかおらず、トロピカルな楽園で王として君臨するどころか、困窮と不潔の生活を送っており、「その多くは、原住民から見ても極貧でいやしむべき存在であった」。一七一九年に〔イギリス〕東インド会社の「聖ジョージ」号が聖メアリ島に寄港すると、ジョン・ホールジー海賊団の残党が浮かない様子でいるのを発見した。そのなかの一七人ほどは、異郷生活の単調さから、身も心もボロボロになっていた。彼らの頭のなかには、「一発当てて国へ帰ることしかなかった。というのも、ここでの生活に飽き飽きしていたからである」(Cordingly and Falconer 1992: 83)。

カリブ海における海賊行為の再興と、一大海賊拠点のニュー・プロヴィデンスの陥落と、西インド諸島における海賊弾圧の段階的強化の影響がようやく現われてくるようになった一七二〇年ごろ、マダガスカルは再び海賊業の中心地となった。ジェイムズ・プランタインが自らの「王国」を、かの異名を誇る「ランター湾」(聖メアリ島からそんなに離れていない)に設立したのも、この時代である。しかしこの第二次ブームも数年で終わり、マダガスカルは、一六九〇年代に獲得したような、海賊天国という名声を取り戻すこともなかった。

西アフリカ

アフリカ西海岸は、黄金期海賊の目玉略奪地リストの末尾に加えるべき海域である。その主な理由は、この沿岸地帯が奴隷貿易によって多大な利益を生み出していたことによる。

海賊は出没していたようだが、西アフリカでは、ニュー・プロヴィデンスや聖メアリ島に類する海賊居留地が設立されることはなかった。海賊は安全港を所有していたが、それらは小さな非合法交易所だったようであり、住人は十数人規模を超えることはなく、一度に寄港するのはせいぜい二、三隻の海賊船だった。カリブ海やインド洋に比べれば、はるかに少ない数の海賊しか活動しておらず、それだってたいていは、カリブ海からインド洋に向かう際のついでに行っていることに過ぎなかった。この地域で、比較的長いこと精を出していたのはバーソロミュー・ロバーツ海賊団だけだった。もっとも一味は、一七二一年から一七二二年にかけて略奪業にいそしむも、現在のガボン沖で拿捕されてしまったのであるが。

上述した交易所のなかで最も重要だったのは、シエラ・レオネ川河口にあるものであった。またここは、西アフリカで海賊居留地があった証拠として、唯一挙げられる場所でもある。しかしこの交易所に関しては、「海賊との取引もやぶさかではないヨーロッパ人侵入者、密貿易商が作った小さな非合法集落」(Marley 1997: 140) だったと忌憚なくいったほうが理にかなっているだろう。海賊の「共同体への欲望が体現された陸上拠点」（Rediker 2004: 95）だったと考えるのはちと無理がある。

仮にピーター・ランボーン・ウィルソンがいうように、「海賊の陸での活動（海賊ユートピア、あるいは一時的自律空間）は、海での活動と同じぐらい重要なものであると考えなければならない」（Wilson 2005: ix）のだとすると、ハイナー・トライネンの以下の見解は気分が暗くなるものである。

カリブ海のラディカル寄生民主主義の歴史は、海賊が船を離れるとともに幕を閉じる。海賊が陸に立てたコミュニティが成功を収めたなんて話は、とんと聞かない。もっとも、失敗は必然だったというわけではない。試みはあったのである。しかしその目的は、アナキズム原理のコミュニティを作るというものではなかった。海賊が陸にコミュニティを作った理由はたいてい、母国に帰れなかったからであった。いずれにしろ、こうしたコミュニティはすべて、瞬く間に崩れ去ったということだけは確かである。それは、たとえ内部の武力衝突を防ぐことができたとしても、同じことであった。外部からの圧力が仕掛けられることはなかったのに、アナーキーな社会としてまとまっていくことができなかったのである（Treinen 1981: 32)。

海賊は、少なくとも時々は、「船上で習慣となっていた民主主義的組織構造を多方面に応用する」（Hill 1996:120）ことができたと考える向きにとっては、トライネンの見解は明らかに否定的に思えるだろう。だがだからといって、彼の分析には容易に太刀打ちできない。なんと言っても、我々はうまくいった陸上海賊村の例を知らないのである。

四章十節　海賊行為と資本主義：「海賊帝国主義」、仮面の裏側、商人の憤怒

十七世紀の世界の歴史の支配的力学へと変貌した資本主義は、その欲望《ディマンド》と論理を携えながら、黄金期海賊の勃興と凋落の過程のなかで、決定的な役割を果たすこととなった。ネヴィル・ウィリアムズによれば、海賊行為とは、「造船所の大縄《ホーサー》にからまった子縄《ローグズヤーン》のように、商業的利害と複雑に絡み合っている」（Williams 1961: x）ものである。[*17] フランクリン・W・ナイトは、バカニーア社会が〔資本主義の展開において〕果たした役割を簡潔にまとめている。彼によれば、バカニーアの時代は、「初期植民地主義と制度化された帝国主義との移行期に位置する段階」（Knight 1990: 104）である。また、

＊17　国家と商業と海賊行為との関連性についての包括的理解を得るには、ペロタン・デュモン（2001）も役立つ。

「海賊帝国主義」という言葉も使われる。「多くの政府は、臣民の犯す海賊行為を支援、少なくとも黙認した。というのも、海賊行為は、貿易の増大と帝国の拡張を図るための、低コストで効率的な方策だと考えられていたからである」(Earle 2003: xi)。こうした方針の根底にあった原理が「海賊帝国主義」と呼ばれている。クリス・ランドは、私掠者としてのバカニーアの役割を検証する。

私掠者は一般的に、国家のトップからお墨付きを得て敵対国家の貿易を妨げつつ、玉座のためになるように富を略奪した者のことである。したがって私掠者は、君主制国家に支えられた本源的蓄積の代行者であった。ジャック・ジェリーナスが指摘しているように、この時代は、ヨーロッパ経済が物々交換から脱却して貨幣経済に移行するのに決定的に重要だった時代である。とりわけその過程において、南アメリカのアステカやインカの金や銀が、幾何級数的に略奪されるようになっていったことは、特記しておかなければならない。貨幣原理がなくば、商品の形態は一般化されえなかったし、我々の知る産業資本主義も、展開されることはなかった。私掠者は、イギリスにおいて、発展の終局としての産業資本主義が形成されるのに、なくてはならない存在であった(Land 2007: 172)。

このことは、イギリスやヨーロッパ大陸に限定せずに、南北アメリカやカリブ海も含めて考察しなければならない。なぜならスペインと敵対するヨーロッパ諸国家が、この地域に二重の侵入をするのに、バカニーアの存在は欠かせないものであったからである。その第一次的進入として、バカニーアが「スペインの植民地システムを弱体化させた結果、諸国家が西半球に足場を築くことが可能となった」（『図説　海賊大全』、六十六頁）。第二として、いったん支配が安定すると、「荒削りな帝国の歳入分与」（Knight 1990: 102）の実施が促進されていった。植民地は、強力な合法経済を軌道に乗せようとしていたのもかかわらず、黄金期に至っても、海の略奪者との取引ものぞむところだった。「海賊に便宜を図ったことで著しく悪評を高めた植民地が、おそらく二つある。カロライナとロードアイランドだ。あるとき、海賊行為を自供したおろかな囚人がいたのだが、ロードアイランドの陪審員は、耳が悪くなったことにして、無罪放免としたということもあった」（Lucie-Smith 1978: 179）。ジョン・フランクリン・ジェイムソンによれば、私掠者や海賊の「活動は、アメリカ貿易の発展に多大なる足跡を残した」以上、私掠活動とは、ある期間（たとえばアメリカ革命期）における「アメリカの主要な産業のひとつ」だとされる（Jameson 1923: viii）。

スペインによる南北アメリカ支配に風穴が開けられ、ヨーロッパ諸国家の植民地経済が十分に軌道に乗るようになると、バカニーアは、使い勝手のいい傭兵軍から、厄介者かつ潜在的危険人物へと変貌した。ジャニス・E・トムスンによれば、「植民地の海賊行為に対するバックアップが、一六九九年中ごろを境に打ち切られるようになったのは、その頃にかけて合衆国の南東沖に海賊がわんさかと集うようになって、『目にもまぶしい略奪品』が必ずしも全員に保証されなくなった結果、タバコなどの植民地産品が奪われるという事件が起こるようになっていた」（Thomson 1994: 50）

からである。アンガス・コンスタムも、「海賊がアメリカ植民地の経済発展を妨げ、ヨーロッパ商人や投資家の利益にまで手を出すようになると、空模様は変わった」（Konstam 1999: 138）と考えている。ピーター・アールによれば、「こうした情勢の変化がおこったのは、貿易商、海運業界が考え方を大きく変え始めていたからである。すなわち、彼らは、海賊帝国主義がすでにその目的を果たした以上、以後なされるべきは、政府や海軍による海賊行為の撲滅と、貿易、海運の安全保証だと考え始めていたのである」（Earle 2003: 135）。

同じくピーター・アールが指摘するように、「植民地人は、おそらく依然として安い海賊商品のほうを求めたと思われるが、植民地総督がそれを許す可能性は、時を追うごとに小さくなっていくばかりだったはず」（ibid., 147）だ。これには例外があった――もっとも有名なのは、ノース・カロライナ総督のチャールズ・イーデンが、一七一〇年代後半に至るまで海賊と友好関係を保っていたことである――のは確かだが、アールの分析には、黄金期海賊がカリブ海や南北アメリカの「庶民」のなかに同調者を得ていたこと、および、海賊をもっとも恐れた者は守るべき富を持っていた者であるということも示唆されているのではないか。海賊を血まなこになって追跡したのは、間違いなく金持ちだった。連中はほぼ一〇〇年間、海上略奪の上前をはねていたのだから。

多くの海賊研究者が状況の分析をしている。

ロバート・C・リッチー。「帝国の周縁にあって経済が未発達な状況ならば、誰しもが楽して儲けようとたくらむものである。しかし最終的に経済が安定するようになると、植民地貿易に携わる商人は、割に合わない荒くれ海賊商法を見限って、バカニーアに仇をなすようになる。そして、約一〇〇年間も海賊に聖域を提供していたという事実は、頭の片隅に追いやられるのである」(Ritchie 1986: 19)。

デヴィッド・F・マーリー。「ヨーロッパの植民地は、惑星規模で安定と繁栄を高めていく。もはや安全のために私掠者を必要としなくなった。それどころか、私掠者を貿易の発展にとっての障害物だとみなすようになったヨーロッパ諸権力は、次第に撲滅の対象としていくことになった」(Marley 1997: 148)。

フランクリン・F・ナイト。「個人的で、統制の利かない略奪行為は、奴隷労働原理のプランテーションと統制の取れた国際貿易が支える搾取社会を形成する際の、政治的障害となった」(Knight 1990: 102)。

スティーヴン・スネルダーズ。「商人資本主義がカリブ海で定着していくと、海賊は一種の逸脱した人間としてみなされた。つまり、もはやお呼びでない、かつての本源的蓄積を惹起させるものであると」(Snelders 2005: 155)。

クリス・ランド。「商人資本主義とより開かれた貿易形態が主要蓄積手段となるにつれて、海賊行為は世界貿易の効果的発展を妨げるものとなっていき、海賊の政治的、経済的利用価値は失われた。フランス、イギリス、スペインが相対的平和時代に入ると、より開かれた貿易を通した確実な蓄積の確保に走るようになったため、海賊行為は、『撲滅』すべき問題行動とみなされるようになった」(Land 2007: 186)。

これは、社会盗賊がたどった終末を髣髴とさせる。ホブズボームによれば、「経済発展につれて、金持ち権力者は、盗賊を、権力闘争における一要素というよりも、財産を脅かすものとして駆逐すべきだと考えるようになっていく。そうした状況の下で、盗賊は永遠ののけ者となった」（『匪賊の社会史』、一四八頁）。ポール・ガルヴィンは、バカニーアに降りかかった運命を分析する。「バカニーアのスポンサーが自らの手で十分な支配と地盤を固めると、バカニーアは利用価値を失った。新しい植民地体制に順応できない者——そしてそんな者が多かった——は、より遠くのフロンティアに立ち退いて、ログウッド交易などに手をつけてみるか、あるいは自己責任の自由略奪者として船出するかの二つに一つだった」（Galvin 1999: 186）。

スペイン継承戦争は、植民地国家が足並みをそろえて黄金期海賊の撲滅に取り掛かっていたところに、最後の水を差した。というのもこの戦争は、「たちまち通商妨害、貿易封鎖の国際大会に発展した」（Marley 1997: 130）からである。私掠者が必要とされ、例のごとく、「純粋海賊業」との境界線はあいまいになった。しかし戦争が終結し、私掠者が必要とされなくなると、諸国政府は、「世界の貿易業に対する脅威」（『海賊列伝　上』、九頁）へと変貌した海上略奪行為に対し、妥協なき方針を取ることで一致した。

黄金期海賊が、実際に世界の主要貿易ルートのうちのいくつかを混乱に陥れたという事実は、ジャマイカ総督ニコラス・ロウズが一七一八年に本国政府にあてた書簡によって確認される。「略奪されていないこの島に入ってくる船はほとんどないし、また出て行く船もほとんどない」（Botting

1979: 194)。マーカス・レディカーによれば、黄金期海賊は、「貿易資産の所有者に間接的な恐怖を与え」(Rediker 2004: 15)、「英米系海賊は、一七一六年から一七二六年にかけて、商人資産と国際貿易に対し容赦なく攻撃を加えた結果、帝国を危機に陥れた」(Rediker 1987: 254)とされる。だがデヴィッド・F・マーリーは、「一七二一年の春までアンティル貿易を中断に近い状況まで追い込んだ」(Marley 1997: 140)バーソロミュー・ロバーツ海賊団がいただけにすぎないという。彼らの活動が深刻な影響を引き起こしたことは、コースト・キャッスル岬での海賊裁判で、裁判長がバーソロミュー・ロバーツ海賊団に対してぶった訓話によって、確認される。それを引用するジョンソン船長によれば、「貿易国にとって、海賊行為ほど破壊的なものはなく、したがって、見せしめとしての厳格な刑罰が必要とされる。海賊行為は、国家的規模で憂慮すべきものである。それは、産業の収益をかっさらう行為であり、島を繁栄させる多数の輸入品を横取りする行為でもある。このような無法極まりない数々の行いにおいて、被告らが指導的立場にあったという事実は重大である」(『海賊列伝　上』、三六八頁)。

海賊は奪っただけでなく、破壊活動もしていたのである。ロバーツ海賊団による商船襲撃の目撃報告書が、一七二〇年の「ボストン・ニュース・レター」に掲載されている。それによれば、次に連中は、鬼のような形相でハッチを引き裂き、怒髪天を衝いたかのように船倉になだれ込むと、携えた斧やカトラスなどでトランクや箱や梱《こり》を破りあけた。商品をすべてデッキに運び上げると、そのなかで船までもって行きたくないものは、船倉に戻さずに海に投げ捨てた(「ボストン・

ニュース・レター」一七二〇年八月二二日 Jameson 1923: 314より引用)。

ピーター・アールの考えでは、「おそらく海賊は、自分たちが捨て去った世界のシンボルとしての商船に火をつけて、それが炎に燃えさかるのを見つめることに心から狂喜したはずである。その証拠に、ある海賊が捕まって、何で何の利益もないのに船を燃やすのかと詰問されたところ、この海賊は、『楽しいからだよ』と鼻で笑ったのである」(Earle 2003: 178-179)。

繰り返しになるが、これも社会盗賊を彷彿とさせる。

未開社会の反乱者は、なんら積極的綱領を持ちあわせていなかった。彼らは、古きよき時代に享受した、それなりの暮らしと公正な関係を妨げる上部構造の排除という、消極的綱領しか持ち合わせていなかった。農民や牧夫にとって必要でないもの、役に立たないものは、すべて打ち毀し、焼き払ってしまうことによってこそ、腐敗を取り除くことができるし、その結果、正しくて、純粋で、自然のもののみを維持することができると考えていた。だからこそ、イタリア南部の山賊《ブリガンド》ゲリラは、敵を殺したり、法的に身分を束縛する文書を焼き払っただけでなく、不必要な富もまた破壊したのである。要するに、彼らの社会正義とは破壊であった(『匪賊の社会史』、八十九頁)。

権力が、黄金期海賊の「対大西洋資本主義文明カウンターカルチャー」(Linebaugh and Rediker

2000: 172-173）を撲滅するためのあらゆる手段に打って出たのも無理はない。ピーター・アールは、状況を次のように描く。

以後、イギリス政府は、ある歴史家が商業帝国主義、もしくは「大海洋帝国」と呼んだ段階に移る。それは、貿易、海運、そして政府自体までもが、商人と政府の両者の利益にのっとって、保護、促進、管理が図られるようなシステムである。国家は貿易を保護する。その見返りとして、増大した富からの税収と、関税収入を手にしながら、なおかつ、共同所有する熟練船乗りを海戦で使用することもできる。この新しい世界のなかには、海賊が住み着くべき余地はなかった。帝国の周縁でさえも、個人主義略奪者が居座る余地はなかった。一方国家は、常時海軍を保持しつつ、戦時には、適切に認可、管理された私掠者も利用することによって、海の暴力を独占していく。海賊は駆逐されるべき運命にあった。それは、ただ単に人類の敵という意味だけではなく、資本主義と貿易拡大にとっての敵という意味も込められていた。ほんの少し前のイギリスでは、海賊行為は貿易拡大の促進剤として黙認されていたのに、結構な変わり身の早さである（Earle 2003: 146-147）。

「海賊ユートピア」の連名著者が簡潔にまとめているように、「海賊の対商業戦争は、うまく行き過ぎてしまったために、敵の我慢は限界に達してしまった」（Anonymous 1999）のである。国家はお返しの戦争を仕掛けてきた。この戦争によって、「国家の戦争を総力戦にする要因は密接に資本主義と結びついている」（『千のプラトー』、四七六頁）とするドゥルーズ＝ガタリの説が証明されるはずである。実際この戦争は、最後の最後まで、商人の利害が動かしていた。マーカス・レディカーはこんなエピソードを伝えている。「二組の商人団体が、ロバーツ海賊団の略奪巡業の絶頂期であった一七二二年初頭に、あいつらをなんとかしてくれという請願を議会に提出すると、下院は即座に海賊鎮圧の法案を起草するように命じ、ロバート・ウォルポールの助けもあって、速やかに可決された」（Rediker 2004: 142）。さらに付け加えて、「海賊は、新しい貿易を軌道に乗せるために、根絶されなければならなかった」（ibid., 144）としている。

海賊の行く先には、前途多難が待ち受けていた。「先輩であるバカニーアと違って、海賊は、どんな政府からも法的庇護を受けていなかった。したがって、早急に根絶されるべき運命にあった」（Galvin 1999: 66-67）。海賊黄金期に幕引きを告げた「根絶作戦」のむごさは、すでに触れたとおりである（一章二節を参照）。その結果、一七二〇年代には、「密貿易商と海賊に対する長きにわたった消耗戦が、国家の最終的勝利に終わった。そして海は、一儲けたくらむイギリス商人のなすがままに任された」（ヒル『十七世紀イギリスの民衆と思想』、二四一－二四二頁）。ここでも、マーカス・レディカーが見事に状況を要約している。資本主義によって、かつての拡大のための戦略的盟友が最悪な部類の敵へと変貌し、根絶されていったこの時代は、いったいどういう時代だったのだろうか。

都市の商人資本とリンクしたカリブ海のプランテーション資本は、海賊第一世代たる、一六七〇年代のバカニーアを殺害した。東インド会社は一六九〇年代の海賊を殺害した。この時代、東インド会社の船は、謀反と反乱の温床となっていた。そして、十八世紀初頭の海賊を殺害したのも、アフリカ奴隷貿易資本だった。海賊は中間航路〔奴隷貿易拠点の西アフリカとカリブ海を結ぶ航路〕を破断させたので、堪忍袋の緒が切れたのである。一七二六年までには、海洋国家〔イギリス〕は、資本蓄積を妨げる最大の障害を取り除き、大西洋システムの発展を阻害するものはなくなった（Rediker 2004: 145）。

カリブのバカニーア史、海賊史における権力の変り身は、当時の犠牲者も、今日の論者も指摘しているところである。たとえば、一七〇四年にボストンで首を吊られた、海賊ジョン・クエルチは、刑執行を前にして、「やつらこそ、ニューイングランドにどうやってカネがやってきたか考えてみるべきだ。それこそ首吊りの刑じゃ」（「ボストン・ニュース・レター号外」一七〇四年六月三十日 Jameson 1923: 283 より引用）と捨てゼリフを残している。また、彼の同輩海賊イラズマス・ピーターースンの言葉を聞くと、負け犬の宿命というものについて考えざるを得ない。少数の犯罪名士が羽振りがよくて、「こんだけたくさんいる俺たちが、こんなはした金で何とかせなならんのは割に合わん」（ibid., 284）と彼はこぼした。カリブ海略奪行為についての公式の見解はダブル・スタンダードだった。デヴィッド・F・マーリーいわく、バーソロミュー・ロバーツが「もしあと半世紀早く生まれていたら、持ち前の知性、カリスマ性、勇気によって、爵位を授与されていたことだろう」（Marley 1997: 143）。

黄金期海賊業は、国際海洋貿易に最大の脅威を刻み付けた。それはいまでも、「反資本の欲望にとっての」強力な「シンボル」(Wilson 2005: xi) である。デヴィッド・コーディングリー、ジョン・フォルコナーによれば、「個人的海賊行為は十八世紀以降も続いていったが、徐々に散発的になり、以前のように、貿易と地域商業に破壊的影響を及ぼすこともなかった」(Cordingly and Falconer 1992: 96) ようである。

四章十一節　環境の犠牲者か、血に飢えたサディストか?:海賊業と暴力

フリードリヒ・ニーチェの『道徳の系譜』には驚くべきくだりがいくつもあるが、これはそのなかのひとつである。「人が心に記憶を刻み付けたいと思った場合、血と苦しみと犠牲なしにそれはなしえない。凄惨な贈り物と犠牲。切断されたおぞましい手足。こうした出来事の起源にあるのは、苦しみこそ最も強固な記憶の手段だと考える本能である」(Nietzsche 1980i: 295)。バカニーアや黄金期海賊も、その伝説的な暴力がなかったら、今のように、西洋世界の大衆的遺産のなかに足跡を残

すことはなかったといえるかもしれない。実際、カリブ海の略奪暴力は、ハンス・ターリーの言葉を借りるならば、「海賊の神秘に欠かせない」(Turley 1999: 13)ものである。エクスケメリンのバカニーア録のなかには、「血なまぐさい話」(Cordingly 1995: 54)がごまんとあるが、ジョンソン船長もこんな話をしている。「海賊の世界では、もっとも非道な行いをした者が、仲間たちから一種羨望のまなざしで見られ、並外れた勇者として、しかるべき地位が与えられるのである。そして、度胸だけが財産であるような男こそ、真に偉大な人物ということになる」(『海賊列伝　上』、一〇六頁)。自らの海賊船長談にときどき鋭いコメントを加えるジョンソン船長は、まるで主眼点がどこにあるかを教えたいかのようだ。「エドワード・ロウは、ブロック島沖で一隻の漁船を捕らえたが、ひどい残虐行為はせず、船長の首を切り落とすだけで満足した」(同、四八八―四八九頁)。

以下は、バカニーアや黄金期海賊の有名な十種類の残虐行為のリストである。これらはほとんどすべて、エクスケメリンとジョンソン船長に依拠している。最初の三つは、フランシス・ロロネーに関係している。彼は、フィリップ・ゴスの言葉を借りれば、「現代に生きていたら精神障害者の隔離病棟にぶち込まれたであろう、残虐モンスター」(Gosse 1924: 234)であった。

一、バカニーアは、海賊団メンバーを罰する際には、鼻や耳を切り落としたとされる。

二、ロロネーは、拷問してもすぐには情報をはかない捕虜を、手にしたカトラスでズタズタに引き裂いたといわれる。その後、「刃に滴る血を舌でなめ取った」。

三、ロロネーは、捕虜の心臓を刃で取り出すと、別の捕虜に食べるよう命じたともいわれる。
四、ロック・ブラジリアーノは、しばしば「豚でも殺すかのように」捕虜に木の杭を打ち込んで、丸焼きにしたとされる。
五、皆殺し海賊、マウントバーズは、捕虜の腹を引き裂いて、その腸を釘で柱に打ちつけ、残りの体は、たいまつで飾りつけたようである。
六、ニコロ船長は、商船を拿捕すると、船長はその首を切り、そのほかの船乗りは手を切ったそうである。
七、エドワード・ロウは、ポルトガル人捕虜の唇を切り取って、捕虜の目の前で焼いたとされる。
八、捕虜の顔にロープを巻いて、目ん玉が飛び出るように徐々に縛り上げていくという慣わしがあったようである。
九、「二人を背中合わせに縛って、海に放り込む」という習慣もあったそうである。
十、最後。丸裸にして、帆針を突き刺して、ゴキブリ入りの樽に放り込むというのが、訓戒と呼ばれる慣わしである。

このどれも似たような逸話のおかげで、妄想は膨らみっぱなしとなっている。たとえばジョン・メイズフィールドは、バカニーアについて、こんな話をしている。「捕虜の心臓をくりぬいて、塩なしで生で食う。これは世にも名高きあるバカニーアの癖でもあったのだが、こうした行為は、捕虜に酒をじゃんじゃん飲ませる以上に、利益をどぶに捨てる行為なのだということが発覚した」(Masefield 1961: 126)。バカニーアや海賊は気まぐれに残虐行為を行ったという話はあまりに多いので、おいそれとなかったことにはできない。実際、あるバカニーア船長が、「大した理由もなく一味一人を鞭打ちにして、殺したというのは、ありえない話ではない(Burg 1995: 162)。ときどきバカニーアや黄金期海賊は、残虐行為のゆえに、自業自得の事態を招くこともあったようである。アンガス・コンスタムのフランシス・ロロネー評には、悪意のようなものを感じる。「ロロネーは殺されて、おそらく食べられてしまった。あんな見下げ果てた奴にはうってつけの最期である」(Konstam 1999: 83)。

現代海賊学者のあいだでは、バカニーアや黄金期海賊の暴力は、実際にはどの程度のものであったのか、さまざまな議論がある。どうやら考え方は、政治的立ち位置に左右されているようである。たとえばスティーヴン・スネルダーズは、このように弁解する。「バカニーアや海賊が危険な殺人鬼であったのは間違いない。破れかぶれな奴らで、サディスティックなところまでもあった」(Snelders 2005: 80)。一方デヴィッド・コーディングリーは、自由に意見を表明しているようである。「海賊の現実世界なんてものは、当時の語り物や戯曲の言葉よりも今日のホラー映画のほうが、えてしてその実相を写し取っている」(Cordingly 1995: 153)。しかし全体として、バカニーアや黄金期海賊の暴力行為の記録には誇張があるということに関しては、歴史家のあいだに合意があるようである。エクスケメリンとジョンソン船長の記録に関しては、部数を稼がなければならなかったということを考慮せねばなるまい。それに、グロいゴシップで人心を煽るという手法は、当時も今と変わらず、発行部数を伸ばすという目的にかなうものだったはずである。バカニーアや海賊の敵側の立場からすれば、奴らは恐ろしい連中だといううわさが一人歩きしていってくれると、迫害の正当化も楽になってしめしめだったはずである。だがバカニーアや黄金期海賊の側にも、そうしたうわさをあえて広めようとしていた節がある。手痛い仕返しの恐怖でターゲットの反抗の意志をくじいてしまえば、略奪も容易になるからである。ダグラス・ボティングによれば、海賊は「心理学通」(Botting 1979: 55) であり、海賊に蓄積されたイメージは、略奪の際の「初歩的兵器」(ibid.) だとされる。資料はそうした戦術が威力を発揮したことを証明している。まるで黄金期海賊は、商船を拿捕するのに実際の暴力の行使をほとんど必要としなかったかのようだ。ジョリー・ロジャーを掲げ、警告の発砲を数発打ち鳴らせば、もうそれでたいていは十分だった。

多くの研究者は、バカニーアや海賊の暴力を歴史的文脈のなかでとらえようと躍起になってきた。マーカス・レディカーは、海賊がなぜ恐ろしい行為に及んだのかというと、それは、海賊が「同時代の矛盾を解決」(Rediker 2004: 176) することができず、また「自分たちを包囲するシステム」(ibid., 89) から逃れることもできなかったからなのではないかと考えている。スティーヴン・スネルダーズは、海賊の行動を分析する際には大局的視野のもとに立たなければならないと主張する (Snelders 2005: 205)。「我々が心に留めておかなければならないのは、十七世紀には、拷問は、社会的に『正常』な振る舞いから逸脱したものだとはみなされていないどころか、むしろ、拷問に類するあらゆる身体暴力は、社会的行為として極めて標準的なものであったという事実である」(ibid., 111)。B・R・バーグは、「バカニーアが生きていた時代とは、身体的刑罰が一種の芸能《アート》様式である時代」(Burg 1995: 164)だったのではないかと考えている。それに、デヴィッド・コーディングリー、ジョン・フォルコナーでさえも、「バカニーアが犯した無数の暴力行為、残虐行為は、その時代の文脈を踏まえたうえで考察しなければならない」(Cordingly and Falconer 1992: 41)と認めている。バカニーアや黄金期海賊に共感を重ねる者の多くは、以下のようにはっきりと言い切るスティーヴン・スネルダーズに間違いなく同意するだろう。『残虐性』の問題を論じるときに重要なのは、(かなりの場合で残虐だった)バカニーアが、バカニーアの敵や同時代のほかの奴らよりも残虐だったのかどうかであり、また、そうした残虐行為や流血沙汰に理由があったのかどうかである」(snelders 2005: 110)。

ある意味では、これは的を得ている。バカニーアや黄金期海賊の暴力の理由を理解するのは重要である。それがおこった歴史的文脈を踏まえるのは重要である。おそらく、海賊の暴力の程度は、商船、軍艦の船長や、植民地政府の暴力よりひどかったわけではない(というより、連中に比べれば非暴力的だったかもしれない)。それに、やつらの暴力のほうが、海賊の暴力の引き金となったともいえるかもしれない。こうした点に関しては、ロバート・I・バーンズが「あらゆる世代には、それ相応の海賊が生まれるものである」(Barnes 1984: 45)と簡潔にまとめているし、海賊ジョン・フィリップスも、「俺らを海賊行為に駆り立てたのはお前らみたいな犬畜生なんだよ」(Cordingly 1995: 159)と、以前の上官だったある航海士の罪を暴露している。それに、「年季奉公という苛酷な環境が無骨で冷酷な人間を作り出したのである。だからこそ、国際海賊業という過酷で危険な環境でも生き延びることができた」（Knight 1990: 100）のかもしれない。「海の悪党がなぜ拿捕した敵船長を虐待したのかというと、復讐に喜びを感じていたからである。それは、嫌悪と恐怖の対象たる文明、またその代表人物たる残虐船長に対する仇討ちであった」（Sherry 1986: 136）のかもしれない。だがだとしても、今日の人々がどのようにしてこうした暴力を消化すればいいのかという問題は、未解決のままである。これまで引用されたくだりからは、現代政治闘争にとっての模範としての黄金期海賊を読み取ることもできる。黄金期海賊の実験からはさまざまな刺激が得られるのは承知の上だが、都合の悪い部分を、別の時代の出来事だといって済まし、棚に上げるのでは、ほめられた行為とはいえない。たとえばラディカル政治の立場から、奴隷貿易村を無条件的に参照地点とするなんて論外の話だろう。それが三十年前の事か、それとも三〇〇年前の事かなんていうことは、些細な問題である。黄金期海賊社会の根底にあるあいまいさの問題は「解決される必要はない」（Snelders 2005: 205）と考えるスティーヴン・スネルダーズは、的を得ている。だが今日のラディカルの立場からは、危うさは除去しなければならない。暴力の問題も含めて。バカニーアや黄金期海賊の暴力に無批判になっては、海賊主義は受け入れられていかないだろう。理論と実践を強化するためには、ラディカルな過去に存在した矛盾点を率直に受け止め、ラディカルな未来のために改革していくことが求められていると思われる。

海賊は、黄金時代終盤になると、階段から転げ落ちていくかのようだった。暴力行為と残虐行為の数は、爆発的に跳ね上がった。マーカス・レディカーによれば、「戦争は、最終局面に入ると、野蛮な顔をのぞかせた。海軍の船長と死刑執行人は、これでもかと海賊を殺していく。すると、まだ捕まらずに済んでいた者は、ますますブチ切れて、見境がなくなり、より暴力的に、より残虐になっていった。暴力の弁証法（応酬）は、大量殺戮において頂点に達したのである」（Rediker 2004: 170）。フランク・シェリーによれば、「少数の海賊船長は、体制が派遣する海軍に対して必死の抵抗を貫き、航路から攻撃した。展望が見えなくなったときによくおこるのは、過度の暴力と残虐さである。海賊もその例に漏れなかった」（Sherry 1986: 350）。

これは別に驚くべきことではない。「犯罪的」かつ「革命的」悪党に共通して見られるパターンとして、いったん負けが目に見えるようになると、「法」の圧倒的威力を肌で感じ取って立ち尽くし、以前にも増して暴力行為に走るのである。その結果、権力の暴力的弾圧は、苛烈さを極めていく。「海賊ユートピア」の連名著者が指摘するように、黄金期海賊の場合、「国家に復讐をしても、更なる対抗暴力を持って返されるという、死の暴力スパイラルに陥っていたのである」（Anonymous 1999）。ホブズボームは、盗賊業という観点から、この現象を展開する。

すでに見たように、盗賊行為は社会的緊張と騒乱の時期に増大し、蔓延する。こうした時期はまた、残虐行為が噴出するのにもっとも条件の整った時期でもある。だが残虐性は、山賊行為の中心的イメージではない。ただし、盗賊が貧者を代弁する復讐者となる場合は別である。社会的緊張と騒乱のときには、間違いなく残虐行為は頻発し、より組織だったものとなる。とりわけ、蜂起や反乱が社会革命へと発展しなかったために、その戦闘員がかつての無頼盗賊暮らしを余儀なくされた場合に、こうしたことがもっとも起こるといえよう。連中は、飢えや憎しみを感じているばかりか、自分たちと一緒になって戦わなかった貧者に対するわだかまりまでも、抱えているからである(『匪賊の社会史』、一〇〇頁)。

マーカス・レディカーによれば、バカニーアや黄金期海賊が暴力行為に及んだのには、三つの理由がある。「戦闘を未然に防ぐため。物資のありかを白状させるため。船長に刑罰を加えるため」(Rediker 2004: 14)。三つ目の理由は、次の節の中心的議題である。

四章十二節　海賊倫理：正義としての復讐

「海賊倫理」(Haude 2008: 610)なるものが果たしてあるのか。黄金期海賊の船には、間違いなく確かな原理が存在した。海賊のおきてが、唯一、それをもっとも明白なかたちで示すものである。非常に初歩的なことだが、原則のみが倫理を規定することができる。そこに何らかの正義の概念がこめられている場合は、特にそうである。黄金期海賊の原則には、明らかにそうしたものがあった。富の分配が公平になされるように配慮されていたし、意思決定プロセスにはみなが平等に関わるべきだとされたし、仲間同士で誠実と義理を守ることが大切だとされた。マーカス・レディカーにいたっては、黄金期海賊の正義概念は、「海賊稼業の土台」（Rediker 1987: 287）となっていたとしている。話が黄金期海賊社会の内部のことに留まっているならば、倫理はこのように定義されうる。

　しかし、そのように倫理の定義をした上で、原則の一般性に話が及ぶと、事情は複雑になる。すなわち、海賊はその価値観を「外世界」に拡大したのかという問題である。おそらく黄金期海賊に関しては、普遍的な原則というものはなかった。一般に、黄金期海賊の倫理は、その排他的社会空間にしか及んでいなかったと思われる。それを踏み越えると、原則に縛られるということはほとんどなかった。しかし、普遍的に適用されたことをにおわせる原則がひとつだけあった。それは、間違った者に正義の鉄槌を下すという倫理である（黄金期が終焉に向かうにつれて、これはよりはっきりとしたかたちをとるようになっていく）。その概念がどれだけ未熟なものであろうと、また、ホブズボームが描く復讐者のように、「正義」と「間違った行為」がどれだけ漠然としたものであろうと、黄金期海賊は、どのような基準から見ても、倫理を手にしていた。黄金期海賊は、正義を否定的にとらえ、復讐という倫理を片手に、不義をなす者、つまり我が物顔で暴力をふるい、支配者を気取っている「権力」に仇討ちをしていたのである。大多数の海賊にとって、そうした復讐倫理の対象はなによりも、残虐で暴力に飢えた商船の船長であった。由来未詳の有名な「パイレート・ソング」にふれれば、そうした倫理をありありと実感することができるだろう。「勝利の景気付けにこの酒を。赤ワインを一杯。戦いは富のため？　それとも名声のため？　徹頭徹尾、名声なんてクソ食らえ。戦いは復讐のため！　血よしたたれ。この剣の矛先は、敵の急所に突き刺さる」。

海上略奪者という観点からすれば、復讐を追い求めたのは、何も黄金期海賊が最初なわけではない。たとえば有名な皆殺しバカニーアのモントバーズを思い起こせばよい。しかし黄金期海賊の場合、その金科玉条たる復讐をまざまざと目にすることができる。フランク・シェリーによれば、「残虐で不正の渦巻く社会に見切りをつけて、復讐すること」が、多くの場合、この時代に海賊化する最も重要な動機のひとつだったとされる（Sherry 1986: 135）。同じくクリス・ランドも、「海賊の主要な動機は、カネではなくて仇討ちだった」（Land 2007: 177）と考えている。ハウエル・デイヴィス海賊団にアフリカ西部沖で乗っていた船を拿捕された、ウィリアム・スネルグレイヴが残した記録も、このことを裏付けている。スネルグレイヴはどうやら、海賊団の一人からこんな話を聞かされたらしい。「俺たちが海賊するのは、あの根性の腐った商人と、血みどろ大好きな船長連中をギャフンといわせるためなんだよね」（Ritchie 1986: 234）。

こうした意味で、「海賊となった無数の船乗りは、これまでとは異なる独特な環境にうまく適応し、報復というかたちで、昔の借りを返したのである」（Rediker 2004: 90-91）。デヴィッド・F・マーリーも、黄金期の最終局面は復讐大合戦の時代だったと立証している。「一六九〇年代以降の時期とは異なり、この時期の海賊になると、新世界の船が積載する商品に心引かれたのではなく、お上《かみ》の手痛いしっぺ返しに逆ギレするようになったという点に注意を払うべきである」(Marley 1997: 136-137)。

黄金期の最後を飾る船長になると、報復のやり方は体系的に整えられたようである。ジョンソン船長は、ジョン・エヴァンズ海賊団のエピソードのなかで、こんな話を伝えている。「船を捕らえると、一味は海賊の習慣に従い、捕虜に船長の人使いを尋ねると、判決を言い渡し、天誅を下そうとした」(『海賊列伝　下』、十—十一頁、傍点は引用者)。ピーター・アールは、この時期の海賊団の組成についての興味深い見解を示している。

商船の船長に判決を下し、制裁を加えるというこのような行為は、海賊史においてほかには見られないものであり、であるがゆえにこそこうした行為は、「転倒した世界」という、黄金期海賊のラディカルな本質を写し取る鏡でもある。権力者がひざまずき、抑圧者が虐げられるのを見て、海賊は心から喜びを感じたはずである。そうした報復行為は、海賊団のメンバー構成から導き出された必然の結果でもあった。実はそれ以前には、商船を心底憎む不満分子が海賊団の大多数を構成するなんてことは、一度としてなかったのである。商船の航海に長らく付き従ったバカニーアは極めて少数で、したがってバカニーアにとって、拿捕したスペイン人船長が乗組員をどのように処遇していようが、お構いなしだった。もちろん、スペイン人だというただそれだけの理由で殺すということは、あったかもしれない。だが、一七一五年から一七二五年にかけて海賊になる者の多くは、間大西洋航海、西アフリカ航海、もしくはニューファンドランド漁業航海に従事していたために、手荒な真似をする船長のひどさをもろに感じていた。だからこそ彼らにとって、そうした残虐な復讐行為は、まことに甘美なるものであったはずである（Earle 2003: 176）。

また、アールが引用する艦隊の派遣の要請文からは、海賊の復讐の照準範囲を読み取れる。「ヴァージニア総督は、間違った船長は、『その配下の水夫を萎縮させるためだけに』鼻と耳を切り落とされたという書簡を、本国に宛ててしたためている。そして、そのような目にあわないように、帰国用の艦隊を派遣して欲しいと要請した」（ibid., 175）。

反対に、水夫を適切に処遇した商船の船長ならば、情状酌量がありえたのはいうまでもない。『海賊列伝』のエドワード・イングランド船長のエピソードのなかに、この有名な例がある。それは、「髭がボーボーで、片方の足は木でできている、ある海賊」（すでに三章八節で出合った人物である）が、「かつてともに船出した仲間」であり、「正直者」だという理由で、捕虜のマクラ船長を助けたという出来事のことである。似たようなことは、ウィリアム・スネルグレイヴ船長が、西アフリカ沖で海賊の捕虜となった際にも起こっている。彼は、その配下の水夫がなんら不満の声を漏らさなかったために、海賊的報復を猶予されたのである（Rediker 2004: 88）。レディカーは、海賊は慈悲をかけることによって、「清く正しい船長にはよき運命が待ち構えているということを商人に示そうとした」(ibid.) と考えている。レディカーは、ウィリアム・スネルグレイヴの事例を「海賊にとっての正義概念をもっともよく表したもの」だとするが、実はここには、黄金期海賊社会の根深い倫理的危うさも示されている。何を隠そう、「清く正しい船長」スネルグレイヴは、奴隷商人でもあったのである。

黄金期海賊は、そのコミュニティのなかでは、一般的に議会を召集することによって、原則やおきてにまつわる正義の問題を処理した。噴出した議題は全員で議論し、決定を下した。このような議会は、しばしば法廷のような体裁をとることもあった。ジョンソン船長の『海賊列伝』のなかには、海賊法廷がいかに優れているかまくし立てる、注目すべきくだりがある。

一味には裁判の形式があった。これは、ほかのもっと正式な権限を持った法廷でもほぼ同じである。彼らの裁判には、弁護人に謝礼をするとか、証人を買収するといった習慣はまったくなかった。また陪審員を抱き込んだり、法律を曲げて解釈したり、もったいぶった用語や無用な区別で訴訟事実を混乱錯綜させることもなかった。さらに、正義の女神も逃げ出してしまいそうな、不吉で恐ろしげな顔つきをした役人たちが大勢出廷するということもなかったのである(『海賊列伝　上』、三〇二—三〇三頁)。

ここで強烈に頭をかすめるのは、小さな(「未開」)社会にみられるような、明確な正義の概念である。それは、公共広場を設けて、全員の平等な参加を担保しようとするときに基盤となっている原理である。もうひとつ「未開」社会との比較をしてみよう。黄金期海賊が一般的に仲間内に下したもののなかで最大の刑罰である島流し《マルーニング》は、大多数のいわゆる未開社会にとっての最大の刑罰のひとつだとされる村八分《オストラシズム》と、驚くほどの類似点を持っている（Service 1979: 48）。このことは、関係の濃密なコミュニティではつねに、グループの輪から排除されると象徴的には死んだも同然になるということを裏付けるものでもある。

結論として、海賊的正義、およびその実現手段は、そのありのままのものを取り出して見てみると、少なくとも、身勝手極まりないというものではなかった。一方で、あらゆる公法システムや階級社会のもとでは、対象は恣意的に決定されるのである。たとえばバーソロミュー・ロバーツ海賊団のなかで有罪判決を受けた者たちの嘆きの声を拾ってみよう。俺たちゃ「絞首刑になるが、ほかの奴らも同罪なのに、そいつらに限ってうまいこと行方をくらませやがって」（『海賊列伝　上』、四〇四頁）。

ニーチェ的な意味で海賊的正義の最も重要な点、かつラディカルの立場からすればもっとも刺激的な側面は、海賊が支配的道徳慣習を乗り越えて、独自の道徳原理、規則を作ったことである。スネルダーズによれば、「通常の意味での善悪の境界の外で、独自のしきたりを作った海賊は、好きなように振舞っていた」（Snelders 2005: 、203）。何を隠そう、ニーチェの哲学と、黄金期海賊の生とのあいだには、多くの意味で驚くべきつながりがあるのである。

四章十三節　西インド諸島のディオニュソス：黄金期海賊業のニーチェ的考察

黄金期海賊業を政治的文脈に位置づけるのは困難を極めるが、ラディカルな応用に限っていえば、その可能性は前途洋洋である。というのも黄金期海賊生活の中心にあるのは無制限の実存的生命力だからである。それは、ニーチェの言葉で言えばディオニュソスの哲学となる。すなわち、倫理原則や政治理念といった社会的束縛を意に介さない、驚くほど強力な反権威主義的自由と解放の力である。したがってそれは、あらゆるものに変化しうる力でもある。それは、ときには自由や正義のための戦いで強力な助っ人になるが、ときにはおぞましいファシストにもなりうるのである。

　ぶどう酒と恍惚と祝祭の神であり、ある方面に言わせれば「目覚めた狂気」の神であるところのギリシャ神話のディオニュソスは、最初の公刊書である『悲劇の誕生』（1872）以来、つねにニーチェの哲学において主役を演じている。ニーチェはこの論文で、ギリシャ悲劇とは、「アポロン的」要素と、「ディオニュソス的」要素とを統合することによって生まれた芸術なのだと分析する。そして後者のディオニュソス的なものは、生活のなかで軽視され、最終的には「ソクラテス的傾向」

(『悲劇の誕生』塩屋竹男訳、ちくま学芸文庫、一〇六頁)のもとで、完全に捨象されたしまったのだと考える。しかしニーチェは、「ディオニュソス的生を信」(『悲劇の誕生』、一六九頁)じてみろと、我々に迫ってくる。そして後期のテクストに向かうにつれて、自ら「ディオニュソス的呪術」(Nietzsche 1980i: 137)の擁護者たることを宣言する。名にし負う著作のひとつ、『善悪の彼岸』(1886)のなかでは、自分のことを「ディオニュソス神の最後の門弟であり、最後の秘蹟を授けられた者」(『善悪の彼岸』中山元訳、光文社古典新訳文庫、四六七―四六八頁)だと考えている。さて、ディオニュソス的契機にはどういう意味があるのであろうか?

ニーチェによれば、それは、「生についての根本的な反教義、反評価のことであり、また混ぜものなしに芸術的であり、混ぜ物なしに反キリスト教的なもの」(Nietzsche 1980i: 13)である。それは、「冒険心、勇猛心、復讐欲、狡猾さ、略奪欲、支配欲」(『善悪の彼岸』、二三六頁)に満ちたものであり、そのためには「強い体を持ち、元気はつらつ、みなぎるほどに健康であるのが大切である。そしてこうした強さを支える戦争、冒険、狩猟、ダンス、ケンカが大切である。また、強さを示す活動、自由な活動、喜びとしての活動も、すべて大切である」(Nietzsche 1980i: 266)。「ニーチェ左派」なる学派をおそらく最も華麗に代表しているジル・ドゥルーズもいわく、「我々を軽やかにし、我々に舞踏を教え、我々に喜びの本能を与えるのがディオニュソスの仕事である」(『ニーチェと哲学』江川隆男訳、河出文庫、五十一頁)。

ニーチェ的に見れば、黄金期海賊はディオニュソス的社会を表していたわけではない。ニーチェの文化エリート主義を考慮すれば、海賊団の過剰な祝祭性は、「醜悪奇形な」(『悲劇の誕生』、四十頁)ディオニュソス性を示しているに過ぎないとされるだろう。それこそニーチェが『悲劇の誕生』で批判するものである。ここでは、ニーチェから予測される異議はあえて無視しよう。黄金期海賊の社会実験をディオニュソス的見地から分析すれば、必ず資するところがあるはずである。

肯定

「ディオニュソス的な芸術もまた、生存の永遠の快楽を我々に確信せしめずには置かない」と、『悲劇の誕生』(一〇五頁)にはある。こうした「生の肯定」、「ディオニュソス的肯定」(『ニーチェと哲学』、三五八頁)は、その著述活動において、決定的なテーマであった。この時代に蔓延していた「退廃」と「ニヒリズム」の風潮を嫌ったニーチェは、ディオニュソスというモデルを用いて、生のすべての様相を一切の妥協なく擁護する。それはもはや、ブルジョワ的価値観やその狭量さに縛られたものではない。ディオニュソスにとっては、「生は正当化される必要はなく、生は本質的に正当である」(『ニーチェと哲学』、四十七頁)。

黄金期海賊にも、こうした感覚はあったと思われる。フィリップ・ゴスによれば、ウィリアム・ジェニングス船長は、海賊になった理由を「生きることが好きだから」(Gosse 1924: 169) と説明しているようであるし、ピーター・アールが引用するジョージ・ベンドールなる人物も、「こんなに楽しいなんて、もっと早くこの生き方、つまり海賊道をはじめておけばよかった」(Earle 2003: 168-169)

と悔しがったとされる。ジョンソン船長の、フィニアス・バンスとデニス・マカーティという二人の海賊のエピソードも、これと同じ精神を表している。国の恩赦をすでに得ていた二人は、「すっかり陽気になり、自分たちが海賊をしていたころの自慢話を大声でわめき散らし、海賊こそ男のなかの男にふさわしい、唯一の仕事だと吹聴した」(『海賊列伝　下』、四〇六頁)。

以上のことから、バカニーア業は「単なる生活の糧などではなく、生の様式そのものであった」(Snelders 2005: 98) とするスティーヴン・スネルダーズの考えも証明されるはずである。肯定がニーチェの思想において極めて重要である以上、決定的なのは、バカニーアや黄金期海賊の生が彼ら自身の手で切り開かれたという点である。海賊は、自らの意欲と活動を通して生を掴み取った。ニーチェが以下のマーカス・レディカーの見解を読んだら、顔をほころばせたのではないか。レディカーによれば、海賊ウォルター・ケネディは、「海賊の例に漏れず、単に抑圧的な環境から逃れようとしていたわけではない。何か新しいものへ、異なる現実へと逃れようとしていたのである」(Rediker 2004: 59)。

自由

ニーチェは『喜ばしき知恵』のなかに次のような言葉を残した。

実際に、我々哲学者たる者、「自由精神」の持ち主は、「古い神が死んだ」という知らせを聴くなり、新たな曙光に照らされたような感覚を抱いている。我々の心は、感謝や驚嘆、予感や期待に溢れんばかりだ。——いよいよ視界〔水平線〕がふたたび広々と開かれた。——まだ明るくないにせよ。ついに我々の船はふたたび出帆し、危険をものともせずに乗り出していく。認識者の冒すいかなる危険もふたたび許される。海原が、我々の海原が、ふたたび豁然と開かれた。おそらくは、これほど「開かれた海〔公海〕」はかつて存在した例がないほどに——（『喜ばしき知恵』村井則夫訳、河出文庫、三六二―三六三頁）

「ひとつの別世界を発見しなければならない——いや、ひとつと言わず、多くの別世界を！　船に乗れ！　諸君、哲学者たちよ！」（『喜ばしき知恵』、二九七―二九八頁）

　このようなアレゴリー（寓喩）を用いているのは偶然だろうが、これらに付随する自由の概念は、黄金期海賊のアレゴリーと響きあっている。多くの研究者も認めるところであるが、自由への欲求は、船乗りを独立稼業に走らせるのに決定的なファクターであった。ピーター・ランボーン・ウィルソンは、「黄金期海賊は、個人の略歴ではなく全体像を見てみると、おそらく全的自由への欲求が最大の動機だったという印象を受ける」（Wilson 2005: ix-x）と漏らす。スティーヴン・スネルダーズいわく、海賊は「船乗りの自由を最大化していた」（Snelders 2005: 187）そうだ。フランク・シェリーは、「海賊業を営めば、しがない船乗りでも自由人として生きられるという可能性こそ、海賊業の本当の魅力であった」（Sherry 1986: 123）と考えている。クリス・ランドは、「多くの海賊がそうした生き方を選び取ったのは、なによりも自由と自律を求めていたからだ」[*18]（Land 2007: 177）とする。マーカス・レディカーいわく、「大衆の心のなかでは、海賊は『人類共通の敵』ではなく、人類のなかで最大限に自由な者のことである」（Rediker 2004: 173）。

ニーチェは、「自由思想家」と「自由行動者」との違いは重要だと考えている。「自由思想家は、自由行為者よりも一分の利がある。なぜなら、思想よりも行為のほうが人を傷つけるからである」（Nietzsche 1980g: 32）。

拒否

ニーチェにとって、自由には、「価値の転換」（自分自身で新しい倫理を築くこと）や「偶像の黄昏」（敬うべきと教えられたもののすべてを拒否すること。一八八九年出版のニーチェの同名の著作を参照）が必要とされる。これは黄金期海賊の反権威主義と著しく対応している。「海賊は主人なき人間の文化を構築した。海賊は、十八世紀初頭という時代でできうる限りで、制度化された権力から遠ざかった。教会を捨て、家族を捨て、規律的労働におさらばを告げ、また海を隔てて国家権力から遠ざかったという意味で、海賊は奇妙な実験を行っていたのである」（Rediker 1987: 286）。「実際、海賊の世界には『ほとんど統治や従属なるもの』はなかった。要するに、『ときにはみなが船長で、みながボス』だったということである」（Rediker 2004: 69）。

自己決定

ニーチェの次の宣言は、以上のことと直接関連したことである。「独立不羈《ふき》であるということは、少数の人間にしかできないことだ。――これは強い者が持つ特権なのだ。独立しなければならないわけではないのに、独立しようと試みる者は、たとえそれだけの権利があったとしても、それはその者が単に強いだけでなく、放埒に至るまでに向こう見ずであることを明かすものである。それは迷宮のなかにもぐりこむことであり、人生にすでに備わっている危険を千倍にも強めることなのだ」(『善悪の彼岸』、八十四頁)。

こうした意味での独立性は、あるいはもっと適切に言うならば、そのような自己決定は、黄金期海賊の生の分析にも使われる言葉である。ピーター・ランボーン・ウィルソンは、自身が「一種の始原的個人主義アナキスト」だとみなすものの典型例として、以下の逸話を紹介する。「あるときエストンは、イギリス王ジェームズ一世が自分に恩赦を賜ろうとしているという話を聞いた。彼は尋ねた。『何で自分が王の命令に従わんといかんのか。今は自分が王みたいなものなのに』と」(『海賊ユートピア』、七十二頁)。マーカス・レディカーも、似たような表現を用いて展開する。「こうした

＊18 非ラディカルな歴史学者の見解は異なるが、それほど驚きではない。デヴィッド・コーディングリー(1995: 225)の言葉にも遠慮はない。「有史以来、海賊行為の最大の魅力は、略奪品と富であった。海賊も盗賊も山賊も泥棒も、みんな同じ穴のムジナだ」。

言葉がダニエル・デフォー〔ジョンソン船長〕の海賊談を彩っている。彼の描く海賊たちは、自分のことを『心のなかでは船長や王子や王』と思っているのである。そのような権威があると思うこと自体は、誰もがそれに与る権利があると考えられている限り、それほど悪いものではなかったはずだ」(Rediker 1987: 248)。したがって、因習的な権力はほとんど顧慮の対象とされなかった。バーソロミュー・ロバーツ海賊団は、略奪した商船、「サムエル」号の船長にこんなことを言ったとされる。「恩赦なんてクソ食らえ。そんな恩赦とかつべこべ言う王や議会が、地獄に召されますように」(Marley 1997: 139)。レディカーの推論によれば、「海賊は『どんな信仰も約束も誓約も誓わない』奴らだった」(Rediker 2004: 128)ようである。スティーヴン・スネルダーズは、昔から「道徳にもとる」者だと考えられていたのに、なぜ我々がこんなにも海賊話に心惹かれるのか考察した結果、このような結論に達した。「海賊が自分の手で生をつかみとったから」こそ、われわれは海賊に魅せられるのである。その一例が、彼の描くオランダ人海賊、クラース・G・コンパーンだ。コンパーンは、「自分で作ったゲームをプレイした。三年間それを見事に繰り広げた。それは多くの者にとって、手を出してみるのさえはばかられるような長さである」(Snelders 2005: 48)。後半部でスネルダーズは、シチュアシオニストの「パリ・コミューンに関するテーゼ」を用いて、こんな指摘をしている。「海賊は自分たちの歴史の支配者となっていた。それは「統治の」政治学というレベルではなく、むしろ日常生活というレベルにおいてであった」(ibid., 192)。最後にもう一度、ジョンソン船長がサミュエル・ベラミーのものだとする、あの有名な激しい長広舌を引用してもいいだろう。捕らえられたばかりの商船の船長は、ベラミー海賊団に入らないかという誘いを断ったために、ベラミーのさげすみの言葉を買ったのであった。

おまえ、良心？　は？　何それ？　俺、自由の王。俺ってさー、海に一〇〇隻船を持ってて、陸に十万人の軍隊を持っている奴に匹敵するほどの権力持ってるから、全世界にケンカ売れちゃうんだよねー。だから俺の良心はこういってる。あんなベソ垂れる子犬と話してても無駄。だって甲板の上で喜んでボスに蹴られてるやつらじゃん？　それにいんちき牧師のいうことを鵜呑みにしちゃうしさ。いっとくけどさ、あいつらお前らに言ったこと行動に移さないばかりか信じてすらないからね（『海賊列伝　下』、二八一―二八二頁）。

利

自由、拒否、自己決定という諸概念は、もうひとつ、黄金期海賊の生を決定付ける側面を浮き彫りにする。それは、海賊社会に参入する際には、利があるかどうかが唯一の価値判断の基準とされていたという点である。ロバート・C・リッチーは、エヴリ船長のことを、「諸海賊と同様に、しがない船乗り階級から船長として統率するようになるまでの経歴は空白である」（Ritchie 1986: 85）と評するが、スティーヴン・スネルダーズはヤン・エラスムス・レイニングの自伝について「経歴は、兄弟連帯の証左である。それは、成功の保証はないけれども、別の可能性に満ち溢れた船旅へと船乗りを駆り立てたものである。そして連中は、つねに冒険と危険が満載の暮らしのなかで、一人前に略奪稼業をいそしんでいったのだ」（Snelders 2005: 155）と評している。

モーリス・ベソンによれば、バカニーアや黄金期海賊の世界では、「栄誉に値するのは勇気のみだった」（Besson 1929: 11）。これは、あらゆる点でニーチェの主人の概念と重なる部分がある。主人とは、生まれが授けるではなく、生の試練そのものに耐え抜くことによってのみ授けられるような、気高さの称号のことである（『ツァラトゥストラ』や『道徳の系譜』を参照）。

祝祭

ぶどう酒の神であるディオニュソスは、祝祭や祝典と切っても切れない関係にある。ニーチェの残した言葉のなかには、「ディオニュソス的な陶酔」（『悲劇の誕生』、一〇八頁）、「ディオニュソス祭の奪魂忘我の響き」（『悲劇の誕生』、五十一頁）、「ディオニュソス祝祭」（『悲劇の誕生』、一六九頁）がある。ドゥルーズは、「舞踏と戯れと笑いの三位一体」（『ニーチェと哲学』、三四一頁）を喚起する。スティーヴン・スネルダーズが、バカニーアと黄金期海賊のライフスタイルを考察した章のタイトルを「生きる喜び（Joie de Vivre）：終わらない祝祭」（Snelders 2005: 190）としたのは、おそらく的を得ている。「海賊ユートピア」の書き手も、飄々と論評する。「海賊は、軍艦や商船で惨めに耐え忍んでいる連中よりはるかに楽しさを味わっていたと思われる。海賊が野生パーティーを開いていたのは間違いない」（Anonymous 1999）。

マーカス・レディカーいわく、海賊は「浮かれ騒ぎをしていた。実際、『浮かれ』気分という言葉こそ、海賊船生活の気分と精神を表現するのにもっとも使われる言葉である」(Rediker 200472)。さらにレディカーは展開する。「海賊生活の観察者の多くが、海賊祭の祝祭性を記録にとどめているのもうなずける。食事、宴会、演奏、舞踏、浮かれ騒ぎがやむことなく繰り広げられていた。そのような『とどまるところを知らない無秩序』は、海上の規律の維持に障害になるとみなされたこともあった」(ibid., 71)。したがって、海賊船で音楽家に特別の役割が与えられたのも、さもありなんといわざるを得ない。フランク・シェリーによれば、音楽家は「海賊団の誰からもひいきにされる仲間だった。管楽器やホルンから曲をひねり出すことができた音楽家たちは、そうした音楽の才の返礼として、しばしば過酷な任務を免除されることもあった」*19 (Sherry 1986: 129-130)。

運

海賊生活の祝祭性は、運という契機が決定的なものであったということも浮き彫りにした。黄金期海賊の生は「極度に不安定な生き方であり、これから先数時間に何が起こるかさえ分からないようなもの」(Snelders 2005: 180) だったといわれる。これはニーチェの信念とも符合する。「真の哲学者とは、『哲学者らしくなく』生きる者であり、『賢くなく』生きる者、何よりも利口でなく生きる

*19　海賊船での音楽に関しては、Cordingly 1995: 115-116 も参照。

者ではないか？　そして生の百の試練と誘惑に直面する責任と義務を負う者なのだ。――彼はいつもみずからを危険にさらし、まさに勝てそうもない賭けそのものに賭けているのだ……」（『善悪の彼岸』、二五八頁）。哲学者とは、「危険と戦争と冒険を愛する」者の一員である。

黄金期海賊の生は、強度の瞬間が左右する生活であった。強度とは、ジャン・フランソワ・リオタールらが、（ポスト）近代の時代のよりどころとした哲学的概念である（リオタール『リビドー経済』）。スティーヴン・スネルダーズいわく、「何日間も波がたゆたい、魚と鳥が通り過ぎていくばかり。だが状況ががらっと一変する。危険と興奮がにわかに沸き起こる。一瞬が生死を分かち、富の所有者を決めるのだ」（Snelders 2005: 108）。その後は、「運命の輪の上で真の供宴」（ibid.）を繰り広げることになる。こんな言葉を聞いたら、あのニーチェの問いかけを思い出さずにはいられない。「負けるかもしれないからといって、賽を振らずにいられようか？」（Nietzsche 1980h: 568）。海賊がギャンブル狂だったとする記録も多数残されている以上、このメタファーは見事に的を得たものである。モーリス・ベソンによれば、バカニーアや黄金期海賊に必要だったものは、「戦闘と襲撃であり、そこから戻ると、狂宴と賭け事が必要とされた[*20]」（Besson 1929: 22）そうだ。

流転

黄金期海賊生活を特徴付けるものは、不安定と危険、絶えざる変化、そして流動性だった。これは、運という概念と切っても切り離せない関係にある。ダニエル・ボティングいわく、「海賊団は、あらゆる意味で、流民であった。つねに流動状態にあり、規模や構成員も、一ヶ月以上変わらなかったためしはなく、いかなるものにも、いかなる人物にも忠誠を誓わなかった。船であろうが、船長であろうが、大義であろうが、尽くすことはなかった」(Botting 1979: 29)。さらにマーカス・レディカーによれば、「時々、新しい船長を選ぶ際に、意見を異にする者が、新しいおきてを作成し、仲間に別れを告げて、船出するということもあった。商船という、閉鎖的で権威主義的な世界を体験してきた以上、分裂の自由が大切にされたのである」(Rediker 1987: 266)。

カリブの海賊文化のこうした分裂主義に関して、面白い事実がある。どうやらバカニーアは、「浜辺の兄弟」のコミュニティのなかに入るときに、それまでの名前を捨て去ったようである。モーリス・ベソンいわく、バカニーアの「過去は忘れ去られた。バカニーアは、絶え間なく病に倒れ、絶え間なく補充員が加わる海賊団の一構成員であった」(Besson 1929: x)。だとするとバカニーアや黄金期海賊は、ピーター・ランボーン・ウィルソンがいうように始原的個人主義を持ちながら、主体への拒否にも直面することになっただろう。こんな言葉を聞いたらポスト構造主義者はうきうきしてしまうだろうが、それはともかく、ニーチェの言明を思い出させるものでもある。「ディオニュソスの神秘的な歓喜の下に個別化の呪縛が破砕され」(『悲劇の誕生』、一三三頁)てしまった。

＊20　ギャンブル狂ぶりはほかの資料でも確認できる。たとえば、Cordingly 1995: 114-115; Besson 1929: 14; Wafer 1934: 127 などを参照。

恐怖

ニーチェは、不安定で運に支配される生は、残虐と恐怖を伴うということを絶対否定しない。このような生の諸相を受容することは、生そのものを受容することの一部である以上、ニーチェはそれは必要だと考える。これこそニーチェの哲学の核心部分である。ニーチェいわく、英雄的行為とは、「最高の苦悩と最高の希望へと同時に向かっていく」（『喜ばしき知恵』、二七九頁）行為である。簡単に言えば、楽しき生を送れるという限りで、恐れを抱くことは意味あることであり、逆に言えば、危険なき生はつまらないということである。したがって恐怖は、まったく欠かすことのできないものとなる。ジル・ドゥルーズの言葉を借りよう。「『生の過剰に苦悩する人々』は、苦悩を肯定に、また陶酔を能動性にする」（『ニーチェと哲学』、四十八頁）。ニーチェ自身の言葉では、「育ちも悪く、衰微、堕落し、毒された人間ばかりで、恐怖を感じる余地もない状況と比べたら、むしろ賛嘆の声を上げながら、同時に恐怖も感じたいと誰が思わないだろうか。私たちは人間のせいで病んでいる。間違いない。しかしそれは、人間に恐怖を感じているからではない。むしろ、人間のなかに恐怖を呼ぶものがまったくないからである。人間はうじ虫に姿を変えているのである」（Nietzsche 1980i: 277）。

死

ニーチェは、恐怖を生の一部として受容するだけでなく、死も同様に受け入れる。ツァラトゥストラによれば、「死ぬのが遅すぎる人はたくさんいる。死ぬのが早すぎる人はあまりいない。ちょうどいいときに死ね。ツァラトゥストラはそう教える。もちろん、ちょうどいいときに生きたことのない者が、どうやって、ちょうどいいときに死ねるのだろうか?」(『ツァラトゥストラ 上』丘沢静也訳、光文社古典新訳文庫、一四五頁)

多くの黄金期海賊の生き方を見ても、こうした気配がある。海賊にとって、死の可能性は常に近くにあった。また多くの者にとって、それは現実のものとなった。マーカス・レディカーによれば、「寿命をまっとうできないのは海賊の定めであり、少なくとも四人に一人が何らかのかたちで息絶えたのである」(Rediker 2004: 163)。フィリップ・ゴスの『海賊紳士録』のある項目には、五十歳で絞首刑になったトマス・ヘイゼルなる者は、「知られている海賊のなかでもっとも長生きした者の一人だ」(Gosse 1924: 157) とある。

しかしたいていの海賊は、死ぬ可能性があろうが、その稼業を断念しようとは思わなかったようである。その理由は、社会心理学的な観点から解釈が施されている。デヴィッド・コーディングリーいわく、「その所業の結果、捕縛され、処刑されるという危険は大いにあるのだが、餓死したり、陸上で乞食に身をやつしたり、十分な報酬の当てもなく恐るべき船上労働をするよりは、海賊行為のほうが魅力があったのである」(Cordingly 1999: 9)。このことは、ロバート・スパークスなる人物の発言からも裏付けられる。マーカス・レディカーによれば、「アビントン」号の船乗りだった彼は、「われらの船は『最高の海賊船じゃ。惨めな生を送るよりは死んだほうがましじゃ』」(Rediker 1987:

230）と言ったとされる。いったんこんな思いを抱くようになったら、処刑されるかもしれないなんて考えはどこかへ吹き飛んでいった。「処刑される海賊の数が増えて、『独立稼業』のやからの死ぬ確率が高まるにつれ、海賊は仲間とのきずなを深めていった。そしてそんな彼らの顔には、笑みすら浮かんでいた」（Rediker 2004: 147）。

黄金期海賊の死（また生）についての考え方を反映した有名な言葉がある。それは、ジョンソン船長が、名うての海賊船長バーソロミュー・ロバーツの言葉として記録したものである。「まっとうな船に乗り込んだら、食い物はわずかで給料も安い上に、仕事はきつい。それにくらべて、この商売は腹いっぱい食えるし、楽しみや安楽、自由と力がある。いちかばちかの仕事をしくじったところで、少しばかり苦汁を飲む思いをすればすむもんね。どっちの稼業が得か、勘定するまでもないよね？　楽しく短く生きるのが俺の主義かな」（『海賊列伝　上』、三三四頁）。多くのジョリー・ロジャーにも、死をかえりみない精神が前面に表れている。「海賊旗には、踊る骸骨が描かれていたとする記録もある。それは死とジグを踊り、かつ死と戯れるということを意味するための象徴であった。もしくは、先のことなんかかえりみないということなのかもしれない。掲げられたワイングラスも、これと同じことを象徴している。つまり、待ち構える死への祝杯を意味するものである。こうした旗を掲げる連中にとって、未来に待ち受けている運命なんて、お構いなしだった」（Konstam 1999: 101）。マーカス・レディカーは、海賊旗だけでなく、「海賊行為そのもの」が「死を恐れない精神」を体現していたのではないかと考えている（Rediker 2004: 169）。もうひとつ有名なジョンソン船長からの引用である。メアリー・リードいわく、「縛り首なんてたいしたことねーよ。それがないと、どんな臆病なやつも海賊になって、海が海賊で一杯になっちゃって、勇敢な男連中が飢えちゃうもんな」（『海賊列伝　上』、二二七頁）。

確かに縛り首が抑止力となることがあったかもしれない。だがそれは、権力の思うままに処刑される気は毛頭なかったという意味においてである。それに、多くの海賊は死ぬ覚悟ができていた。バーソロミュー・ロバーツ海賊団の一味は、捕まえた船の乗員に、「縛り上げられて野ざらしにされるために喜望峰に行くわけがなかろう」といったとされるが、「万が一強い敵権力の攻撃を受けて、勝ち目がなくなったら、手にしたピストルで弾薬に火をつけて、みんな一緒に、愉快に地獄へまっしぐら」（「ボストン・ニュース・レター」一七二〇年八月二二日 Jameson 1923: 315より引用）とも言ったとされる。マーカス・レディカーによれば、「実は海賊の多くは、『捕まるぐらいなら、ともに最後の一花咲かせようぞ』と誓い合った」（Rediker 2004: 149）そうである。

多くの海賊は、死を恐れなかったのに加え、天国も信じていなかったようである。ウィリアム・スネルグレイヴの報告によれば、トマス・コクリン海賊団の団員は、自分たちは「地獄への航海」（Snelgrave 1970: 167）のさなかにあるのだと断言したとされる。そうした心境をもっともうまく代弁しているのは、またもやジョンソン船長の『海賊列伝』の一節である。トマス・サトンという、捕まったバーソロミュー・ロバーツ海賊団の一人は、同じく捕まって、祈りを捧げている仲間に質問をぶつける。「うるせえ。祈祷なんかしやがって。いったい何を願ってやがる」。「天国へ行くことさ」と仲間は答えた。「天国だと？」こう切り返すサトンの声には、凄みがあった。「アホか。海賊が天国へ行ったって話を聞いたことがあるか。俺は断然地獄だね。そのほうがよっぽど面白いわ。地獄の入り口でな、俺、十三発の大砲をぶっ放して、ロバーツに挨拶してやるわ」（『海賊列伝　上』、三三七─三三八頁）。

破壊

ニーチェの哲学から見れば、黄金期海賊業に略奪行為や残虐行為が絡んでいようがなんら問題とならない。それどころか、ニーチェは破壊活動と実存的成長とのあいだには、直接的つながりがあると考えている。しばしば引用される『善悪の彼岸』からの次の一節を読めば、必ず黄金期海賊の営みが頭によぎってくるはずである。

これまで地上に発生したすべての高次な文化がどのようにして始まったのか、遠慮なく語ろうではないか！　自然の本性のままの人間、語の恐るべき意味での野蛮人、いまだ砕かれていない意志の力と権力欲を備えた、略奪者としての人間たちが、弱く、しつけがよく、平和的で、おそらく商業や牧畜業を営んでいる種族に襲いかかったとき、あるいは最後の生命力が、精神と頽廃のうちに輝く火花とともに燃え尽きようとしている、成熟した古き文化に襲いかかったときに、貴族的な社会は誕生したのである。最初はつねに、野蛮人の階級だった高貴な階級が卓越していたのは、まず身体的な力ではなく、精神的な力においてであった。——よりまったき人間たちだったのである（『善悪の彼岸』、四〇六頁）。

ジル・ドゥルーズは、ニーチェの思想のなかで、ディオニュソス的契機としての破壊の意義を考察する。

破壊が能動的になるのは、否定的なものが価値変質され、肯定的力能に転換されるのに応じてである。つまり、一瞬にして表明される「生成の永遠の喜び」、すなわち、「滅亡の喜び」、「滅亡と破壊の肯定」。これがディオニュソス的哲学の「決定的な点」、つまり否定が生の肯定を表現し、反動的諸力を破壊し、能動性をその諸権利のうちで復活させるような点である。否定的なものは肯定する力能の雷鳴と雷光になる（『ニーチェと哲学』、三三八―三三九頁）。

したがって、ニーチェが「能動的で、攻撃的で、しつこい人間は、反動的な奴よりも百倍正義に近い」（Nietzsche 1980i: 311）と述べるのも納得であるし、「罰という正義」（『善悪の彼岸』、二四二頁）を称えるのもなるほどである。そしてそれは、黄金期海賊倫理の真髄を彷彿とさせるものである。

陶酔

ディオニュソスはぶどう酒の神である。ニーチェに言わせれば、「陶酔の芸術家」（『悲劇の誕生』、三十八頁）となる。ならば海賊社会における酒の重要性に言及しないわけにはいかないだろう。スティーヴン・スネルダーズは、「アルコールは海賊を結びつけるものだった」（Snelders 2005: 197）という程度の指摘しかしていないが、もっと大胆に論じる研究者もいる。たとえばマーカス・レディカーは、「海賊徒党を組んだ者ならば、富の獲得なんかよりも酒を飲むことのほうが大切だった（おそらくこう考えていた連中は大量にいた）」（Rediker 2004: 71）のではないかと考えているし、フランク・シェリーによれば、「平均的海賊にとって、ほかの何より大切だったのは、いつでも好きなだけ酒が飲めるという自由だった」（Sherry 1986: 132）そうである。たしかにエクスケメリンも、バカニーアがブランデーをとめどなく飲むさまは、まるで「スペイン人がとめどなく清潔な泉の水を飲むさまに似ている」（Exquemelin 1893: 40）と書き残しているし、ジョンソン船長によれば、「しらふでいれば、仲間に対して陰謀を企てているのではないかと疑われ、酒を飲まないような男は悪党だとみなされ」（『海賊列伝　上』、三〇二頁）たようである。もうひとつ、同じく『海賊列伝』に面白いくだりがある。これによって、アルコールが、海賊たちにどれだけ尊ばれていたかということが分かるというものである。モーリシャス入植者が、食あたりを起こした海賊団の船のところまでやってくると、「入植者たちは強い酒を大量に飲むことが毒消しの方法だと教えた。海賊どもはこの療法が大いに気に入ったから、すぐ言われた通り実行した」（下、三七四—三七五頁）。

ニーチェだったらもしかすると、黄金期海賊の猛り狂う酒宴には苦虫を噛み潰したかもしれない。

実際、『曙光』のなかで、「陶酔状態のことを本当の生であり、現実の自己であると考える」者を批判しているし、「生のなかの生として陶酔」の価値を認める者を批判している（Nietzsche 1980g: 54-55）。だが、『悲劇の誕生』にはこんな一節もある。「このディオニュソス的なるものは、さらに陶酔という類比によって我々にもっとも身近なものとなる」[*21]（『悲劇の誕生』、三十五頁）。

おそらく西インド諸島は、フリードリヒ・ニーチェを歓迎する空間であった。少なくともぶどう酒の神、ディオニュソスは歓迎された。最後に『道徳の系譜学』の一説を引用しよう。

モラリストはジャングルや熱帯が嫌いなようだ。彼らは、「熱帯的人間」のことを悪く言わないと気がすまないようだ。連中は疫病だ、連中は堕落した奴らだ、連中は地獄に生きている、この世の煉獄に生きているのだと。でもなぜ？　それは「節度ある地域（温帯）」を守るためである

---

*21　もちろん飲酒に幻想を抱きすぎてもいけない。マークスも、「アルコール中毒は職業病のようなものであり、多くが寿命を全うせずに死んだ」と指摘している（『図説　海賊大全』、二一八頁）。同じくコンスタム（1999: 184）も、「多くの海賊がアルコールの過剰摂取によって命を落とした」と指摘する。ジョンソン船長の『海賊列伝』のエピソードのなかには、二人の海賊が酒を海賊的に飲んだために死刑を下されるという事件が、少なくとも一件ある（下、二九頁）。海賊団のアルコール問題の概要に関しては、Burg 1995: 155-156 も参照。こうしてみると、最も華々しい活躍を遂げた海賊船長であるバーソロミュー・ロバーツが禁酒派なのも、偶然ではないのかもしれない。エヴリも飲まなかったといわれる（Sherry 1986: 69）。有名だが、ほぼフィクションといってもいい海賊船長であるミソンも、あからさまに反アルコールの弁をぶっている（『海賊列伝　下』、九十八頁）。

(Nietzsche 1980i: 117)。

本書を通して我々に明らかにされた黄金期海賊の政治的立ち位置の不安定さは、「正しい」解釈をめぐる議論によって解決されるものではない。そんなことをすると、我々は思想的袋小路に陥ってしまうのみである。そうした不安定さは、活用することによってしか解決されえない。ニーチェや黄金期海賊にとっては、そんなことをやろうとしてももはやできない。だが我々にとっては、まだそんなに遅くはないはずだ。

第五章　結論——黄金期海賊の政治的遺産

海賊的テーマのラディカルな活用には、長い歴史がある。たとえば、「海賊ユートピア」の著者は、「パリ・コミューンでは「海賊（*Le Pirate*）」と称する日刊紙が発行されていた」（Anonymous 1999）ことを指摘している。もっとも広範囲に及んだ、献身的反ナチ・レジスタンス活動のひとつは、「エーデルワイス海賊団」を称していた。今日では、レイマー・ライアンが「海賊ジャーナル」を書いている（Ryan 2006 を参照）。アナキストであるクライムシンク団のウェブサイトには、彼ら流のジョリー・ロジャーが張り巡らされている（http://www.crimethinc.com を参照）。メイヘム船長なる者は、「謀反万歳！（*Long Live Mutiny!*）」と称するパンフレットのなかで、「海賊戦術」の何がラディカルな組織化にこうも刺激を与えるのか、解き明かしている（Capt'n Mayhem n.d. を参照）。このラディカルな文化熱に魅せられる者は世界中におり、それはたとえば、サッカークラブ、「ザンクトパウリ」の海賊旗にかいま見ることができる（グーグルイメージ検索にかければすぐに出てきます）。あろうことか、「平和を求める海賊団」を名乗って大海原に漕ぎ出す連中だっている（http://www.piratesforpeace.com を参照）。勘違いはなはだしいのがかえって興味をかきたてる。学究色の強い者ですら、研究成果にどくろとクロスボーンを交えて、ラディカルなものにも理解があるということを示そうとしている。それは、「構成的想像力（*Constituent Imagination*）」のウェブサイトを訪れたことがある者ならば、誰だってわかることだ（http://constituentimagination.net を参照）。それに、海賊のことにはまったく触れないが、そのタイトルに海賊という言葉を用いた、ラディカルな知識人によるベストセラーがすくなくとも二つある。ノーム・チョムスキーの『海賊と帝王（*Pirates and Emperors*）』（中東におけるアメリカ帝国主義に関する著作）と、タリク・アリの『カリブの海賊（*Pirates of the Caribbean*）』（ラテンアメリカにおける左翼運動に関する著作）である。

無論、ジョリー・ロジャーはラディカルなウェブサイトだけを飾っているわけではない。むしろ、こっちのほうが圧倒的に多いのだが、赤ちゃんの靴下や、プラスチックの皿や、ビール缶のクーラーや、企業のおもちゃや、極悪バンドのCD、それに、神出鬼没の「オークランド・レイダーズ」の備品を飾っているのも言うまでもない。ラディカルな側からすれば、これは忸怩たる思いをする大きな源である。だって、「自分たちの」シンボルが勝手に商業化されているのだから。とはいえ、こんなことをあまり気に病む必要もないと思われる。黄金期海賊の政治的立ち位置の不安定さは、本書の主要トピックであった。ラディカルで革命的なものは、黄金期海賊文化のなかに確かに存在した。「容赦なし：アナキスト海賊ジン（*No Quarter: An Anarchist Zine About Pirates*）」の編集者も、「その脅威は、ハリウッドですら取り除くことができない」と、高らかに宣言している（n.d.: 2）。だが一方で、黄金期海賊は、無条件にラディカルで革命的だったと持ち上げることもできない。実は、海賊シンボルを不適切に用いているとラディカルな立場から批判してしまうと、その立場自体が危うくなってしまうのである。実際、多くの黄金期海賊も、自分たちの生き様を描いてくれる制作費数百万ドルの映画に出るほうが、やりがいを感じるようである。逆に、ぼろぼろの占拠空間《スクワット》の壁に海賊的しるしが貼られているのを見ても、あまりピンと来ないのではないだろうか。それに、海賊の栄華をだしに一稼ぎするのは、何も現代に限った話ではない。「製帆業者の夫をなくした女性は、ナッソーのあばら家で」ジョリー・ロジャーを縫いながら「糊口をしのいだ」という史実もあるのだ（Williams 1961: 153)。

畢竟、黄金期海賊は「我々」のものではない。だがその遺産は、我々が受け取るべきものである。黄金期海賊業のなかにあるラディカルな側面、革命的諸相を取り出して、現代のラディカルで革命的な政治学に活用しなければならない。そうした試みにこそ、解放があるのだ。黄金期海賊の所有権、「真の解釈」を主張しなければ、多くの陳腐な議論が避けられる。商船の船長より暴力的だったのか、乗船したアフリカ人は一味のメンバーだったのか、それとも奴隷だったのか、連中は反資本主義意識を持っていたのかなどなど。こんな議論は、たいてい最後には収拾つかなくなるのだ。むしろ我々が精力を傾けるべきは、我々の政治のなかで海賊に命を与えてやることによって、黄金期海賊業のラディカルで革命的な諸相を露わにさせることにある。おそらくこのプロジェクトも、少なくとも一部の海賊は気に入ってくれるだろう。単なる歴史の客体として命を長らえるなんてごめんだと、自由の火花を散らし続けた海賊たちならば、満足してくれること請け合いである。

黄金期海賊を無条件にラディカル・ポリティクスの理想像だとすることについては、本書を通して何度も繰り返して疑問符をつけてきた。その理由をまとめるとするならば、最大の問題が二つ浮かび上がってくる。

一、黄金期海賊には、広域的な倫理的視野、政治的視野が欠けていた。

結局海賊は、自分の幸せのことばかり考えていた。クリス・ランドいわく、海賊は、「新しい政治・経済秩序についてのビジョンを提示する」（Land 2007: 190）ことはなかった。こんなことを言い始めたら、「個人主義VSコレクティビズム／社会主義」という往年の議論に引き戻されてしまうのはいうまでもない。もっともここでそんな議論に立ち戻っても、ほとんど意味はない。とはいえ、みんなの生活が向上するような努力がなんらなされなかったという点は、ラディカルな政治運動としては受け入れがたい部分である。自己解放が大事だ（そうすればみんな付き従ってくる）と迫る個人主義的な解放理論の根幹には、個人と社会の徹底的な分裂があるのだが、こうした二項対立は、最終的には資本主義と国家の利益にしかならないものである。というのも、それは集団的営みを反故にしてしまうために、我々みなが解放されるのに必要な根本的社会変革がおこりえなくなるからである。個人は社会がないと存在できないし、その逆もまた然りである。個人的解放も、集団的解放も、どちらかが優れているというわけではない。二つは一つであり、同じものである。それを分けようとすると、我々の闘争は頓挫してしまう。黄金期海賊は、まさにその例にふさわしいかもしれない。

二、黄金期海賊の協業は、持続的対抗文化や、敵に対する効果的共同防衛を作り出すようなものではなかった。

黄金期海賊は、連帯と集団精神という共通の文化を持っていたが、これは具体的なネットワークとはならなかったために、権力の追っ手が迫ってきたら、その遍歴的《ノマディック》で、自由主義的で自立的なライフスタイルを維持できなかった。このことを説得力を交えて物語る歴史家が二人いる。長くなるが引用しよう。まずケニス・J・キンカー。

十八世紀の海賊は、自分たちが見切りをつけた社会に留まる被抑圧階級のサポートを得られず、全力を出し切ることができなかった。実体もつかめず、まとまりに欠ける船団が、てんでばらばらに散らばっていただけである。海賊は、絶縁状をたたきつけたまさにその社会を餌食にすることによってしか、生きていくことはできなかった。「完全には敵との関係を絶てなかったことが、南北アメリカのとんずら社会《マルーン》〔海賊社会を指す〕のアキレス腱であった」。秩序が保たれ、権力が一極化していたおかげで、陸上のとんずら社会《マルーン》が存続し、花開いたのは確かである。だが海賊業の最大の特徴かつ魅力は、自由だった。「鎮圧に終わるのみの無目的の反乱」に向かうよう宿命付けたの原因のひとつは、海賊自身の自由への渇望だったなんて、なんとも皮肉なことだ(Kinkor 2001: 204-205)。

マーカス・レディカーも、別の表現でこれと同じことをまとめている。

海賊は、知らず知らずのうちに、自らの破滅に拍車をかけていた。その始まりからして、海賊世界は脆弱な社会であった。海賊は何も生産せず、したがって経済秩序のなかに安定した席はもっていなかった。母国もなく、帰る場所もなかった。海賊は広範囲に散らばった。そのコミュニティは、実質的に地理的境界線がなかった。どれだけ試みても、一味のメンバーを集めたり、集団的力を結集するための確実な仕組みを形成することはできなかった。海賊の社会組織にはこのような欠陥があったために、結局は一ひねりのうちに鎮圧されてしまったのである（Rediker 1987: 285）。

ここでもう一度ゲリラ戦の理論家に立ち戻ってみると、理解が深まる。海賊的状況を、チェ・ゲバラや毛沢東の見解と比べてみよう。ゲバラいわく、

ゲリラ軍には、ある地域や国のすべての民が参加する。これこそがゲリラ隊の強さの秘密であり、そのために、権力がどれだけ鎮圧を試みようとも、最終的にはこちらが勝利するのである。つまり、ゲリラの基地と拠点は民そのものである。小さな武装集団は、どれだけ機動性に優れ、土地勘があろうとも、この力強い支えがなければ、装備の整った軍による、連携の取れた掃討作戦を逃れることはできない。その証拠に、盗賊や山賊団は、みな最後には中央権力にひれ伏したのだ（Guevara 1987: 288-289）。

毛沢東いわく、

ゲリラの根本的特質として、ゲリラは後部を持たずに戦争を戦わなければならないが、だからといって、何らかの拠点を展開しなくとも長期間活動を続けられるというわけではない。歴史は、失敗に終わった一揆の例を数多く示している。そうした略奪や追いはぎで成り立っているような運動が、通信手段と軍事技術が発達した時代にも適応できるとするのは大きな勘違いである（Mao 1962: 77. なお毛沢東は「農民」一揆と特定しているものの、ここでの議論は黄金期海賊の状況との総体的な比較を意図したものなので、ここでは頭の「農民」という言葉は省略した）。

海賊が権力の攻撃を食い止めることができなかった理由だとされてきたのは、社会組織の欠如だけではない。エドワード・ルーシー・スミスは、唯一人だけこんなことを主張する。「大スケールの海賊行為の長期間の続行を妨げたのは、海賊社会の根幹にある弱点であって、権力がうまく立ち回ったからではない。おそらく、監獄に入ったり縛り首になる者より、酒の飲みすぎや病気で死ぬ者のほうが多かったはずだ。船も、捕まったり沈んだりするのではなく、座礁のほうが多かった」(Lucie-Smith 1978: 210-211)。ジョンソン船長の『海賊列伝』に書かれた事実も、このことを雄弁に物語っていると思われる。ある海賊団は、「伝染病を患ったために、船長と一味三十人」（『海賊列伝　下』、三六四頁）を失ったとされる。また別の海賊団は、「不摂生のために一味七十人を失った。長らく新鮮な糧食がなかったところに、たらふく食べ、トケ（蜂蜜から作る酒）を飲みすぎ、女性ともやりたい放題交わった結果、高熱にかかり、死んでしまったのである」(同、三三一頁)。

マーカス・レディカーはもうひとつの観点を提示して、なぜ黄金期海賊が長期間持続するコミュニティを形成できなかったのか、その原因を解き明かそうとしている。些細なことかもしれないが、説得力がある。「船上での女性の役割を制限した結果、コミュニティとして再生産していくのが困難になり、その結果、国家側からすれば、猛攻撃を仕掛けるのが容易になったのである」(Rediker 2001: 316)。これは、ホブズボームによるハイドゥックの評価と重なる部分がある。「ハイドゥックはつねに自由な人間であった。しかし典型的なバルカン・ハイドゥックは、自由なコミュニティを形成していたわけではなかった。というのは、本来、親族に別れを告げた個人の自発的同盟であるセタ(集団)は、その当然の成り行きとして、妻や子どもや土地をもたぬ変則的な社会集団であったからである」(『匪賊の社会史』、一一五―一一六頁)。

それに、黄金期海賊には持続可能な経済のビジョンがなかった。クリス・ランドによれば、「黄金期海賊は、別の経済のビジョンを持ってなかったようだし、海賊蜂起も、それによって大西洋貿易に止めを刺してしまっていたら、失敗に終わっていただろう」(Land 2007: 190)。結論として、ビジョンの不在が海賊の「反資本主義」活動を失敗させた原因であるとされる。「海賊は、ヨーロッパ植民地国家の力を覆すようなことをしたわけではないし、世界的な資本蓄積の流れに掉さしたわけでもなかった」(ibid.)。

しかし、本書で一貫して主張してきたことでもあるが、仮に黄金期海賊をラディカルな模範とみなすことができないとしても、それはかならずしも、海賊が現代のラディカルな政治から見て顧慮に値しないというわけではない。むしろ黄金期海賊は、それにさまざまなかたちで刺激を与えてくれるはずである。

一、黄金期海賊はインスピレーションの源。

ホブズボームいわく、盗賊が「近代の革命に貢献したのかどうかはあいまいで疑わしく、貢献したとしても一時的でしかなかったのは悲劇であった。なぜなら盗賊は、モーセよろしく、約束の地のありかを見つけただけに過ぎないのである」（『匪賊の社会史』、九十三頁）。だが、それがどうして悲劇だといえるのか。「約束の地のありかを見つける」力は、必ずしも悲劇的だとはいえない。むしろ、それは驚くべき成果に違いない。マーカス・レディカーが簡潔にまとめているように、海賊とは「勇敢にも別の生き方を想像し、勇気を出してそれを試した者」（Rediker 2004: 175）のことである。こうした冒険にインスピレーションをかき立てる契機がなかったとしたら、どこにその契機があるというのか。フランク・シェリーの結論は、的を得ているといえる。「明らかに、マダガスカルやニュー・プロヴィデンスの追いはぎ団は、今なお私たちに語りかけている。何世紀も向こうからだけど、こんなことをしゃべっている。『自由に生きる機会を奪われたとしたら、この手で作るまでだ。変なかたちで、美しくも、理想的でもないかもしれないが、それが俺たちの自由だ』」（Sherry 1986: 365）。アントン・ジルも、カンペチェ湾のログウッドのきこりに魅せられたウィリアム・ダンピアについて、非常に鋭い分析を加えている。「彼らは自由人であった。ダンピアの心を奪ったのは、生き方そのものではなく、生き方を選ぶ自由だったのだ」（Gill 1997: 42）。

二、黄金期海賊の社会組織の形態には、革命的組織化のヒントがある。

エリック・ホブズボームが認めるように、「盗賊の穏やかかつ過激な社会的目標が、真正の革命運動へと」変わりうる場合が「二つ」ある（『匪賊の社会史』、二十四頁）。ひとつは、盗賊が、「レジスタンスのシンボル、尖兵」（同頁）となる場合。二つ目は、「平等、友愛、自由の世界、つまり、邪悪なきまったく新しい世界を人に夢」見させる場合である（二十五頁）。

黄金期海賊もシンボルとなり、新しい世界の夢を見させている。したがって今日のラディカルは、こうした契機にもっと弾みをつけなければならない。

そうした契機は、黄金期時代、三つの様相において、もっとも具体的なかたちとなって現われた。ひとつは反権威主義。上述したように、そうした「始原個人主義的アナキスト精神を心に宿した海賊は、政治空間をアナキズム原理の組織と祝祭に作り変えた」（Snelders 2005: 204-205）のである。二つ目は拒否。それはホブズボームの社会盗賊が雄弁に物語っているだろう。「盗賊はアウトサイダーかつ反乱者であり、貧困のゆえに通常果たさねばならぬ役目を拒否した人間である。そして自分の自由を、貧乏人が手にしうる手段、つまり腕っぷし、勇敢さ、抜け目なさ、決断力のみで築いたのである。これによって、盗賊は貧者と結び付けられ、その一員となるのである」（『匪賊の社会史』、一三三―一三四頁)。そして三つ目が、内部の民主主義と平等主義である。それによって、「しがない船乗りを取り囲むおぞましい生活環境に対する、別の可能性」(Snelders 2005: 3) が生まれた。レディカーはこのことを以下のようにまとめている。

十八世紀初頭の海賊船は、「転倒した世界」だった。みなが合意したおきてによって、それは生まれた。またそれによって、海賊的社会秩序についてのルールと決まりが形成された。海賊は正義に基づいて裁き、高級船員を選出し、略奪品を平等に分配し、別の規律を編み出した。船長の権力は制限され、廻船業界で行われていた慣習の多くは唾棄され、多文化的、多人種的、多国籍的社会秩序が維持された。海賊が示そうとしていたのは、船は必ずしも、商船や海軍のように、野蛮で抑圧的な規律を用いて動かすものではないということであった (Linebaugh and Rediker 2000: 162)。

これら三つは、政治的に極めて大きな意義がある。ところでホブズボームは、盗賊は「中心的武力集団、すなわち政治勢力となった」(『匪賊の社会史』、一三五頁) としている。だからこそ海賊の政治的意義は計り知れないし、また、当時の権力の反応にもそれは表れている。たとえ商業的利益の保護が、海賊撲滅運動に乗り出す主要な動機だったとしても、そこには別の意味も隠されていた。黄金期海賊は政治的脅威ともなったのである。その理由のひとつは、事業の根深い政治性にある。そのために海賊の商船攻撃は、ジャニス・E・トムスンいわく、「露骨に国家の制度を用いて、財産と規律労働を保護しようとするたくらみに対するプロテスト」(Thomson 1994: 46) として受け止められた。だがそのもうひとつの理由は、黄金期海賊が別の生き方は可能だということを示してしまったからであった。マーカス・レディカーによれば、「自立した生き方を築き、それを愉快に楽しむ海賊を見るに見かねた権力は、奴らの息の根を止めてやろうと、躍起になった」(Rediker 2004: 176) ようである。

三、黄金期海賊の反乱に顔を覗かせるリビドー的なものは、いつの時代も、解放政治学に欠かすことはできないものである。

海賊プロテストに見られるこうした欲望は、ニーチェの生気論やディオニュソス的哲学と密接な関連がある。それは、何らかの急進運動が、組織を維持して同志を増やそうとする際に、無視できないものである。スティーヴン・スネルダーズは、それを的確に言い表している。「海賊行為という社会反乱は、ボニーとクライドの、本能と暴力の社会反乱を髣髴とさせる。どちらとも、敵をやっつけるのと同じぐらい、良質なときを過ごすことを大切にしたのである」(Snelders 2005: 3)。

四、背景に黄金期海賊の実像、活動、伝承、イメージを控えておくと、現代政治に対し、いろいろなかたちでラディカルな介入ができるようになる。

クリス・ランドの小論「黒旗を掲げて」は、黄金期海賊業と現代政治アクティヴィズムを結びつけ、そこから商業的なものを取り除いたすばらしい論文である。ランドは指摘する。「海賊行為は、実行されずに消費されている限り、資本主義にとっては屁でもない。しかしもし群集が実際に海賊業を始めたら、ディズニーが一番最初にプッツンするだろう」（Land 2007: 171）。今日では、「より敵対的で、より蜂起精神にあふれた海賊像」（ibid.）や、「転覆の伝統」（Linebaugh and Rediker 2000: 173）がそこかしこに見られる。それはつまり、「海賊の政治的遺産が脈々と継承され、その結果それが、現代のラディカルで、反資本主義的で、アナキスト的な反体制文化の展開に多大な功績を残してきた」（Land 2007: 190）ということでもある。五つ例を挙げよう。

A. 一時的自律空間という強固な伝統が存在する（ハキム・ベイ『一時的自律ゾーン』）。黄金期海賊は、ほかの誰よりもこうした空間の形成に関係してきた。今日そうした伝統の存在は、アングラ社会センター、占拠《スクワット》空間、過激《ラディカル》地区、オープン・サイバースペース、自覚的コミュニティ、自律的ワークショップ、先住民の自律社会、自由フェスティバル、遍歴旅行者集団などのなかに確認できる。これらすべてが、「自由と平等と調和と潤沢」（Rediker 2004: 175）の生は、少なくとも一時的には可能であるということを実験的に証明している。まさに黄金期海賊がやったように。それらは「神話の一部を現実化している、たとえそれがつかのまのあいだであろうと」（ibid.）。

B. 資本主義に反対の声を上げる世界中の人々は、正しく海賊的シンボルを取り入れ、搾取、抑圧、経済的不正義のシステムには協力するものかという意志を示している。たとえば二〇〇五年のグレンイーグルスでの反G8運動では、様々な種類のジョリー・ロジャーが所狭しとはためいており、オーガナイズ・ネットワークである「ディセント！」の半ば非公式なシンボルと化していた(Land 2007: 188)。

C．著作権侵害が海賊行為と呼ばれるのも偶然ではない（靴入れ〔転じて密輸入〕（*bootlegging*）という言葉も、長らく海賊を指すものとして用いられてきた。たとえばフィリップ・ゴス（1924: 19）は、その語源となった、二〇世紀初頭のラム密売業者（bootleggers）のことを、「海賊の後継者と呼ぶにふさわしい」と考えている）。著作権を侵害する者たちは、黄金期海賊がやったように富を奪い返し、再分配しているからである。クリス・ランドは、あるアイロニーの存在を指摘する。つまり、「カリブの海賊の商業化に躍起になっている娯楽産業界は、現実の海賊行為にもっとも神経を尖らせている者たちでもあるのである」（Land 2007: 185）。残念ながら多くの著作権侵害は、自己本位で経済的な目的からなされており、政治的意識には欠けている。したがって、そのこと自体に革命的契機が秘められているとは言いがたい。だが、政治意識のある著作権侵害もある以上、著作権海賊という言葉にラディカルなものが秘められているのも間違いない。

こうした点での先駆的集団として、スウェーデンの「ピラトビラン（piratbyrån）」とその分派団体である「海賊湾（The Pirate Bay）」がある（http://www.piratbyran.org と http://www.thepiratebay.org を参照）。だが海賊的先制攻撃を脅威に感じた権力によって、法的障害と技術的防壁は強固になっていくばかりである。このスウェーデンの活動家の弾圧の引き金を引いたのも、娯楽産業（「海賊行為は犯罪です」という映画のトレーラーで名声を博している）である。このことは、「盗め、この映画を（*Steal this Film*）（第一部）」というドキュメンタリー映画に詳しい。彼らは大衆の共感を買って止まない。それに二〇〇九年六月、スウェーデンの有権者は、ファイル共有の合法化を公約に掲げる中道左派政党の海賊党を、ブリュッセルのEU議会に送り込んでしまった。海賊党は、七・一パーセントという、人々の圧倒的な支持を獲得してしまったのである。

D．著作権海賊こそ、経済という問題において黄金期海賊を持ち出すのは間違いでないと証明する、唯一の現代アクティヴィスト集団である。いわゆるフリーガン運動は、あふれ出た資本を、さらなる生産と消費のサイクルに向かわせるのではなく、持続可能なもののための資源とすべきだと唱えている（http://www.freegan.info を参照）。同様の提言は、アナキストのオープン・ネットワークである、クライムシンク（CrimethInc.）・プロジェクトの賛同者のなかにも見られる。彼らは、日常生活を変えることにこそ革命的な可能性があると考える人々である（http://www.crimethinc.com を参照）。クライムシンクが発行した匿名旅行記、『逃避（*Evasion*）』は、ある反消費主義者の男の子の、無賃乗車とヒッチハイクによるアメリカ旅行をつづった旅絵巻である。この巻物は、そのなかに示される「戦闘的無職」なる概念を信奉する多くの連中にとって、決定的な書物となっている。ところでフリーガンとクライムシンクの賛同者たちは、「革命的」どころか「寄生的」だというレッテル貼りに、長い間悩まされている。そうしたふるいわけにも一理あるが、「寄生経済」をラディカルに適用したら、革命的可能性が生まれるかもしれない以上、結論を急いではならない。それは、政治意識というフレームを与えられたら、より広い革命闘争の枠組みのなかでの、実用的で、なおかつ倫理的にも妥当なサバイバル・テクニックとなるからである。そうしたライフスタイルが保証する自由な時間とエネルギーは、このシステムそのものを弱体化させると同時に、新しい生き方を作り出していくものでもある。そうなると、遊びと革命を融合させる方法がたくさん発明されるかもしれない（それは必ずしも両者の取り違えではない）。なんて海賊的な生き方ではないだろうか。寄生的な生き方が引き起こす問題ははっきりしている。自堕落にふけり、他者をはねつけて、停滞に陥ることである。しかし、ゴミ箱あさり、万引き、反企業詐欺——これらは戦闘派《ミリタント》フリーガンのライフスタイルになくてはならないものである（もっとも多くのフリーガンは違法行為に手を染めないが）——を頭ごなしに否定し、対資本主義の戦いとは「無関係」だと決め付けると、黄金期海賊の商船攻撃も、それとは無関係だと認めてしまうようなものである。我々のアクションのせめてインパクトだけは（黄金期海賊のインパクトは間違いなくはるかに巨大だった）、評価に違いがあってはならない。

E．社会的記号空間や公共空間に対して、「海賊的に」介入している例は、様々にある。もっとも有名なのは海賊ラジオだろう。ロン・サコルスキーは、『電波をつかむための自由ラジオ教本（*Seizing the Airwaves: A Free Radio Handbook*）』のイントロダクションで、「ミクロ権力としてのラジオ界で議題に上る、

『海賊』という呼び名の問題」に触れる際に、それは的を得ていると、説得力を交えて解き明かす。

個人的には、一度も海賊という言葉に反対したことはない。銀行が私的に貯えた金は、富の平等な分配の結果などではない。それと同様、現在の電波の少数寡占状態も、公共資源の公平な分配の結果ではない。である以上、現在一般に使われているラジオ海賊という言葉は、持つ者から持たざる者への資源の再分配を暗示する、ポジティブな詩的隠喩なのであると、私は言いたい（Sakolsky 1998: 9）。

海賊行為にとって、空間《スペース》はつねに重要な問題である。黄金期海賊の例も、自由への手段たる空間を守ることがいかに重要であるかを示している。もちろんそれは、上空《エアスペース》も同じことである。そこを統制しようとする権力に抗うラジオ海賊は、間違いなくラディカル・ポリティクスに甚大な貢献をしているはずである。これと同じ、空間を奪い返すという意味での有効な「海賊戦術」を用いているのは、グラフィティ・ライター、もう少し一般的に言うと、路上アーティストである。たとえば、ジョッシュ・マクフィーの『ステンシル海賊（*Stencil Pirates*）』という秀逸な収集作品を参照して欲しい。

以上に挙げた遺産の例は、現代のものに過ぎない。だがクリス・ランドの言うように、黄金期海賊のなかには「つねに蜂起の可能性が秘められていた。それはこの三〇〇年間、さまざまな舞台装置のもとで現勢化してきたのである」(Land 2007: 190)。マーカス・レディカーは、こうした見解の正しさを例を挙げて示している。

船乗りのヒドラ政は、一七二〇年代に敗北した。首は散らばった。しかし完全に死んだわけではなかった。海洋ラディカリズムのはかない蛇《じゃ》の伝統は、何度もことあるごとに首を覗かせた。デッキの下で静かににょろにょろと蛇行して、ドックを抜けて浜に降り、頃合いを見計らってもたげたかま首は、予期せぬ反乱、ストライキ、暴動、都市蜂起、奴隷反乱、そして革命へと噛み付いていったのである(Linebaugh and Rediker 2000: 173)。

ラディカルたちは、ブルジョワ的、商業的な黄金期海賊の搾取に臆することなく、ジョリー・ロジャーを高らかに掲げることができる。それに必要なのは、ふさわしい掲げ方を知ることだけである。

海賊文献についての注記

黄金期の海賊史に興味があるラディカルな諸氏には、最も重要な著作として、マーカス・レディカーの『全世界の敵：黄金時代の大西洋海賊（*Villains of All Nations: Atlantic Pirates in the Golden Age*）』が挙げられる。ここには、若干の手は加えられているものの、レディカーの以前の研究業績の多くが盛り込まれている。すなわち、『悪魔と深海の板ばさみ：商人、海賊、そして英米海洋世界 一七〇〇―一七五〇（*Between the Devil and the Deep Blue Sea: Merchant Seamen, Pirates and the Anglo-American Maritime World 1700-1750*）』（１９８７）や、『多頭のヒドラ：船乗り、奴隷、庶民、そして大西洋に隠された革命の歴史（*The Many-Headed Hydra: Sailors, Slaves, Commoners, and the Hidden History of the Revolutionary Atlantic*）』（２０００、ピーター・ラインボーとの共著）のなかの海賊に関する章が土台となっている。そして、いくつかのアンソロジー作品に掲載された論文も下敷きになっている。『悪魔』と『ヒドラ』はどちらも、黄金期海賊業をより広い社会的文脈でとらえるためには、計り知れないぐらい重要な作品である。『悪魔』のほうは、十七世紀、十八世紀の海洋文化という点から、『ヒドラ』のほうは、カリブ海、南北アメリカの植民地資本主義パラダイムに抗した画期的コミュニティがあったという観点から、分析をしている。

非ラディカルな海賊歴史書で、黄金期に関して重要な項があり、なおかつ特に挙げるべきだと私が思うのは、三作品ある。ロバート・C・リッチーが『キッド船長と対海賊戦争（*Captain Kidd and the War against the Pirates*）』（１９８６）で提示した分析――もっとも焦点となっているのはウィリアム・キッド船長なのだが――には、瞠目すべき部分が多い。デヴィッド・コーディングリーの『海賊的生活の夢と現実（*Life Among the Pirates: The Romance and the Reality*）』（１９９５）は、黄金期海賊業の民衆的遺産を綿密に研究している。ピーター・アールの『海賊戦争（*The pirate Wars*）』（２００３）は、海事審判所の記録を主な手がかりとして、多くの貴重な資料をまとめている。だが、どんなかたちで黄金期海賊研究をしようと、最重要資料となるのは、もちろんジョンソン船長の『海賊列伝（*General History*）』（１７２４―１７２６）（朝比奈一郎訳）である。

海賊行為の時代考証を踏まえた、挿し絵・図録が満載の卓上用大型豪華本も、いくつかある。そのなかでも一級品は、おそらくダニエル・ボティングの『海賊（*The Pirates*）』（１９７９）や、デヴィッド・コーディングリー＝ジョン・フォルコナーの『史実とフィクションのなかの海賊（*Pirates: Fact and Fiction*）』（１９９２）や、デヴィッド・F・マーリーの『海賊、公海の冒険者（*Pirates: Adventurers of the High Seas*）』（１９９５）や、アンガス・コンスタムの二作品、『海賊の歴史（*The History of Pirates*）』（１９９９）（二〇〇七年に改版された際のタイトルは『海賊、海の略奪者〔*Pirates: Predators of the Seas*〕』）と『海にはびこったバカニーア、海賊、私掠者（*Scourge of the Seas: Buccaneers, pirates and privateers*）』（２００７）である。

いくつかの海賊アンソロジー集には、黄金期に関する重要な論考がある。本書にとって特に役立ったのは、『図説　海賊大全（*Pirates: Terror on the High Seas from the Caribbean to the South China Sea*）』（増田義郎ほか訳）と、C・R・ペネル編『海の盗賊：海賊読本（*Bandits at Sea: A Pirate Reader*）』（２００１）である。後者には、ラディカルな読者にとって特に重要な論考が収められている。わけても挙げるべきは、アンヌ・ペロタン・デュモンの「海賊と帝王：権力と海洋法　１４５０―１８５０（The Pirate and The Emperor: Power and the Law on the Seas, 1450-1850）」、ジョン・L・アンダーソンの「海賊行為と世界史：海上略奪行為の経済的分析（Piracy and World History: An Economic Perspective on Maritime Predation）」、ケニス・J・キンカーの「黒旗のもとに集まった黒人（Black Men under the Black Flag）」などである。C・R・ペネルの「本書に捧げるイントロダクション：海賊を読み解くために（Introduction Brought to Book: Reading about Pirates）」は、英語による海賊文献を包括的に網羅している。もうひとつ、アンヌ・ペロタン・デュモンのお勧めできる論考は、「小アンティル諸島のフランス人、イギリス人、オランダ人：私掠から入植まで　１５５０―１６５０（French, English and Dutch in the Lesser Antilles: from privateering to planting, c. 1550--c. 1650）」である。これは、『カリブ通史（*General History of the Caribbean*）』の第二版に収録されている。

フィリップ・ゴスの『海賊紳士録（*The Pirates' Who's Who*）』（１９２４）と、『海賊の世界史（*The History of Piracy*）』（１９３２）（朝比奈一郎訳、中公文庫、上下巻）は、二〇世紀初頭の海賊研究がどういうものだったのか、よく分かる（それにしゃれた言い回しが多い）。ネヴィル・ウィリアムズの『極悪船長による海賊行為の七世紀（*Captain Outrageous: Seven Centuries of Piracy*）』（１９６１）は、当時の海賊史編纂の格好のお手本となった。

ジョン・フランクリン・ジェイムスン編集の『植民地期における私掠と海賊行為に関する実証資料（*Privateering and Piracy in the Colonial Period: Illustrative Documents*）』（１９２３）には、裁判所の議事録や新聞記事などの、海賊史研究に欠かせない重要な史料が掲載されている。

海賊伝説に興味のある諸君は、ハワード・パイル著でマール・ジョンソンが一冊にまとめた『海賊本：カリブ海のバカニーアと黄金期海賊に関するフィクション、事実、夢（*Book of Pirates: Fiction, Fact and Fancy Concerning the Buccaneers and Marooners of the Spanish Main*）』（１９２１）に目を通すのがよかろう。パイルの著作は、二〇世紀の海賊イメージの形成にもっとも大きな影響を与えたもののひとつである。

黄金期海賊に関する書物で、定評を得ているものはたくさんあるが――「中身というより著者の文才が作品の品質を高めている」（Burg 1995: 196-197）ものもあるが――、私個人としては、特にフランク・シェリーの『海賊黄金期の略奪者と反逆者（*Raiders and Rebels: The Golden Age of Piracy*）』（１９８６）が面白かった。それは、明らかにマダガスカルの海賊村を高く買いかぶりすぎているし、政治的用語の使い方がどうも胡散臭いし、ときどきメロドラマっぽいクサい言葉を用いている気がしないでもないが、研究の土台はしっかりしており、なんといっても読んでいてワクワクする。ほかに薦めるとしたら、エドワード・ルーシー・スミスの『海に追放された者たち：海賊と海賊行為（*Outcasts of the Sea: Pirates and Piracy*）』（１９７８）が挙げられる。研究方法には、シェリーよりもはるかに政治プロパガンダが少なく、論旨の展開も見事である。また、海賊という現象に関して興味深い考え方も提示されている。コリン・ウッダード著、『海賊共和国（*The Republic of Pirates*）』（２００７）のなかでも、貴重な事実が明らかにされている。とりわけ、一七一六年から一七一八年にかけての大海賊基地だったニュー・プロヴィデンスが、どういう役割を果たしていたのかについて。

バカニーアの歴史に関しては、原資料に取って代われるものはほとんどなさそうだ。現在に至るまで、バカニーアの生き方を明るみにしたものはほとんどない。バカニーアに関するほとんどすべての歴史物は、エクスケメリンの『カリブの海賊（*The Buccaneers of America*）』に頼っている始末だし、それ以外にあるとしたら、ウィリアム・ダンピアやバジル・リングローズやラヴノー・ド・リュサンの残した記録を少しばかり取り上げているに過ぎない。状況は、ジョンソン船長の記録にすがっている黄金期海賊の歴史よりもはるかにひどい。おそらくもっとも的確にまとめているのは、Ｃ・Ｈ・ヘアリングの『十七世紀西インド諸島のバカニーア（*The Buccaneers in the West Indies in the Seventeenth Century*）』（１９１０）だろう。もっとも、もっとコンパクトなＰ・Ｋ・ケンプ＝クリストファー・ロイドの『浜辺の兄弟と呼ばれた南洋のバカニーア（*The Brethren of the Coast: Buccaneers of the South Seas*）』（１９６１）でも、ぜんぜんためになる。短いけれども包括的に全体像が見渡せるようになる、アンガス・コンスタムの『バカニーア（*Buccaneers*）』（２０００）も、非常にオススメだ。オランダの私掠者やバカニーアにピンポイントで興味がある諸氏は、ヴァージニア・Ｗ・ランスフォードの『黄金期オランダの海賊行為と私掠業（*Piracy and Privateering in the Golden Age Netherlands*）』（２００５）を読めば、その資料の見事なそろい方に驚くばかりであろう。もっともこの本は、主に研究者を対象としているが。

特別な問題関心の分野としては、R・B・バーグの『男色と海賊のしきたり：十七世紀カリブ海のイギリス人海賊（*Sodomy and the Pirate Tradition: English Sea Rovers in the Seventeenth-Century Caribbean*）』（1983）が、批判も多いけれども面白い本である。ハンス・ターリーの『ラム、男色、鞭打ち：海賊行為、セクシュアリティ、男性性（*Rum, Sodomy and the Lash: Piracy Sexuality and Masculine Identity*）』（1999）のほうが、はるかに綿密な研究書であるが、アカデミックなジャーゴン（難語）満載である。ポール・ガルヴィンの『略奪類型：スペインの統治権が及ぶアメリカ大陸に挟まれたカリブ海で展開された、海賊行為の全体像　1536—1718（*Patterns of Pillage: A Geography of Caribbean-Based Piracy in Spanish America*）』（1999）は、おそらくもっとも過小評価された海賊研究書のひとつである。カリブ海の略奪行為に精通する大家でも知りえないような多数の貴重な情報を提供している以上、もっと評価されてしかるべきだ。ジャニス・E・トムスンの『傭兵、海賊、国王：初期近代ヨーロッパにおける国家形成と領域外への暴力（*Mercenaries, Pirates and Sovereigns: State-Building and Extraterritorial Violence in Early Modern Europe*）』（1994）は、海賊行為と商業と国家とのつながりを注意深く分析している。女性の海賊に関しては、ウルリケ・クラウスマン＝モニカ・マインツェリンの『海賊女子（*Women Pirates*）』が、先駆的かつ挑発的な研究である。もうひとつ挙げるとしたら、黄金期を対象としてはいないが、ジョン・C・アップルビーの論考、「アイルランドにおける女性と海賊行為：グレイヌ・オマリーからアン・ボニーまで（Women and Piracy in Ireland: From O'Malley to Anne Bonny)」がある。『海の盗賊（*Bandits at Sea*）』に所収。

「ラディカル海賊学」の領域に関して必読文献を挙げるとするならば、レディカーの研究を除いて、クリストファー・ヒルの論考、「ラディカルな海賊？（Radical Pirates?）」（１９８４）（ヒルの『法に反する自由：いくつかの十七世紀の論戦（*Liberty Against the Law: Some Seventeenth-Century Controversies*）』〔１９９６〕にも、海賊行為に関する重要な言及がある）や、ピーター・ランボーン・ウィルソンの『海賊ユートピア』（これは北アフリカのバーバリー海岸の海賊行為に焦点を当てたものだが、海賊現象一般について示唆に富む分析も数多いし、特に黄金期海賊業に関してはなおさらである）や、スティーヴン・スネルダーズの『悪魔のアナーキー（*Devil's Anarchy*）』（２００５）（ここには、オランダ人私掠者やバカニーアの貴重な生《なま》の資料もある）や、アナキスト雑誌「*Do or Die*」（Vol. 8, 1999）に所収の「海賊ユートピア：死亡王の旗のもとで（Pirate Utopias: Under the Banner of King Death)」や、クリス・ランドの「黒旗を掲げて：『黄金期』における反乱、革命、海賊行為の社会的組織構造（Flying the black flag: Revolt, revolution and the social organization of piracy in the 'golden age')」（*Management and Organizational History* 2, no. 2, 2007）がある。ランドの論考は、現代のラディカルな運動をさまざまな点で黄金期海賊業になぞらえており、刺激的なものである。もうひとつ、ラディカルな研究者のあいだでたびたび参照される論考に、Ｊ・Ｓ・ブロムリーの「海の悪党　１６６０—１７２０：カリブの海賊の自由、平等、友愛（Outlaws at sea, 1660-1720: Liberty, Equality and Fraternity among the Caribbean

Freebooters)」があるが、正直言って、私には退屈な感じがした。ハイナー・トライネンとルディガー・ハウデという二人のドイツ人研究者による著作も、本書にとっては非常に重要なのだが、残念ながら英語で読めるわけではない。ウィリアム・バロウズの『ゴースト（*Ghost of Chance*）』（１９９１）（山形浩生訳）と、キャシー・アッカーの『海賊王プシー（*Pussy, King of the Pirates*）』（１９９６）は、海賊というテーマを翻案した文学作品であり、読んでいくうちに引き込まれてしまう。最後に、ラディカルな海賊愛好者みなが手軽に楽しめる読み物は、カナダのカルガリーから来航する、「容赦なし（*No Quarter*）」という小雑誌《ジン》である。

訳者あとがき

本書は、Gabriel Kuhn, *Life Under the Jolly Roger.* Oakland: PM Press, 2010. の全訳である。なお、凡例にも触れたことであるが、原書にある索引は省略した。

クーン著書の日本語訳は、これが二冊目である。*Soccer vs. The State: Tackling Football and Radical Politics.* Oakland: PM Press, 2011. という本が、『アナキストサッカーマニュアル』というタイトルで現代企画室から二〇一三年に出版されている。以下にガブリエル・クーンのこれら以外の主な著書を紹介する。

Neuer Anarchismus in den USA: Seattle und die Folgen. 2008.
Sober Living for the Revolution: Hardcore Punk, Straight Edge, and Radical Politics. ed. 2010.
Gustav Landauer: Revolution and other Writings. ed./trans. 2010.
All Power to the Councils!: A Documentary History of the German Revolution of 1918-1919. 2012.
Tier-Werden, Schwarz-Werden, Frau-Werden. 2005.
Jenseits von Staat und Individuum. 2007.
Vielfalt - Bewegung - Widerstand. 2009.

著者ガブリエル・クーンは、極めて異色な経歴を持つライターである。大学院で博士号を取りながら、なおかつサッカーのセミプロとして活躍したこともあるライターはそうはいないだろう。彼は先ほどの『アナキストサッカーマニュアル』のなかで、そうしたサッカーをめぐる個人的来歴を「まえがき」で語っている。また、彼は二〇〇八年の北海道・洞爺湖サミットの反対運動の際に来日して日本のサッカー活動家と交流し、その様子を日本の活動家が座談会形式で「日本語版あとがきにかえて」にまとめている。そこで、ここでは『アナキストサッカーマニュアル』の「まえがき」や「日本語版あとがきにかえて」を参照しながら、ガブリエル・クーンの素顔を明らかにしていこうと思う。

少年ガブリエルは、一九七二年、オーストリアのインスブルックに生まれ、チロル州のユースチームでサッカーを覚えた。彼は小さいころからプロのサッカー選手になるのが夢で、サッカーオーストリア代表の選手たちが彼のヒーローだった。サッカーに対する情熱は高まるばかりだった。

幸運なことに彼は、子どものころからの憧れであったサッカーのセミプロの選手になることができた。一九八七年、十五才の彼は、オーストリアのFCクーフシュタインという2部リーグのセミプロチームにキーパーとして選手登録された。このときの経験は、彼にとって大きなものとなった。

だがその二年後、高校を卒業したとき、彼はサッカーを辞めるつもりでいた。そのとき彼は、ラディカルな政治に興味を奪われるようになっていた。そこで得た新しい考え方は、今まで経験してきたサッカー界とはさまざまな点でぶつかるものだった。だが学生として金を稼ぐにはサッカーをするほうがウェイターをするよりも楽しいと知り、半年後にサッカーの元へ舞い戻った。

十八歳で正式にクラブでプレーし始めたときには、1部クラブの目に留まることを期待していた。

武装ゲリラ闘争やスクウォット（無断占拠）、アナキズムに心惹かれるようになっていたとはいえ、サッカー選手になりたいという子どものころからの夢は潰えていなかった。しかし翌シーズン、ふとしたことがきっかけで控えに回されるようになると、ポジションを奪い返そうとする代わりに、給料を受け取るためだけに練習に顔を出すようになった。そして一九九二年の夏、彼はセミプロのサッカー選手としてのキャリアを永久に放棄した。

それからの十年間は、世界各地で即席サッカーをプレーした。ブルキナファソではトタン小屋の家で、中国では質素なモーテルで、ニュージーランドではアクティビストたちの家でサッカーを観た。一九九四年に渡米してからは、約十年間、バスケットボールをプレーした。その間、一九九六年にはインスブルック大学から哲学の博士号を授与された。もうサッカー選手になろうと思っていたころの話をすることは滅多になくなっていたけれども、自己形成に大きな影響を与えていたのがサッカーであることは否定しがたかった。

その後ガブリエルは、アナキスト系のライターとして知られていくことになる。自身で設立した「アルパイン・アナキスト・プロダクション」という出版社で本も出すようになった。現在はスウェーデンのストックホルムに居を移し、著作活動を行っている。二〇〇八年の北海道・洞爺湖サミットの際には、活動家として来日し、「アンチG8ワールドカップ」に興じた。

本書の内容について、このあとがきで著者の議論を反復する必要はないだろう。著者は「まえがき」で今日における海賊研究の意義を明らかにしている。著者によれば、海賊というモチーフ、および海賊旗はただ単にファッションとして機能しているだけではない。それは政治運動が結集すべき地点ともなりうるものであり、それが喚起するイマジネーションは、未来に対して新たな地平を切り開くものである。つまり海賊とは、ただ単に歴史上の一現象ではなく（そして実際に今日の世界でも海賊は跋扈している）、象徴的次元で未来に対する計り知れない可能性を秘めたものである。本書が探求する海賊は、黄金期海賊と呼ばれる一七〇〇年前後数十年間に世界をまたにかけた西ヨーロッパの海賊であり、現代の日本に暮らす我々にとってはまるで関係のない出来事かもしれない。だが彼らの生き様の中には、我々の心を打つ何かがあるはずである。それをどのように受け取るかは我々しだいだ。少なくとも訳者たる私はそのように信じている。重要なのは、論争必至の真実などではなく、それを現実の世界のなかでどのように活用するかである。

本書の翻訳出版の話を引き受けていただいたのは、夜光社である。このような海賊書を出版という形で公にしてくださったことに対して、心から感謝する。また旧「海賊研究会」のメンバーにも感謝する。この『海賊旗を掲げて』も、研究会で取り上げたものの一つであった。とりわけ、本書の一部の翻訳を手伝っていただいた栗原康氏には、記して感謝申し上げる。そして、日本語翻訳出版を許可していただいたPMプレス社、日本語版序文を快く引き受けていただいた著者ガブリエル・クーン氏にももちろん感謝申し上げる。

二〇一三年九月　菰田真介

参考文献

Acker Cathy. *Pussy, King of the Pirates.* New York: Grove Press, 1996.

Agamben, Giorgio. *Homo Sacer: Sovereign Power and Bare Life.* Translated by Daniel Heller-Roazen. Stanford, CA: Stanford University Press, 1998. ジョルジョ・アガンベン『ホモ・サケル』高桑和巳訳、以文社、2007

Ali, Tariq. *Pirates of the Caribbean.* London/New York: Verso, 2006.

Anderson, John L. "Piracy and World History: An Economic Perspective on Maritime Predation." In *Bandits at Sea,* edited by C. R. Pennell, 82-106. New Yor: New York University Press, 2001.

Anonymous. *Evasion.* Atlanta: CrimethInc., 2001.

Anonymous. "Pirate Utopias: Under the Banner of King Death," *Do or Die*, Issue 8, 1999. Quoted from www.eco-action.org/dod/no8/pirate.html.

Apestegui, Cruz. *Pirates in the Caribbean: Buccaneers, Privateers, Freebooters and Filibusters 1493-1720.* Translated by Richard Lewis Rees. London: Conway Maritime Press, 2002. Originally published as *Piratas en el Caribe: Corsarios, filibusteros y bucaneros, 1493-1700.* Barcelona: Lunwerg, 2000.

Appleby, John C. "Women and Piracy in Ireland: From Gráinne O'Malley to Anne Bonny." In *Bandits at Sea,* 283-298. New York: New York University Press, 2001.

Baer, Joel. *Pirates.* Stroud: Gloucestershire, 2001.

Bark, Trevor. "Victory of the Wreckers." *Mayday: Magazine for Anarchist/ Libertarian Ideas and Action* no. 1 (Winter 07/08): 16-18.

Barnes, Colin, Geof Mercer and Tom Shakespeare. *Exploring Disability: A Sociological Introduction,* second edition. Cambridge, UK: Polity Press, 2002.

Basso, Ellen B. "The Status of Carib Ethnography." In *Carib-Speaking Indians: Culture, Sciety and Language. Anthropological Papers of the University of Arizona* no. 28, edited by Ellen B. Basso, 9-22. Tucson: University of Arizona Press, 1977.

Besson, Maurice, ed. *The Scourge of the Indies: Buccaneers, Corsairs and Filibusters.* Translated by Everard Thornton from original texts and contemporary engravings. London: George Routledge & Sons, 1929.

Bey, Hakim. *T.A.Z.: The Temporary Autonomous Zone, Ontological Anarchy, Poetic Terrorism.* New York: Autonomedia, 1991. ハキム・ベイ『T. A. Z.』、箕輪裕訳、インパクト出版会、1997.

II

Bledsoe, Robert L. And Boleslaw A. Boczek. *The International Law Dictionary.* Santa Barbara, CA: ABC-Clio, 1987.

Bolland, O. Nigel. *The Formation of a Colonial Society: Belize, from Conquest to Crown Colony.* Baltimore and London: Johns Hopkins University Press, 1977.

Botting, Douglas. *The Pirates.* Amsterdam: Time-Life Books, 1979.

Braithwaite, William C. *The Beginnings of Quakerism.* London: Macmillan & Co., 1912.

Bridenbaugh, Carl and Robrta Bridenbaugh. *No Peace Beyond the Line: The English in the Caribbean 1624-1690.* New York: Oxford University Press, 1972.

Bromley, J.S. "Outlaws at Sea, 1660-1720: Liberty, Equality and Fraternity among the Caribbean Freebooters." In *History from Below: Studies in Popular protest and popular Ideology in Honour of George Rudé* edited by Frederick Krantz, 301-320. Montréal: Concordia University, 1985.

Burg, B.R. *Sodomy and the Pirate Tradition: English Sea Rovers in the Seventeenth-Century Caribbean.* 2nd ed. With a new introduction by the author. New York and London: New York niversity Press, 1983 & 1995.

Burroughs, William S. Ghost of Chance. New York: Serpent's Tail, 1995. ウィリアム・バロウズ『ゴースト』山形浩生訳、河出書房新社、1996.

Capt'n Mayhem. *Long Live Mutiny! A Pirate Handbook.* Bltimore: Firestarter Press, n.d.

Chomsky, Noam. *Pirates and Emperors, Old and New: International Terorism in the Real World.* London: Pluto Press, 2002. ノーアム・チョムスキー、『海賊と帝王』海輪由香子ほか訳明石書店、2003.

Clastres, Pierre. *La société contre l'état.*Paris: Minuit, 1974. ピエール・クラストル『国家に抗する社会』渡辺公三訳、書肆風の薔薇、1987.

Connolly, James. "Street Fighting." In *Guerrilla Warfare & Marxism,* 2nd ed., edited by William J. Pomeroy, 136-139. New York: International Publishers, 1970. Article first published in 1915.

Cordingly David. Introduction to *The History of Pirates,* by Angus Konstam, 7-9. New York: The Lyons Press, 1999.

Cordingly David. *Introduction to Pirates: An illustrated History of Privateers, Buccaneers, and Pirates from the Sixteenth Century to the Present,* edited by David Cordingly, 6-15. London: Salamander 1996. デイヴィッド・コーディングリ、『図説　海賊大全』増田義郎ほか訳、東洋書林、2000.

Cordingly David. *Life Among the Pirates: The Romance and the Reality.* London: Salamander, 1996.

Cordingly David and John Falconer. *Pirates: Fact & Fiction.* London: Collins & Brown, 1992.

Cromwell, Oliver. "Speech at the Opening of Parliament 1656." In *The Black Legend: Anti-Spanish Attitudes in the Old World and the New,* edited by Charles Gibson, 54-62. New York: Alfred A. Knoph, 1971.

Dampier, William. *Dampier's Voyages. Vol.* I & II . Edited by John Masefield. London: E. Grant Richards, 1906. Original texts published between 1697 & 1729. ウィリアム・ダンピア『最新世界周航記』平野敬一訳、上下巻、岩波文庫、2007.

Davis, J.C. *Fear, Myth and History: The Ranters and the Historians.* Cambridge et al: Cambridge University Press, 1986.

Davis, lennard J., ed. *The Disabilities Studies reader.* London: Routledge, 2006.Debray, Régis. "Revolution in the Revolution?" In *Guerrilla Warfare* & Marxism,edited by William J. Pomeroy, 298-304. New York: International Publishers, 1970. Article first published in 1967. レジス・ドブレ『革命の中の革命』谷口侑訳、晶文社、1967.

de Lussan, Raveneau. *Memoirs: His journey to the Southern Sea with the Filibusters of America: 1685 to 1686.* In *The Scourge of the Indies: Buccaneers, Corsairs and Filibusters,* edited by Maurice Besson. London: George Routledge, & Sons, 1929.

Deleuze Gilles. *Nietzsche et la philosophie.* Paris: Presses universitaires de France, 1962. ジル・ドゥルーズ『ニーチェと哲学』江川隆男訳、河出文庫、2008.

Deleuze, Gilles and Félix Guattari. *Mille Plateaux: Capitalisme et schizophrénie* 2Paris: Minuit, 1980. ジル・ドゥルーズ＝フェリックス・ガタ、『千のプラトー』宇野邦一ほか訳、河出書房新社、1994.

DeMello, Margo. *Bodies of Inscription: A Cultural History of the Modern Tattoo Community.* Durham, NC: Duke University Press, 2000.

Earle, Peter. *Sailors: English Merchant Seamen 1650-1775.* London: Methuen, 1998.

Earle, Peter. *The Pirate Wars.* London: Metueen, 2003.

Earle, Peter. *The Sack of Panama.* London: Jill Norman & Hobhouse, 1981.

Ellms, Charles, ed. *The Pirates Own Book, or Authetic Narratives of the Lives, Exploits, and Executions of the Most Celebrated Sea Robbers.* Boston: Samuel N. Dickinson, 1837. Reprnted Salem, MA: Marine Research Society, 1924. All references to the 1924 edition.

Emmer, P.C., ed. *General History of the Caribbean.* Vol. 2, *New Societies: The Caribbean in the Long Sixteenth Century.* London and Basingstoke: UNESCO Publishing, 1999.

Engels, Friedrich. *Der Ursprung der Familie, des Privateigentums und des Staats.*

In Werke, Band 21, by Karl Marxand Friedrich Engels, 5th ed. Hottingen Zürich: Schweizerrsche Genossenschaftsdruckerei, 1884; berlin: Dietz, 1975.

Exquemelin, John. *The Buccaneers of America.* London: Swan Sonnenschein & Co./ New York: Charles Scribner's Sons, 1893. Originally published as *De Americaensche Zee-Roovers.* Amsterdam: Jan ten Hoorn, 1678. ジョン・エクスケメリン『カリブの海賊』石島晴夫訳、誠文堂新光社、1983.

Fleming, Juliet. "The Renaissance Tattoo." In *Written on the Body: The Tattoo in European and American History,* edited by Jane Caplan, 61-82. London: Reaktion, 2000.

Foucault, Michel. *Surveiller et punir: Naissance de la prison.* Paris: Gallimard, 1975. ミシェル・フーコー『監獄の誕生』田村俶訳、新潮社、1977.

Foucault, Michel. *Histoire de la folie à l'âge classique,* Paris: UGE, 1964. ミシェル・フーコー『狂気の歴史』田村俶訳、新潮社、1975.

Foucault, Michel. "Nietzsche, Genealogy, History." In *Language, Counter-memory, Practice: Selected Essays and Interviews,* Michel Foucault, edited by Donald F. Bouchard, translated Donald F. Bouchard and Sherry Simon. Ithaca: Cornell University Press, 1977. Article originally published in 1971.

Foucault, Michel. *'Society Must Be Defended': Lectures at the Collège de France, 1975-76.* Edited by Mauro Bertani, translated by David Macey. London: Penguin Books, 2004. ミシェル・フーコー『ミシェル・フーコー講義集成6　社会は防衛しなければならない』石田英敬ほか訳、筑摩書房、2007.

Foucault, Michel. *La volonté de savoir Histoire de la sexualité,* Paris: Gallimard 1976. ミシェル・フーコー『性の歴史1　知への意志』渡辺守章訳、新潮社 1986.

Fuller, Basil and Ronald Leslie-Melville. *Pirate Harbours and Their Secrets.* London: Stanley Paul & Co., 1935.

Furbank, P.N. and W.R. Owens. *The Canonisation of Daniel Defoe.* New Haven & London: Yale University Press, 1988.

Gallup-Diaz, Ignacio. *The Door of the Seas and Key to the Universe: Indian Politics and Imperial Rivalry in the Darién.* New York: Colombia University Press, 2001.

Galvin, Peter R. *Patterns of Pillage: A Geography of Caribbean-based Piracy in Spanish America, 1536-1718.* New York: Peter Lang, 1999.

Gellner, Ernest. Introduction to *Nomads and The Outside World*, by A.M. Khazanov, ix-xxv. Cambridge et al.: Cambridge University Press, 1984.

Gentles, Ian. *The New Model Army in England, Ireland and Scotland, 1645-1653.* Oxford, UK & Cambridge, US: Blackwell, 1992.

Gerber, David A., ed. *Dasabled Veterans in History.* Ann Arbor, MI: The University of Michigan Press, 2000.

Gibson, Charles, ed. *The Black Legend: Anti-Spanish Attitudes in the Old World and the New.* New York` Alfred A. Knoph, 1971.

Gilbert, Henry. *The Book of the Pirates.* London: George G. Harrap & Co., 1916.

Gill, Anton. *The Devil's Mariner: A Life of William Dampier, Pirate and Explorer, 1651-1715.* London: Michael Jseph, 1997.

Gilroy, Paul. *The Black Atlantic: Modernity and Double Consciousness.* London & New York: Verso, 1993. ポール・ギルロイ『ブラック・アトランティック』、上野俊哉ほか訳月曜社、2006.

Gosse, Philip. *The History of Piracy.* New York: Tudor Publishing Company, 1932. Reprinted Glorieta, NM: The Rio Grande Press, 1990. All references to the 1990 edition. フィリップ・ゴス『海賊の世界史』朝比奈一郎訳、上下巻、中公文庫、2010.

Gosse, Philip. *The Pirates' Who's Who: Giving Particulars of the Lives & Deaths of the Pirates & Buccanners.* London: Dulau and Company, 1924. Reprinted Glorieta, NM: The Rio Grande Press, n.d. All references to the n.d.edition.

Graeber, David. *Fragments of an Anarchist Anthropology.* Chicago: Prickly Paradigm Press, 2004. デヴィッド・グレーバー『アナーキスト人類学のための断章』高祖岩三郎訳、以文社、2006.

Granberry, Julian. *The Americas That Might Have Been: Native American Social Systems through Time. Tuscaloosa,* Al: The University of Alabama Press, 2005.

Grey, Charles. *Pirates of the Eastern Seas (1618-1723): A Lurid Page of History.* London: Sampsom Low, Marston & Co., 1933.

Guevara, Che. *La guerra de guerrillas.* La Havana: MINFAR, 1960. チェ・ゲバラ、『新訳　ゲリラ戦争』甲斐美都里訳、中公文庫、2008.

Guevara, Che. "What is a Guerrilla?" In *Guerrilla Warfare & Marxism*, edited by William J. Pomeroy, 288-290. New York: International Publishers, 1970. Article first published in 1967.

Haring, C.H. *The Buccanners in the XVII Century.* London: Methuen & Co., 1910.

Haude, Rüdiger: "Frei-Beuter: Charakter und Herkunft piratischer Demokratie im frühen 18. Jahhundert." *Zeitschrift für Geschichtswissenschaft* no. 7/8 (2008), 593-616.

Hill, Christpher. *Liberty Against the Law: Some Seventeenth-Century Controversies.* London: Allen Lane, 1996.

Hill, Christpher. "Radical Pirates?" In *Collected Essays.* Vol. 3, *People and ideas in 17th Century England.* Brighton: The Harvester Press 1986, 161-187. クリストファー・ヒル『十七世紀イギリスの民衆と思想』小野功生ほか訳、法政大学出版局、1998.

Hill, Christpher. *The World Turned Upside Down: Radical Ideas During the English Revolution.* New York: The Viking Press, 1973.

Hobsbawm, E.J. *Bandits.* London: Weidenfield and Nicolson, 1969. エリック・ホブズボーム『匪賊の社会史』船山榮一訳、ちくま学芸文庫、2011.

Hobsbawm, E.J. *Primitive Rebels: Studies in Archaic Forms of Social Movement in the 19th and 20th Centuries.* 3rd ed. with a new preface and minor amendments. Manchester: Manchester University Press,1959&1971. エリック・ホブズボーム『素朴な反逆者たち』水田洋ほか訳、社会思想社、1989.

Jameson, John Franklin. *Privateering and Piracy in the Colonial Period:Illustrative Documents.* New York: Macmillan, 1923.

Jenks, Chris. *Subculture: The Fragmentation of the Social.* London: Sage, 2005.

Johnson, Charles. *A General History of the Robberies and Murders of the Most Notorious Pirates.* Edited by Arthur L. Hayward. George Routledge & Sons, 1926. Based on the fourth and complete edition, London: T. Woodward, 1726. チャールズ・ジョンソン『海賊列伝』朝比奈一郎訳、上下巻、中公文庫、2012.

Kemp, P.K. and Christopher Lloyd. *Brethren of the Coast: Buccaneers of the South Seas.* New York: St. Martins's Press, 1961.

Khazanov, A.M. *Nomads and the Outside World.* Translated by Julia Crookenden. Cambridge et al.: Cambridge University Press, 1984. Originally published in Russian in 1983.

Kinkor, Kenneth J. "Black Men under the Black Flag." In *Bandits at Sea*, edited by C.R. Pennel, 195-210. New York: New York University Press, 2001.

Kirchhoff, Paul."The Caribbean Lowland Tribes: The Mosquito, Sumo, Paya, and Jicaque." In *Handbook of South American Indians.* Vol. 4: *The Circum-Caribbean Tribes,* edited by Julian H. Steward, 219-229. Washington: United States Government Printing Office, 1948.

Klausmann, Ulrike, Marion Meinzerin and Gabriel Kuhn, *Women Pirates and the Politics of the Jolly Roger.* Translated by Nicholas Levis. Montreal: Black Rose, 1997.

Knight, Franklin W. *The Caribbean: The Genesis of a Fragmented Nationalism.* 2nd ed. New York: Oxford University Press, 1978 & 1990.

Kohl, James and John Litt, eds. *Urban Guerrila Warfare in Latin America.* Cambridge, MA & London: MIT Press, 1974.

Konstam, Angus. *Buccaneers.* Oxford: Osprey, 2000.

Konstam, Angus. *Pirates: Predators of the Seas.* With Roger Michael Kean. New York: Skyhorse Publishing, 2007.

Konstam, Angus. *Scourge of the Seas: Buccaneers, Pirates and Privateers.* Oxford: Osprey, 2007.

Konstam, Angus. *The History of Pirates.* New York: The Lyons Press, 1999.
Kudlick, Catherine J. "Disability History: Why We Need Another 'Other.'" *American Historical Review,* vol. 108, no. 3 (June 2003): 763-793.
Labat, Jean-Baptiste. *The Memories of Père Labat 1693-1705.* Translated by John Eaden. London: Frank Cass, 1970.
Land, Chris. "Flying the Black flag: Revolt, Revolution and the Social Organization of Piracy in the 'Golden Age.'" *Management & Organizational History* 2, no. 2 (2007): 169-192.
Law, Larry. *A True Historie & Account of the Pyrate Captain Misson, His crew & Their Colony of Libertatia [sic] Founded on Peoples Rights & Liberty on the Island of Madagascar.* London: Spectacular Times, 1980.
Leeson, Peter T. "An-*arrgh*-chy: The Law and Economics of Pirate Organization." *Journal of Political Economy* 115, no. 6 (2007): 1049-1094.
Lenin, V.I. "Guerrilla Warfare." In *Guerrilla Warfare & Marxism,* edited by William J. Pomeroy, 84-94, New York: International Publishers 1970. Article first published in 1906.
Linebaugh, Peter and Marcus Rediker. *The Many-Headed Hydra: Sailors, Slaves, Commoners, and the Hidden History of the Revolutionary Atlantic.* Boston: Beacon Press, 2000.
López Nadal, Gonçal. "Corsairing as a Commercial System: The Edges of Legitimate Trade." In *Bandits at Sea,* edited by C.R. Pennell, 125-138. New York: New York University Press, 2001.
Lothrop, Samuel K. "The Archeology of Panamá." In *Handbook of South American Indians.* Vol. 4: *The Circum-Caribbean Tribes,* edited by Julian H. Steward, 143-167. Washington: United States Government Printing Office, 1948.
Lucie-Smith, Edward. *Outcasts of the Sea: Pirates and Piracy.* New York & London: Paddington Press, 1978.
Lunsford, Virginia W. *Piracy and Privateering in the Golden Age Netherlands.* New York & Basingstoke: Palgrave Macmillan, 2005.
Lyotard, Jean-François. *Economie Libidinale.* Paris: Minuit, 1974. ジャン・フランソワ・リオタール『リビドー経済』杉山吉弘ほか訳、法政大学出版局、1997.
MacPhee, Josh, ed. *Stencil Pirates,* New York: Soft Skull Press, 2004.
Mao Tse-Tung, *On Guerrilla Warfare.* Translated by Samuel B. Griffith. In *Guerrilla Warfare,* by Mao Tse-Tung and Che Guevara, 31-81, London: Cassell, 1962. Originally published in Chinese in 1937.
Marighella, Carlos. *Minimanual of the Urban Guerrilla. In Urban Guerrilla Warfare in Latin America,* edited by James Kohl and John Litt, 87-135. Cambridge,

MA & London: MIT Press, 1974. Originally self-pubulished as *Mini-Manual do guerrilheiro urbano,* 1969. カルロス・マリゲーラ『都市ゲリラ教程』、日本・キューバ文化交流研究所訳、三一書房、1970.

Marighella, Carlos. "Problems and Principles of Strategy." Translated by James Kohl and John Litt. In Kohl and Litt, *Urban Guerrila Warfare in Latin America,* 81-86. Article originally published in 1971.

Marighella, Carlos. "Questions of Organization." Tranlated by James Kohl and John Litt. In Kohl and Litt, *Urban Guerrilla Warfare in Latin America,* 73-80. Article originally published in 1971.

Marley, David F. *Pirates: Adventures of the High Seas.* London: Arms and Armour Press, 1997.

Marley, David F. "The Lure of Spanish Gold." In *Pirates: An Illustrated History of Privateers, Buccaneers, and Pirates from the SIxteenth Century to the present,* edited by David Cordingly, 16-35. London: Salamander, 1996.

Martin-Fragachan, Gustavo. "Intellectual, artistic and ideological aspects of cultures in the New World." In *General History of the Caribbean.* Vol.2, *New societies: The Caribbean in the long sixteenth century,* edited by P.C. Emmer, 247-307. London and Basingstoke: UNESCO Publishing, 1999.

Marx, Jenifer G. "The Brethren of the Coast." In *Pirates: An Illustrated History of Privateers, Buccaneers, and Pirates from the SIxteenth Century to the present,* edited by David Cordingly, 36-57. London: Salamander, 1996.

Marx, Jenifer G. "The Golden Age of Piracy." In *Pirates: An Illustrated History of Privateers, Buccaneers, and Pirates from the SIxteenth Century to the present,* edited by David Cordingly, 100-123. London: Salamander, 1996.

Marx, Jenifer G. "The Pirate Round." In *Pirates: An Illustrated History of Privateers, Buccaneers, and Pirates from the SIxteenth Century to the present,* edited by David Cordingly, 140-163. London: Salamander, 1996.

Masefield, John. *On the Spanish Main.* London: Methuen & Co., 1906.

McRuer, Robert. *Crip Theory: Cultural Signs of Queerness and Disability.* New York & London: New York University Press, 2006.

Moore, John Robert. *Defoe in the Pillory and Other Studies.* Bloomington: Indiana University, 1939.

Nietzsche, Friedrich. a. *Also sprach Zarathustra.* In *Kritische Gesamatausgabe,* Band 4. Munich: Deutscher Taschenbuchverlag & Berlin/New York: Walter de Gruyter, 1980. フリードリヒ・ニーチェ『ツァラトゥストラ』丘沢静也訳、上下巻、光文社古典新訳文庫、2010、2011.

Nietzsche, Friedrich. b. *Der Antichrist,* in *Kritische Gesamatausgabe,* Band 6.

Munich: Deutscher Taschenbuchverlag & Berlin/New York: Walter de Gruyter, 1980. フリードリヒ・ニーチェ『反キリスト者』原佑訳、ちくま学芸文庫、1994.

Nietzsche, Friedrich. c. *Die fröhliche Wissenschaft.* In *Kritische Gesamatausgabe,* Band 3. Munich: Deutscher Taschenbuchverlag & Berlin/New York: Walter de Gruyter, 1980. フリードリヒ・ニーチェ『喜ばしき知恵』村井則夫訳、河出文庫、2012.

Nietzsche, Friedrich. d. *Die Geburt der Tragödie.* In *Kritische Gesamatausgabe,* Band 1. Munich: Deutscher Taschenbuchverlag & Berlin/New York: Walter deGruyter, 1980. フリードリヒ・ニーチェ『悲劇の誕生』塩屋竹男訳、ちくま学芸文庫、1993.

Nietzsche, Friedrich. e. *Jenseits von Gut und Böse.* In *Kritische Gesamatausgabe,* Band 5. Munich: Deutscher Taschenbuchverlag & Berlin/New York: Walter de Gruyter, 1980. フリードリヒ・ニーチェ『善悪の彼岸』中山元訳、光文社古典新訳文庫、2009.

Nietzsche, Friedrich. f. *Menschliches, Allzumenschliches. Ein Buch für freie Geister,*in *Kritische Gesamatausgabe,* Band 2. Munich: Deutscher Taschenbuchverlag & Berlin/New York: Walter de Gruyter, 1980.

Nietzsche, Friedrich. g. *Morgenröthe,* in *Kritische Gesamatausgabe,* Band 3. Munich: Deutscher Taschenbuchverlag & Berlin/New York: Walter de Gruyter, 1980. フリードリヒ・ニーチェ『曙光』茅野良男訳、ちくま学芸文庫、1993.

Nietzsche, Friedrich. h. *Nachgelassene Fragmente.* In *Kritische Gesamatausgabe,* Band 10. Munich: Deutscher Taschenbuchverlag & Berlin/New York: Walter de Gruyter, 1980.

Nietzsche, Friedrich. i. *Zur Genealogie der Moral.* In *Kritische Gesamatausgabe,* Band 5. Munich: Deutscher Taschenbuchverlag & Berlin/New York: Walter de Gruyter, 1980. フリードリヒ・ニーチェ『道徳の系譜学』中山元訳、光文社古典新訳文庫、2009.

No Quarter: *an anarchist zine about pirates.* n.p. n.d. [c. 2006]

Parry,J.H. and P.M. Sherlock. *A Short History of the West Indies.* London: Macmillan & New York: St. Martin's Press, 1957.

Pennell, C.R. ed., *Bandits at Sea: A Pirates Reader.* New York: New York University Press, 2001.

Pérotin-Dumon, Anne. "French, English and Dutch in the Lesser Antilles: From Privateering to Planting, c. 1550-c. 1650." In *General History of the Caribbean* Vol.2, *New societies: The Caribbean in the long sixteenth century,* edited by P.C. Emmer, 114-158. London and Basingstoke: UNESCO publishing, 1999.

Pérotin-Dumon, Anne. "The Pirate and the Emperor: Power and the Law on the Seas, 1450-1850." In *Bandits at Sea,* edited by C.R. Pennell, 25-54. New York: New York University Press,2001.

Pineda, Baron L., *Shipwrecked Identities: Navigating Race on Nicaragua's Mosquito Coast.* New Brunswick: Rutgers University Press, 2006.

Pomeroy, William J., ed., *Guerrilla Warfare & Marxism.* 2nd ed. New York: International Publishers, 1968 & 1970.

Pothier, Dianne and Richard Devlin, eds., *Critical Disability Theory: Essays in Philosophy, Politics, Policy and Law.* Vancouver: UBC Press, 2006.

Profane Existence Collective. "Anarchy, Punk, Utopia." In: Profane Existence Catalog #12, 1995, 28-29.

Pyle, Howard, *Howard Pyle's Book of Pirates: Fiction, Fact and Fancy Concerning the Buccaneers and Marooners of the Spanish Main: From the Writing and Pictures of Howard Pyle.* Compiled by Merle Johnson. New York and London: Harper & Brothers Publishers, 1921.

Rankin, Hugh F. *The Golden Age of Piracy.* New York: Holt, Rineheart and Winston, 1969.

Rediker, Marcus. *Between the Devil and the Deep Blue Sea: Merchant Seamen, Pirates, and the Anglo-American Maritime World, 1700-1750.* Cambridge, MA: Cambridge University Press, 1987.

Rediker, Marcus. "Hydrarchy and Libertalia: The Utopian Dimensions of Atlantic Piracy in the Early Eighteenth Century." In *Pirates and Privateers: New Perspectives on the War on Trade in the Eighteenth and Nineteenth Centuries,* edited by David J. Starkey, E.S. Van Eyck van Heslinga and J.A. de Moor. Exeter Press, 1997.

Rediker, Marcus. "Libertalia: The Pirete's Utopia." In *Pirates: An Illustrated History of Privateers, Buccaneers, and Pirates from the Sixteenth Century to the present,* edited by David Cordingly, 124-139. London: Salamander, 1996.

Rediker, Marcus. "Liberty Beneath the Jolly Roger: The Lives of Anne Bonny and Nary Read." In *Bandits at Sea,* edted by C.R. Pennell, 299-320. New York: New York University Press, 2001.

Rediker, Marcus. *Villains of all Nations: Atlantic Pirates in the Golden Age.* London & New York: Verso, 2004.

Ringrose, Basil. "The Dangerous Voyage and Bold Assaults of Captain Bartholomew Sharp and Others, Performed in the South Sea, for the Space of Two Years, etc." In *The Buccaneers of America,* by Johne Exquemelin, London: W. Crooke, 1685.

Ritchie, Robert C. *Captain Kidd and the War against the Pirates.* Cambridge, MA &

London: Harvard University Press, 1986.

Rogoziński, Jan. *A Brief History of the Caribbean: From the Arawak and Carib to the Present,* revised edition. New York: Facts on File, 1999.

Rogoziński, Jan. *Pirates! An A-Z Encyclopedia: Brigands, Buccaneers, and Privateers in Fact, Fiction, and Legend.* New York: Da Capo Press, 1996.

Rouse, Irving. "The West Indies." In *Handbook of South American Indians.* Vol. 4, *The Circum-Caribbean Tribes,* by Julian Steward, 495-565. Washington: United States Government Printing Office, 1948.

Rouse, Irving. *The Tainos: Rise and Decline of the People Who Greeted Columbus.* New Heaven & London: Yale University Press, 1992.

Ryan, Ramor. Clandestines: *The Pirate Journals of Irish Exile.* Oakland & Edinburgh: AK Press, 2006.

Sahlins, Marshall. *Stone Age Economics.* London: Tavistock Publications, 1974. マーシャル・サーリンズ『石器時代の経済学』山内昶訳、法政大学出版局、2012.

Sahlins, Marshall. *Tribesmen.* Eaglewood Cliffs, NJ: Prentice-Hall, 1968. マーシャル・サーリンズ『部族民』青木保訳、鹿島研究所出版会、1972.

Sakolsky, Ron. "Introduction: Rhizomatic Radio and the Great Stampede." In *Seizing the Airwaves: A Free Radio Handbook,* edited by Ron Sakolsky and Stephen Dunifer, 7-14. Edinburgh & San Francisco: AK Press,1968.

Schonhorn, Manuel. Commentary and Notes in *A General History of the Pyrates, byDaniel Defoe,* edited by Manuel Schonhorn, 663-696. London: J.M. Dent &Sons, 1972.

Sennett, Richard. *Flesh and Stone: The Body and the City in Western Civilization.* London/Boston: Faber and Faber, 1994.

Service, Elman R. *The Hunters.* 2nd ed. Englewood Cliffs, NJ: Prentice-Hall, Inc., 1966 & 1979.

Shelvocke, George. *A Voyage Round the World (by the Way of the Great South Sea).* London: J. Senex et al., 1736.

Sherry, Frank. *Raiders & Rebels: The Golden Age of Piracy.* New York: Quill, 1986.

Snelders, Stephen. *The Devil's Anarchy: The Sea Robberies of the Most Famous Pirate Claes G. Compton & The Very Remarkable Travels of Jan Erasmus Reyning, Buccaneer.* New York: Autonomedia, 2005.

Snelgrave, William. *A New Account of Some Parts of Guinea and the Slave Trade.* London: C. Ward and A. Chandler, 1735. Reprinted London: Frank Cass, 1970. All references to the 1970 edition.

Sopher, David E. *The Sea Nomads: A Study Based on the Literature of the Maritime Boat People of Southeast Asia.* Memoirs of the National Museum no.5. Singapore, 1965.

Starkey, David J. "Pirates and Markets." In *Bandits at Sea,* edited by C.R. Pennell, 107-124. New York: New York University press, 2001.

Starkey, David J. "The Origins and Regulation of Eighteenth-Century British Privateering." In Pennell, *Bandits at Sea,* 69-81.

Steel, F.O. *Women Pirates: A Brief Anthology of Thirteen Notorious Female Pirates.* Lincoln, NE: iUniverse,2007.

Steward, Julian H., ed. *Handbook of South American Indians.* Vol. 4, *The Circum-Caribbean Tribes.* Washington: United States Government Printing Office, 1948.

Stout, David B. "The Chocó." In *Handbook of South American Indians.* Vol. 4, *The Circum-Caribbean Tribes,* edited by Julian H. Steward, 269-276. Washington: United States Government Printing Office, 1948.

Stout, David B. "The Cuna." In *Handbook of South American Indians.* Vol. 4, *The Circum-Caribbean Tribes,* edited by Julian H. Steward, 257-268. Washington: United States Government Printing Office, 1948.

Thomson, Janice E. *Mercenaries, Pirates and Sovereigns: State-Building and Extraterritorial Violence in Early Modern Europe.* Princeton, NJ: Princeton University Press, 1994.

Thomson, Rosemarie Garland. *Extraordinary Bodies: Figuring Physical Disability in American Culture and Literature.* New York: Columbia University Press, 1997.

Treinen, Heiner. "Parasitäre Anarchie: Die karibische Piraterie im 17. Jahrhundert." *Unter dem Pflaster liegt der Strand* no.9 (1981): 7-35.

Turley, Hans. *Rum, Sodomy and the Lash: Piracy, Sexuality & Masculine Identity.* New York and London: New York University Press, 1999.

van Dinter, Maarten Hesselt, *The World of Tattoos: An Illustrated History.* Amsterdam: KIT, 2005.

Wafer, Lionel. *A New Voyage & Description of the Isthmus of America.* London: James Knapton, 1699. Reprinted Oxford; The Hakluyt Society, 1934. All references to the 1934 edition.

Watts, David. "The Caribbean Environment and Early Settlement." In *General History of the Caribbean.* Vol.2, *New societies: The Caribbean in the long sixteenth century,* edited by P.C. Emmer, 29-42. London and Basingstoke: UNESCO publishing, 1999.

Weatherford, Jack. *Indian Givers: How the Indians of the Americas Transformed the World.* New York: Ballantine Books, 1988.

Williams, Neville. *Captains Outrageous: Seven Centuries of Piracy.* London: Barrie and Rockliff, 1961.

Williams, Neville. *The Sea Dogs: Privateers, Plunder & Piracy in the Elizabethan Age.*

London: Weidenfeld and Nicolson, 1975.

Wilson, Peter Lamborn. *Pirate Utopias: Moorish Corsairs & European Renegadoes.* 2nd rev. ed. New York: Autonomedia, 1995 & 2003. ピーター・ランボーン・ウィルソン『海賊ユートピア』菰田真介訳、以文社、2013.

Wilson, Peter Lamborn. Preface to *The Devil's Anarchy: The Sea Robberies of the Most Famous Pirate Claes G. Compton & The Very Remarkable Travels of Jan Erasmus Reyning, Buccaneer,* by Stephen Snelders. New York: Autonomedia, 2005.

Wison, Samuel M. *Hispaniola: Caribbean Chiefdoms in the Age of Columbus.* Tuscaloosa and London: University of Alabama Press, 1990.

Winston, Alexander. *No Purchase, No Pay: Morgan, Kidd, and Woodes Rogers in the Great Age of Privateers and Pirates 1665-1715.* London: Eyre & Spottiswoode, 1970.

Wood, Peter. *The Spanish Main.* Amsterdam: Time-Life Books, 1980.

Woodard, Colin. *The Republic of Pirates.* Orlando: Harcourt, 2007.

Wright, Erik Olin. *Classes.* London: Verso, 1985.

Yolen, Jane. *Sea Queens: Women Pirates around the World.* Watertown, MA: Charlesbridge, 2008.

ガブリエル・クーン　Gabriel Kuhn
1972年、オーストリア、インスブルック生まれ。サッカーのセミプロリーグの選手だった経験がある。1996年にインスブルック大学より哲学の博士号を獲得。現在はストックホルム在住の文筆家、翻訳家。日本語に翻訳された書籍に『アナキストサッカーマニュアル』（現代企画室、2013）がある。

菰田真介（こもだ・しんすけ）
1985年生。愛知県在住の海賊研究者。訳書に『海賊ユートピア』（以文社、2013）。

海賊旗を掲げて――黄金期海賊の歴史と遺産

2013年11月7日　第一刷発行

著　者　ガブリエル・クーン
訳　者　菰田真介
発行者　川人寧幸
発行所　夜光社
〒145-0071 大田区田園調布 4-42-24
電話 03-6715-6121　FAX03-3721-1922
Yakosha 4-42-24, Den'en-Chofu, Ota-ku, Tokyo, Japan 145-0071
booksyakosha@gmail.com
http://www.yakosha.tsubamebook.com
印刷製本　シナノ書籍印刷

ISBN978-4-906944-02-6 C0022　Printed in Japan

夜光社の本

光州「五月連作版画―夜明け」ひとがひとを呼ぶ

ISBN978-4-906944-00-2 C0071 2012年10月1日刊行 本体2800円 A5判 184頁

いまよみがえる抵抗の原点。光州コミューンから生まれた版画集。版画全50点/原詩（韓国語)、英訳付。

著者：洪成潭　高和政　中西新太郎　詩翻訳：徐勝（日本語）尹湪（英語）解説：古川美佳　編集：岡本有佳　発行：五月版画刊行委員会

HAPAX　VOL.1

ISBN978 -4-906944-01-9 C0010 2013年9月1日刊行 本体1000円 四六判変形 160頁

世界／地球と蜂起主義アナキズムの交錯点から未来なき未来へ。いまこの世界の破滅そのものを蜂起に反転させる新しい思想／政治／文化はどこにあるか。思想誌創刊。

HAPAX編著　Apocalypse +/ Anarchy　高祖岩三郎　co.op/t　犯罪学発展協会　エンドノーツ　ティクーン　鼠研究会　KM舎　アンナR家族同盟　他